财经法规与会计职业道德

专用辅导教材

全国会计从业资格考试研究组◎编著

中国宇航出版社

· 北京 ·

图书在版编目（CIP）数据

财经法规与会计职业道德／全国会计从业资格考试研究组编著. --北京：中国宇航出版社，2017.1

全国会计从业资格考试专用辅导教材

ISBN 978-7-5159-1156-4

Ⅰ.①财… Ⅱ.①全… Ⅲ.①财政法—中国—资格考试—教材②经济法—中国—资格考试—教材③会计人员—职业道德—资格考试—教材 Ⅳ.①D922.2②F233

中国版本图书馆CIP数据核字（2016）第179685号

责任编辑　田芳卿　　封面设计　艺和天下

出版发行　中国宇航出版社

地　址　北京市阜成路8号　　邮　编　100830

（010）60286808　　（010）68768548

网　址　www.caphbook.com

经　销　新华书店

发行部　（010）60286888　　（010）68371900

（010）68286887　　（010）60286804（传真）

零售店　读者服务部

（010）68371105

承　印　北京中新伟业印刷有限公司

版　次　2017年1月第1版

2017年1月第1次印刷

规　格　787×1092

开　本　1/16

印　张　14.75

字　数　304千字

书　号　ISBN 978-7-5159-1156-4

定　价　36.80元

前言
preface

会计从业资格是指进入会计行业、从事会计工作的一种法定资质，是进入该行业最低的职业要求。会计工作因其工作的稳定性和福利的丰厚性以及较多的就业岗位等原因引发了参加会计从业资格考试的热潮，但是很多考生对于考试难以把握重点，而且很多社会考生也没有充分的时间进行备考。因此，会计从业考试对于很多人来说，要想通过还是有一定难度的。

为配合全国会计从业资格考试教材的学习，帮助广大考生更好地理解和掌握考试内容，我们严格按照新颁布的全国会计从业资格考试大纲公布的范围和要求，结合会计从业资格考试的命题特点，特编写了本书。

总的来说，本书有下列几大优点。

一、紧扣新考纲，把握新变化

根据《会计从业资格管理办法》（财政部令第73号）等有关规定，财政部对2009年颁布的会计从业资格考试大纲进行了修订，自2014年10月1日起施行。考试大纲的变化对于考生来说，既是机遇，又是挑战。考点变化部分必定是命题和考查的重点，本书通过大纲解读，能够全面把握大纲的新变化和重要知识点。使考生可以事半功倍地进行复习。

二、核心考点重点突出，一般考点全面覆盖

本书知识点部分对教材进行深耕细作，从中提炼出知识点。在全面覆盖知识点的同时，做到疏密有度，重点突出核心知识点。在避免知识点漏洞的情况下，使考生将有限的精力投入到重要知识点的复习之中，能够有效地节约时间，提高复习效率。

三、经典例题指明方向，把握考试趋势

经典例题通过真题的分析可以为考生指明考试的方向，对于考试命题趋势和重要知识点也能较好把握。试题解析把握出题思路，提高复习技巧，增强知识的系统性、条理性。避免了真题自身的泛泛而谈，把握住了历年真题的精髓。

四、章节练习名师编写，巩固提高

每章设有同步自测，由考试专家命制，以真题为标准，并尽可能契合真题。命题专家根据历年考试知识点的分布规律以及合理预测，结合自身经验，编写模拟试题。并对大纲知识点变化的部分做出科学准确的预测，使其富有前瞻性，能够有效巩固知识点。

会计从业资格考试对于很多考生来说属于进军职场的敲门砖，真诚希望每一位考生通过本书的帮助和自身的努力，顺利通过考试。

由于时间和水平有限，书中如有纰漏和不当之处，敬请指正。

作者

2016 年 12 月

目录
CONTENTS

第一章　会计法律制度

大纲纵览

第二章　结算法律制度

大纲纵览

第三章　税收法律制度

大纲纵览

第四章　财政法律制度

大纲纵览

第五章　会计职业道德

大纲纵览

第一章 会计法律制度

大纲纵览

- 了解会计法律制度的构成
- 熟悉会计工作管理体制
- 熟悉会计档案管理
- 熟悉内部控制制度
- 熟悉会计机构的设置
- 掌握会计核算的要求
- 掌握会计工作交接的要求
- 掌握会计违法行为的法律责任

第一节 会计法律制度的概念与构成

一、会计法律制度的概念

会计法律制度是指国家权力机关和行政机关制定的，用以调整会计关系的各种法律、法规、规章和规范性文件的总称。会计关系是指会计机构和会计人员在办理会计事务过程中以及国家在管理会计工作过程中发生的各种经济关系。

二、会计法律制度的构成

我国会计法律制度主要包括会计法律、会计行政法规、会计部门规章和地方性会计法规。

（一）会计法律

会计法律是指由全国人民代表大会及其常务委员会经过一定立法程序制定的与会计工作有关的各项法律。目前，我国已经有两部关于会计的法律，一部为《中华人民共和国会计法》（以下简称《会计法》），该法于 1985 年 1 月 21 日在第六届全国人大常委会第九次会议上通过，自 1985 年 5 月 1 日起开始施行，并于 1993 年和 1999 年进行了两次修订。《会计法》作为会计法律制度中层次最高的法律规范，是制定其他会计法规的依据，也是指导会计工作的最高准则。

另一部为《注册会计师法》，是经 1993 年 10 月 31 日第八届全国人大常委会第四次会议通过的，1993 年 10 月 31 日中华人民共和国主席令第十三号公布，1994 年 1 月 1 日起开始施行。注册会计师法主要包括总则、考试和注册、业务范围和规则、会计师事务所、注册会计师协会、法律责任、附则，共七章四十六条。《注册会计师法》是规范注册会计师及其行业行为的最高准则。

（二）会计行政法规

会计行政法规是指由国务院制定并发布，或者国务院有关部门拟定并经国务院批准发布，调整经济生活中某些方面会计关系的法律规范。会计行政法规是以《会计法》为依据制定的。如《企业财务会计报告条例》和《总会计师条例》。《企业财务会计报告条例》是由国务院于2000年6月21日颁布、2001年1月1日实施，该条例是为了规范企业财务会计报告，保障财务会计报告的真实性和完整性，根据《会计法》制定而成。《企业财务会计报告条例》包括总则、财务会计报告的构成、财务会计报告的编制、财务会计报告的对外提供、法律责任和附则，共六章四十六条。《总会计师条例》是1990年12月31日发布并自颁布之日起实施的。该条例共五章二十三条，是为了确定总会计师的职权和地位，发挥总会计师在加强经济管理、提高经济效益中的作用而制定的。

（三）会计部门规章

会计部门规章是指国家主管会计工作的行政部门即财政部以及其他相关部委根据法律和国务院的行政法规、决定、命令，在本部门的权限范围内制定的、调整会计工作中某些方面内容的国家统一的会计准则制度和规范性文件，包括国家统一的会计核算制度、会计监督制度、会计机构和会计人员管理制度及会计工作管理制度等。

国家统一的会计制度是指国务院财政部门根据《会计法》制定的关于会计核算、会计监督、会计机构和会计人员以及会计工作管理的制度，包括会计部门规章与会计规范性文件两个方面。其中，会计部门规章是指根据《中华人民共和国立法法》规定的程序，由财政部制定，并由部门首长签署命令予以公布的制度办法。如《会计从业资格管理办法》《财政部门实施会计监督办法》《企业会计准则——基本准则》等。会计规范性文件是指国务院财政部门以文件形式印发的各种核算制度及办法，其以会计法律、会计行政法规和会计规章为制定依据。如《企业会计制度》《金融企业会计制度》《小企业会计制度》以及《会计基础工作规范》等。

（四）地方性会计法规

地方性会计法规是指由省、自治区、直辖市人民代表大会或常务委员会在同宪法、会计法律、行政法规和国家统一的会计准则制度不相抵触的前提下，根据本地区情况制定发布的关于会计核算、会计监督、会计机构和会计人员以及会计工作管理的规范性文件。

【例1-1】（单选题）下列各项中，属于会计法律的是（　　）。

A.《会计从业资格管理办法》　B.《企业财务会计报告条例》

C.《注册会计师法》　D.《会计基础工作规范》

【答案与解析】C　《注册会计师法》属于会计法律，《企业财务会计报告条例》属于会计行政法规，《会计从业资格管理办法》属于会计部门规章，《会计基础工作规范》属于会计规范性文件，属于国家统一的会计制度的范畴。

第二节 会计工作管理体制

会计工作管理体制是指国家划分管理会计工作职责权限关系的制度。它包括三个方面的内容，即会计工作的行政管理、会计工作的自律管理以及单位内部的会计工作管理。我国会计工作管理体制以统一领导、分级管理为总原则。

一、会计工作的行政管理

会计工作的管理部门是指代表国家对会计工作行使管理职能的政府部门。根据《会计法》第七条规定，全国的会计工作由国务院财政部门主管，行政区域内的会计工作由县级以上地方各级人民政府财政部门进行管理。这就明确了由财政部门主管会计工作的管理体制，即遵循“统一领导，分级管理”的原则。

新中国成立后，财政部门一直管理着会计工作，并奠定了一定的基础，积累了一定的工作经验。与此同时，财务会计工作是财政部门的一项基础工作，与国家财政收支有着十分密切的关系。所以，《会计法》明确了会计工作由各级财政部门管理的体制。财政部门履行的会计行政管理职能主要包括制定国家统一的会计准则制度、会计市场管理、会计专业人才评价以及会计监督检查。

（一）制定国家统一的会计准则制度

会计准则制度是指政府管理部门对管理会计事务所做出的规章、准则、办法等规范性文件的总称，包括对会计工作、会计核算、会计监督、会计人员、会计档案管理等所制定的规范性文件。国家统一的会计制度是指国务院财政部门根据会计法制定的关于会计核算、会计监督、会计机构和会计人员以及会计工作管理的制度。其主要包括三个方面的内容：一是国家统一的会计核算制度，如《企业会计准则——基本准则》以及各具体准则和应用指南、《事业单位会计准则》《企业会计制度》《金融企业会计制度》《小企业会计制度》等；二是国家统一的会计人员和会计机构的管理制度，如《总会计师条例》《会计从业资格管理办法》《会计专业技术资格考试暂行规定》等；三是国家统一的会计工作管理制度，如《会计档案管理办法》《会计人员工作规则》等。《会计法》第八条规定：“国家实行统一的会计制度。国家统一的会计制度由国务院财政部门根据本法制定并公布。国务院有关部门可以依照本法和国家统一的会计制度制定对会计核算和会计监督有特殊要求的行业实施国家统一的会计制度的具体办法或者补充规定，报国务院财政部门审核批准。中国人民解放军总后勤部可以依照本法和国家统一的会计制度制定军队实施国家统一的会计制度的具体办法，报国务院财政部门备案。”综上所述，作为“国家统一的会计制度”，其具有的重要特征有：①实施范围的广泛性；②制定主体的法定统一性；③制度本身的科学性、权威性与公认性；④制度内容的动态发展性。

【例1-2】（单选题）会计法规定（　　）主管全国的会计工作。

A. 国税总局　　B. 财政部

C. 中国人民银行　　D. 注册会计师协会

【答案与解析】B　《会计法》第七条规定：“国务院财政部门主管全国的会计工作。县级以上地方各级人民政府财政部门管理本行政区域内的会计工作。”

【例1-3】（单选题）下列各项中，有权制定国家统一的会计制度的部门是（　　）。

A. 国务院财政部门　　B. 国务院证券监管部门

C. 国务院审计部门　　D. 国务院税务部门

【答案与解析】A　《会计法》第八条规定：“国家实行统一的会计制度。国家统一的会计制度由国务院财政部门根据本法制定并公布。国务院有关部门可以依照本法和国家统一的会计制度制定对会计核算和会计监督有特殊要求的行业实施国家统一的会计制度的具体办法或者补充规定，报国务院财政部门审核批准。中国人民解放军总后勤部可以依照本法和国家统一的会计制度制定军队实施国家统一的会计制度的具体办法，报国务院财政部备案。”

（二）会计市场管理

会计信息的质量以及会计师事务所的执业质量会直接影响到市场秩序，以及国家经济秩序和社会公共利益。因此，必须加强对会计市场的管理，这是社会主义市场经济的必然要求。会计市场管理主要包括会计市场准入管理、会计市场运行管理以及会计市场退出管理三个方面。对会计出版市场、培训市场、境外“洋资格”的管理等也属于会计市场管理的职能。

1. 会计市场准入管理

会计市场准入管理是指财政部门对会计从业资格的取得、代理记账机构的设立、注册会计师资格取得以及注册会计师事务所的设立等所进行的条件设定。这是对会计人员从事会计工作的准入要求，由我国县级以上财政部门进行管理。会计市场准入包括从业资格、会计师事务所的设立、代理机构的设立等。

根据《会计法》的规定，从事会计工作的人员，必须取得会计从业资格证书。会计人员从业资格管理是我国各级财政部门会计行政管理的重要组成部分。会计从业资格是进入会计职业的门槛，是一种执业资质，是从事会计工作的人员必须具备的资格证书。

2. 会计市场运行管理

会计市场的运行管理是指财政部门对获准进入会计市场的机构和人员，是否遵守各项法律法规，依据相关准则、制度和规范执行业务的过程及结果所进行的监督和检查。会计市场的运行管理是会计市场管理的重要组成部分。

注册会计师作为社会监督的主体，在审计过程中起到鉴证的作用。为了保证注册会计师鉴证作用的发挥，维护社会公众利益和投资者的合法权益。我国法律规定，从事社会审计的人员必须具有注册会计师资格。我国实行注册会计师全国统一考试制度，考试成绩合格并从事审计业务工作两年以上的人员，才可以申请成为注册会计师。注册会计师执行业务，必须加入会计师事务所。根据《会计师事务所审批和监督暂行办法》规定，注册会计师可以申请设立合伙会计师事务所或者有限责任会计师事务所；事务所的合伙人或股东应当具有取得注册会计师证书后最近连续五年在会计师事务所从事审计业务的经历。设立会计师事务所，由省级财政部门审批，批准后，报财政部备案。

3. 会计市场退出管理

会计市场的退出管理是指财政部门对执业过程中有违反《会计法》《注册会计师法》行为的机构和个人进行处罚，情节严重的，吊销其执业资格，强制其退出会计市场。

《会计法》规定应当依法设置会计账簿，对于不具备设置会计机构和会计人员条件的单位应当委托代理记账机构办理会计业务。根据《代理记账管理办法》规定，申请设立除会计师事务所以外的代理记账机构，代理记账机构应当经所在地的县级以上人民政府财政部门批准，并领取由财政部统一印制的代理记账许可证书。这些机构和人员获准进入会计市场以后，还应当持续符合相关的资格条件，并主动接受财政部门的监督检查；不符合相应条件时，原审批机关可以撤回行政许可。

【例 1–4】（多选题）会计市场管理具体包括（　　）。

A. 会计市场准入管理　　B. 会计市场运行管理

C. 会计市场退出管理　　D. 会计市场净化管理

【答案与解析】 ABC　要加强会计市场的管理，就必须在以下三方面做出努力：①会计市场准入管理；②会计市场的运行管理；③会计市场的退出管理。

重点提示

根据《会计法》的规定，从事会计工作的人员，必须取得会计从业资格证书。发生违反《会计法》《注册会计师法》行为的，财政部门有权对其进行处罚，情节严重的，可吊销其执业资格，强制其退出会计市场。

（三）会计专业人才评价

会计专业人才是我国经济建设中不可或缺的重要力量，也是我国人才队伍中的重要组成部分。会计专业人才评价可以采用不同的评价方式，如业绩评价、能力评价、态度评价等。但这些评价缺乏统一的、客观的、可以量化的科学标准。我国会计专业人才评价机制主要包括会计专业技术资格考试和会计行业领军人才的培养评价等。会计专业技术资格考试是会计人才评价的一种方式，主要用于对初级、中级、高级会计人才的评价。为适应培养高级会计人才的需要，我国当前正在探索建立中高级会计师资格评价制度。会计专业技术资格考试由财政部门组织实施，人力资源和社会保障部门负责监督指导。随着我国市场经济的不断深化与改革开放的不断深入，会计领军人才培养工程成为新的会计人才评价方式。财政部负责组织全国范围内的会计领军（后备）人才培养工作，地方财政部门和中央各单位负责组织本地区、本部门、本系统内的会计领军（后备）人才培养工作。根据《会计法》规定，对认真执行《会计法》，忠于职守，坚持原则，做出显著成绩的会计人员，给予精神或物质奖励。财政部制定《会计人员继续教育规定》对继续教育的对象、内容、形式、师资、教材、考核与检查等作了详细规定。财政部负责全国会计人员继续教育的管理，地方财政部门和中央各单位负责本地区、本部门、本系统内的会计人员继续教育的组织管理工作。

（四）会计监督检查

会计监督是会计的基础职能之一，是我国经济监督体系中的重要组成部分，经济越发展，就越需要加强会计监督检查。财政部门对会计市场的监督检查主要包括三类，第一类是对会计信息质量的检查，即根据《会计法》的规定，财政部门对国家机关、社会团体、公司、企业、事业单位和其他组织执行《会计法》和国家统一的会计制度的情况实施监督检查以及对违法会计行为实施行政处罚，县级以上财政部门负责本行政区域的会计监督检查，并依法对违法会计行为实施行政处罚；第二类是会计师事务所执业质量的检查，即根据《注册会计师法》的规定，财政部组织实施全国会计师事务所的执业质量检查，并对违反《注册会计师法》的行为实施行政处罚；省、自治区、直辖市人民政府财政部门组织实施本行政区域内的会计师事务所执业质量检查，并依法对本行政区域内会计师事务所或注册会计师违反《注册会计师法》的行为实施行政处罚；第三类是会计行业自律组织的监督、指导等。财政部门的监督检查对于规范会计秩序、打击违法行为、保证会计信息质量、维护社会主义市场经济秩序具有重要意义。

【例 1-5】（分析题）某中外合资家电经营企业 2016 年 3 月接到市财政局通知，市财政局将对该公司的会计工作情况进行检查。该企业的董事长认为，家电经营企业属于中外合资企业，不受《会计法》的约束，财政局无权对其公司进行检查。请分析该企业董事长的观点是否正确？

【答案与解析】错误。家电经营企业董事长的说法不正确。中外合资经营企业是按照中国法律在中国境内设立的中国法人，受到中国法律包括《会计法》的约束。根据《会计法》的规定，县级以上人民政府财政部门为各单位会计工作的监督检查部门，有权管理本行政区域内的会计工作，对各单位的会计工作行使监督权。

二、会计工作的自律管理

行业自律与行政管理不同，是指行业协会根据会员一致的意愿，自行制定规定，并据此对各成员进行管理，以促进成员之间的公平竞争和行业的有序发展。会计行业自律管理是对行政管理制度的一种有益补充。

（一）中国注册会计师协会

中国注册会计师协会成立于 1988 年 11 月，中国注册会计师协会是依据《中华人民共和国注册会计师法》（以下简称“《注册会计师法》”）和《社会团体登记管理条例》的有关规定设立的，在财政部党组织和理事会领导下开展行业管理和服务的法定组织，是中国注册会计师的行业自律管理组织。中国注册会计师协会最高权力机构为全国会员代表大会，全国会员代表大会选举产生理事会。理事会选举产生会长、副会长、常务理事会，理事会设若干专门委员会和专业委员会。常务理事会在理事会闭会期间行使理事会职权。协会下设秘书处，为其常设执行机构。目前，理事会下设 12 个专门委员会和 1 个专业委员会。12 个专门委员会有：审计准则委员会、惩戒委员会、申诉与维权委员会、教育培训委员会、财务委员会、《中国注册会计师》编辑委员会、战略委员会、会计师事务所内部治理指导委员会、行业信息化委员会、注册管理委员会、执业责任鉴定委员会、职业道德准则委员会；1 个专业委员会即专业技术指导委员会。

中国注册会计师协会依法履行以下职责：①审批和管理本会会员，指导地方注册会计师协会办理注册会计师注册；②拟订注册会计师执业准则、规则，监督、检查实施情况；③组织对注册会计师的任职资格、注册会计师和会计师事务所的执业情况进行年度检查；

④制定行业自律管理规范，对会员违反行业自律管理规范的行为予以惩戒；⑤组织实施注册会计师全国统一考试；⑥组织、推动会员培训和行业人才建设工作；⑦组织业务交流，开展理论研究，提供技术支持；⑧开展注册会计师行业宣传；⑨协调行业内、外部关系，支持会员依法执业，维护会员合法权益；⑩代表中国注册会计师行业开展国际交往活动；⑪指导地方注册会计师协会工作；⑫承担法律、行政法规规定和国家机关委托或授权的其他有关工作。

（二）中国会计学会

中国会计学会创建于 1980 年，是财政部所属由全国会计领域各类专业组织（单位会员）及会计理论界、实务界会计工作者（个人会员）自愿结成的学术性、专业性、非营利性（三性）的“会员制”社会组织。

中国会计学会组织、推动会计理论和实务交流，建立和完善适应社会主义市场经济发展需要的、具有国际影响力的会计理论与方法体系为目标。致力于通过专业活动为会员提供终身持续的专业化服务，同时为社会提供不同层次的专业人才。

省、自治区、直辖市会计学会是会计行业的地方组织。其主要职责是：①组织协调全国会计科研力量，开展会计理论研究和学术交流，促进科研成果的推广和运用；②总结我国会计工作和会计教育经验，研究和推动会计专业的教育改革；③编辑出版会计刊物、专著、资料；④发挥学会的智力优势，开展多层次、多形式的智力服务工作；⑤开展会计领域国际学术交流与合作；⑥发挥学会联系政府与会员的桥梁和纽带作用，接受政府和其他单位委托，组织开展有关工作；⑦其他符合学会宗旨的业务活动。

（三）中国总会计师协会

中国总会计师协会是经财政部审核同意、民政部正式批准，依法注册登记成立的跨地区、跨部门、跨行业、跨所有制的非营利性国家一级社团组织，是总会计师行业的全国性自律组织。

三、单位内部的会计工作管理

（一）单位负责人要组织、管理好本单位的会计工作

单位负责人是指单位法定代表人或者法律、行政法规规定代表单位行使职权的主要负责人，不包括单位副职领导人（总设计师不是单位负责人）。单位负责人是单位的会计负责主体，应当负责本单位内部的会计管理工作，并应当保证会计机构、会计人员依法履行职责，不得授意、指使、强令会计机构和会计人员违法办理会计事项，对本单位的会计工

作和会计资料的真实性、完整性负责。会计法赋予单位负责人在单位内部会计工作管理中的权利和责任。

重点提示

《会计法》第四条规定："单位负责人对本单位的会计工作和会计资料的真实性、完整性负责。"

《会计法》第二十八条规定："单位负责人应当保证会计机构、会计人员依法履行职责，不得授意、指使、强令会计机构、会计人员违法办理会计事项。会计机构、会计人员对违反本法和国家统一的会计制度规定的会计事项，有权拒绝办理或者按照职权予以纠正。"

（二）会计机构的设置

会计机构是各单位办理会计事务的职能部门，会计人员是直接从事会计工作的人员。建立、健全会计机构，配备数量和素质都相当的、具有会计从业资格的人员从事会计工作，是各单位做好会计工作，充分发挥会计职能作用的重要保证。即单位是否需要设置会计机构取决于单位规模的大小、经济业务和财务收支的繁简以及经营管理的需要等因素。

1. 办理会计事务的组织方式

各单位办理会计事务的组织方式有三种：①单独设置会计机构；②有关机构中配置专职会计人员；③实行代理记账。

2. 会计机构负责人的任职资格

担任单位会计机构负责人（会计主管人员）的，除取得会计从业资格证书外，还应当具备会计师以上专业技术职务资格或者从事会计工作三年以上经历。

（三）会计人员的选拔任用

从事会计工作的人员应当取得会计从业资格证书；担任会计机构负责人（会计主管人员）除取得会计从业资格证书外，还应该具备会计师以上专业技术职务资格或者从事会计工作三年以上的经历；担任总会计师，应当取得会计师任职资格后，主管一个单位或者单位内一个重要方面的财务会计工作时间不少于三年。国有大、中型企业或者国有资产占主导或控股地位的大中型企业必须设置总会计师。凡设置总会计师的单位，不应再设置与总会计师职责重叠的行政副职。

（四）会计人员回避制度

回避制度是指为了保证执法或者执业的公正性，对可能影响其公正性的执法或者执业的人员实行职务回避和业务回避的一种制度。回避制度已成为我国人事管理的一项重要制度。《会计基础工作规范》从会计工作的特殊性出发，对会计人员的回避问题做出了规定，即国家机关、国有企业、事业单位任用会计人员应当实行回避制度。单位负责人的直系亲属不得担任本单位的会计机构负责人、会计主管人员；会计机构负责人、会计主管人员的直系亲属不得在本单位会计机构中担任出纳工作。直系亲属包括夫妻关系、直系血亲关系、三代以内旁系血亲以及近姻亲关系。

【例 1–6】（判断题）万达公司是一家国有大型企业，2016 年 12 月，公司总经理针对公司效益下滑、面临亏损的情况，电话请示正在外地出差的董事长。董事长批示把财务会计报告做得漂亮一些，总经理把这项工作交给公司总会计师，要求按董事长意见办。总会计师授意会计科科长按照董事长的要求把财务会计报告做“漂亮”，会计科长对当年度的财务会计报告进行了技术处理，采用虚提返利、推迟财务费用列账等手段，虚增利润 3 000 多万元，从而使公司报表由亏变盈，造成极坏的社会影响。后经诚信会计师事务所审计后，公司财务会计报告对外报出。事发后，该公司的董事长以“我前一段时间出差在外，对公司情况不太了解，虽然在财务会计报告上签字并盖章，但只是履行会计手续，我不需要负任何责任，具体情况可由公司总经理予以说明”为由推脱责任。（　　）

【答案与解析】× 根据《会计法》的规定，单位负责人对本单位的会计工作和会计资料的真实性、完整性负责；应当保证财务会计报告真实、完整；应当保证会计机构和会计人员依法履行职责，不得授意、指使、强令会计机构和会计人员违法办理会计事项。

重点提示

单位负责人的直系亲属不得担任本单位的会计机构负责人、会计主管人员；会计机构负责人、会计主管人员的直系亲属不得在本单位会计机构中担任出纳工作。

第三节 会计核算

会计核算是会计职能的重要组成部分，各单位在进行会计核算时应当遵循与会计核算有关的法律法规。我国会计法律制度对会计核算依据、会计资料基本要求、填制会计凭证、登记会计账簿、编制财务会计报告、会计档案管理以及会计年度、记账本位币、会计处理方法等做出了明确规定。

一、总体要求

（一）会计核算依据

根据《会计法》的规定，各单位必须根据实际发生的经济业务事项进行会计核算，填制会计凭证，登记会计账簿，编制财务会计报告。任何单位不得以虚假的经济业务事项或者资料进行会计核算。《企业会计制度》也对会计核算做出了相关规定：①会计核算应当以实际发生的交易或者事项为依据，如实反映企业的财务状况、经营成果和现金流量；②企业应当按照交易或事项的经济实质进行会计核算，而不应当仅仅以它们的法律形式作为会计核算的依据。各单位实际发生的经济业务事项，有的可以引起资金增减变化，而有的不会引起资金增减变化，通过要求以实际发生的经济业务事项为依据进行会计核算，能够保证会计信息的真实可靠；如果没有经济业务事项的发生，那么会计核算的对象也将不存在；如果以虚假的经济业务事项为对象进行会计核算，生成的会计信息就有可能对会计信息使用者造成误导。由此可见，在进行会计核算时，必须以真实发生的经济业务事项为基础。当然，并非所有实际发生的经济业务事项都需要进行会计核算。例如，制定投资计划时无须进行会计核算，只有实施投资计划引起资金变动的时候，才需要记录和反映该经济业务事项。

【例 1–7】（判断题）某服装销售单位为拓展公司业务，计划延伸单位业务至上游生产制造企业，并要求会计人员制定了详细的计划书。同时也与相应的服装制造单位签订合约并约定相关经济业务事项，但在此过程中并未引起资金增减变化。则该单位不需要进行会计核算。（　　）

【答案与解析】√　签订合同或协议的经济业务事项，在签订合同或协议的时候，不会引起资金增减变化，无须进行会计核算。只有当合同或协议实际履行并引起资金运动时，才需对履行合同或协议这一经济业务事项如实记录和反映，进行会计核算。因此，对那些不会产生资金运动的经济业务事项或者可以引起资金运动但还没有发生的经济业务事项，是不能进行会计核算的。进行会计核算的经济业务必须是那些已经发生且引起资金运动的经济业务事项。

（二）对会计资料的基本要求

会计资料是指在会计核算过程中，对实际发生的经济业务事项进行记录与反映的资料，会计资料可以是会计凭证、会计账簿，也可以是财务会计报告和其他会计资料。会计资料不仅能够反映单位财务状况、经营成果以及现金流量，而且还是评价经营业绩、进行投资决策的重要依据。与此同时，会计资料还是一种重要的社会信息资源。因此，会计资料必须符合国家统一的会计制度的规定。各单位提供的会计资料必须保证其具有真实性和完整性，这是会计资料最基本的质量要求，也是会计工作的生命。目前，我国政府已经建立了一系列的规章制度，对会计资料进行规范，保证了会计资料的真实性和完整性，并收到了良好的效果。

为了防止出现我国经济生活中存在的伪造、变造会计资料和提供虚假会计资料的情况，《会计法》规定，任何单位和个人不得伪造、变造会计凭证、会计账簿及其他会计资料，不得提供虚假的财务会计报告。伪造会计凭证、会计账簿及其他会计资料是指通过编造不真实的会计凭证、会计账簿及其他会计资料，来反映虚假的经济业务事项，即无中生有；变造会计凭证、会计账簿及其他会计资料是指通过涂改、挖补等手段来改变会计凭证、会计账簿等的真实内容，以歪曲事实真相，即篡改事实；提供虚假财务会计报告是指通过编造虚假的会计凭证、会计账簿及其他会计资料或直接对财务会计报告上的数据进行篡改，使财务会计报告不真实、不完整的反映单位的财务状况、经营成果和现金流量，借以误导、欺骗财务会计报告使用者的行为，即以假乱真。

伪造、变造会计资料以及提供虚假财务会计报告的主体不仅包括单位及其工作人员为单位内部的非法目的而实施的伪造、变造会计资料和提供虚假财务会计报告的行为，也包括为他人伪造、变造会计资料和提供虚假财务会计报告提供方便的行为。这种行为是严重的违法行为，其反映的经济业务事项的内容与实际发生的经济业务事项严重相背离。

【例 1-8】（多选题）会计法对生成和提供会计资料所做的基本要求是任何单位和个人（　　）。

A. 不得伪造会计凭证、会计账簿

B. 不得变造会计凭证、会计账簿

C. 不得提供虚假的财务会计报告

D. 不得伪造、变造其他会计资料

【答案与解析】ABCD　任何单位和个人不得伪造、变造会计凭证、会计账簿和其他会计资料，不得提供虚假的财务会计报告。

重点提示

根据《会计法》规定，任何单位和个人不得伪造、变造会计凭证、会计账簿和其他会计资料，不得提供虚假的财务会计报告。请注意区别“伪造”“变造”和“提供虚假财务会计报告”的定义。

二、会计凭证

会计凭证是指记录经济业务发生或者完成情况的书面证明，是登记账簿的依据。每个企业都必须按一定的程序填制和审核会计凭证，根据审核无误的会计凭证进行账簿登记，如实反映企业的经济业务。《中华人民共和国会计法》（以下简称“《会计法》”）对会计凭证的种类、取得、审核、更正等内容进行了规定。

（一）会计凭证的种类

会计凭证是会计核算的原始依据。根据填制程序和用途的不同，可将会计凭证分为原始凭证和记账凭证。

原始凭证记录的是经济信息，它是编制记账凭证的依据，是会计核算的基础；原始凭证是在经济业务事项发生时由经办人员直接取得或者填制，用以表明某项经济业务事项已经发生或完成的情况，明确有关经济责任的一种原始凭据。根据来源的不同，可将原始凭证分为外来原始凭证和自制原始凭证两种；按照填制手续及内容的不同，可以分为一次凭证、累计凭证和汇总凭证；按照格式不同，可以分为通用凭证和专用凭证。

【例 1-9】（单选题）按来源不同，原始凭证可分为（　　）。

A. 外来原始凭证和自制原始凭证

B. 一次性原始凭证、累计原始凭证和汇总原始凭证

C. 收付业务凭证和转账业务凭证

D. 专用凭证和通用凭证

【答案与解析】 A　原始凭证由经办人员直接取得或填制。据此，原始凭证按来源不同，可分为外来原始凭证和自制原始凭证。

重点提示

记账凭证记录的是会计信息，它是会计核算的起点；记账的凭证是由企业会计人员根据审核无误的原始凭证，按其内容应用会计科目和复式记账方法加以归类整理，并据以确定会计分录和登记账簿的凭证。按其反映经济业务的内容不同，可以分为收款凭证、付款凭证和转账凭证；按其填列方式，可分为复式凭证和单式凭证两种。

（二）会计凭证的内容

1. 原始凭证的内容

根据《会计基础工作规范》的规定，原始凭证应当包括的内容有：①原始凭证名称；②填制原始凭证的日期；③填制原始凭证的单位名称或者填制人员的姓名；④接受原始凭证的单位；⑤经济业务事项名称；⑥经济业务事项的数量、单价和金额；⑦经办经济业务事项人员的签名或盖章等。

2. 记账凭证的内容

根据《会计基础工作规范》的规定，记账凭证应当包括的内容有：①填制记账凭证的日期；②凭证的名称和编号；③经济业务事项的内容摘要；④应记会计科目、方向和金额；⑤所附原始凭证张数；⑥填制凭证人员、稽核人员、记账人员和会计机构负责人（会计主管人员）的签名或盖章。以自制的原始凭证或原始凭证汇总表代替记账凭证的，则自制的原始凭证或原始凭证汇总表上也必须具备记账凭证应有的项目。

（三）会计凭证的填制和取得

1. 原始凭证的填制和取得

一般情况下，原始凭证都是由经济业务事项经办人员取得或填制的，在这个过程中，参与人员较广，所掌握的专业知识也参差不齐。为了保障会计工作的顺利进行，根据《会计法》规定，办理经济业务事项的单位和人员，都必须填制或取得原始凭证并及时送交会计机构。“及时”可以理解为一个会计结算期。这样就能够保证会计核算工作的正常进行以及会计资料的真实、完整。

2. 记账凭证的填制

记账凭证是会计核算中非常重要的环节，是会计正确提供信息的关键。

重点提示

记账凭证的填制必须以原始凭证及有关资料为依据，必须依赖于审核无误的原始凭证和有关资料。

在记账凭证的实际填制过程中，应注意以下几点：

（1）进行编号。填制记账凭证时，应当对记账凭证进行连续编号。如果一笔经济业务事项需要填制两张或两张以上的记账凭证，可采用分数编号法编号。

（2）汇总填制。记账凭证可以根据每一张原始凭证填制，或者根据若干张同类原始凭证汇总填制，也可以根据原始凭证汇总表填制。但不同内容和不同类别的原始凭证不得汇总填制在一张记账凭证上。

（3）注明附件。除结账和更正错误的记账凭证可以不附原始凭证外，其他记账凭证必须附有原始凭证，并注明所附原始凭证张数。一张原始凭证涉及几张记账凭证的，可以把原始凭证附在一张主要的记账凭证后面，并在其他记账凭证上注明附有原始凭证的记账凭证的编号或附原始凭证的复印件。

（4）空行要划线。记账凭证填制完经济业务事项后，如有空行，应当自金额栏最后一笔金额数字下的空行处至合计数上的空行处划线注销。

（5）错误的更正。填制记账凭证时如果发生错误，应当重新填制。已经登记入账的记账凭证在当年内发现错误的，可以用红字注销法进行更正，即用红字填制一张与原内容相同的记账凭证，在摘要栏注明"注销某月某日某号凭证"字样，同时，再用蓝字填制一张正确的记账凭证，注明"订正某月某日某号凭证"字样。如果会计科目的应用没有错误，只是金额发生错误，也可以按正确数字同错误数字之间的差额，另行填制一张调整的记账凭证，调增金额用蓝字，调减金额用红字。发现以前年度记账凭证有错误的，应当用蓝字填制一张更正的记账凭证。

（四）会计凭证的审核

1. 原始凭证的审核

通过审核原始凭证，能够保证会计资料的质量。同时，审核原始凭证也是会计人员以及会计机构的重要职责。《会计法》中对原始凭证的审核做出了具体规定：①会计人员、会计机构必须依照法律规定对原始凭证进行审核；②会计人员、会计机构应当按照国家统一的会计制度的规定进行原始凭证审核。

2. 记账凭证的审核

通过审核记账凭证，能够保证和监督款项的收付、物资的收发、债权债务的结算以及账簿记录的正确性，并能够对记录经济业务事项的原始凭证进行复查和对填制的记账凭证进行检查。只有审核无误的记账凭证，才能作为记账的依据。记账凭证审核的内容主要包括：

（1）审核记账凭证是否附有原始凭证。除结账和更正错误的记账凭证外，每张记账凭证都必须附有审核无误的原始凭证，不附原始凭证的记账凭证是不符合规定的。还要审核记账凭证填写的附件张数是否与实际原始凭证的张数相符；记账凭证填制的经济业务事项的内容是否与所附原始凭证中的相符，两者金额是否相符。原始凭证另行保管，不附入记账凭证的，应查阅有关备查簿记录。

（2）审核记账凭证的内容是否填写齐全。如摘要栏的填写是否清楚，是否描述了所附原始凭证记录的经济业务事项；填制日期是否正确；数字和文字的填写是否清晰规范；有关人员是否均已签名或盖章。

（3）审核记账凭证上会计分录的使用是否正确。如会计分录中借、贷方科目及明细科目的名称和金额是否正确，账户对应关系是否清晰，借贷方合计金额是否相等。在审核记账凭证的过程中，发现错误应及时查明原因，并按照有关规定进行处理。

（五）会计凭证的更正

1. 原始凭证错误的更正

为了对原始凭证的填制进行规范，明确有关人员的经济责任，防止相关人员利用有关原始凭证舞弊，《会计法》《会计基础工作规范》对原始凭证错误的更正做出了相关规定，具体内容包括：①原始凭证记载的各项内容均不得涂改；②如果原始凭证记载的内容有错误，应当由开具单位更正或重新开具，更正工作须由原始凭证出具单位进行，并在更正处加盖出具单位的印章；③如果原始凭证出现金额错误，不能擅自改正，只能由原始凭证开具单位重新开具；④原始凭证开具单位应当根据法律规定开具准确无误的原始凭证，对于填制有误的原始凭证，应当负责更正和重新开具。

2. 记账凭证错误的更正

记账凭证错误的更正内容包括：①填制时发生错误的，应当重新填制；②已经登记入账的记账凭证，科目使用错误，在当年内发现的，用红字填写一张与原来内容相同的记账凭证，在摘要栏注明“注销某月某日某号凭证”字样，同时再用蓝字重新填制一张正确的记账凭证，在摘要栏注明“订正某月某日某号凭证”字样；③已经登记入账的记账凭证，只是金额错误，在当年内发现的，将正确数字与错误数字之间的差额另编一张调整的记账凭证，调增金额用蓝字补充登记，调减金额用红字冲销；④发现以前年度记账凭证有错误的，应当用蓝字填制一张更正的记账凭证予以更正。

重点提示

原始凭证记载的各项内容均不得涂改。如果原始凭证记载的内容有错误，应当由开具单位更正或重新开具，更正工作须由原始凭证出具单位进行，并在更正处加盖出具单位的印章；如果原始凭证出现金额错误，不能擅自改正，只能由原始凭证开具单位重新开具。

三、会计账簿

会计账簿是指由一定格式的账页组成的，以经过审核的会计凭证为依据，全面、系统、连续地记录各项经济业务的簿籍。《会计法》对会计账簿的种类、登记规则等内容进行了详细的规定。

（一）会计账簿的建立

依法建账是会计工作中的重要一环，也是会计核算中最基本的要求之一，更是如实记录和反映经济活动情况的重要前提。依法建账的“法”，不仅包括《会计法》《会计基础工作规范》等，还包括其他法律、行政法规，如《中华人民共和国税收征收管理法》《中华人民共和国公司法》等。根据这些法律的规定，各单位在建账时应遵守以下几点：

（1）国家机关、社会团体、企业、事业单位和其他经济组织，要按照要求设置会计账簿，进行会计核算。不具备建账条件的，应实行代理记账。

（2）设置会计账簿的种类和具体要求，要符合《会计法》和国家统一的会计制度的规定。

（3）各单位发生的经济业务应当统一核算，不得违反规定私设会计账簿进行登记、核算。各单位要依法设置的会计账簿包括：①总账。也称总分类账，是根据会计科目（也称总账科目）开设的账簿，用于分类登记单位的全部经济业务事项，提供资产、负债、资本、费用、成本、收入和成果等总括核算的资料。总账一般使用订本账。②明细账。明细账也称明细分类账，是根据总账科目所属的明细科目设置的，用于分类登记某一类经济业务事项，提供有关明细核算资料。明细账一般采用活页账。③日记账。日记账是一种特殊的序时明细账，它是按照经济业务事项发生的时间先后顺序，逐日逐笔地进行登记的账簿。包括现金日记账和银行存款日记账。日记账一般使用订本账。④其他辅助账簿。也称备查账簿，是为备忘备查而设置的。在实际会计实务中，主要包括各种租借设备、物资的辅助登记或有关应收、应付款项的备查簿，担保、抵押备查簿等。

（二）会计账簿的启用

（1）启用会计账簿时，应当在封面上写明单位的名称以及账簿的名称。在账簿扉页上应当启用附表，其内容包括：①启用日期；②账簿页数；③记账人员、会计机构负责人和会计主管人员姓名，并在附表上加盖名章和单位公章。记账人员或者会计机构负责人、会计主管人员调动工作时，应当注明交接日期、接办人员或者监交人员姓名，并由交接双方人员签名或者盖章。

（2）启用订本式账簿时，应当按照第一页到最后一页的顺序编定页数，不得缺页、跳号。启用活页式账簿，应当按照账户顺序进行编号，并且需要定期装订成册；装订成册后再根据实际使用的账页顺序编定页码；除此之外，还需另加目录，对每个账户的名称和页次进行记录。

（三）会计账簿的登记

《会计法》第十五条规定：“会计账簿登记，必须以经过审核的会计凭证为依据，并符合有关法律、行政法规和国家统一的会计制度的规定。会计账簿包括总账、明细账、日记账和其他辅助性账簿。会计账簿应当按照连续编号的页码顺序登记。会计账簿记录发生错误或者隔页、缺号、跳行的，应当按照国家统一的会计制度规定的方法更正，并由会计人员和会计机构负责人（会计主管人员）在更正处盖章。使用电子计算机进行会计核算的，其会计账簿的登记、更正，应当符合国家统一的会计制度的规定。”

对于会计账簿的登记，《会计法》规定了以下基本要求：

（1）必须依据经过审核的会计凭证登记会计账簿。依据经过审核无误的会计凭证登记会计账簿，是保证会计账簿记录质量的重要环节。

（2）登记会计账簿必须按照记账规则进行。登记会计账簿的基本规则有：①登记会计账簿时，应当将会计凭证日期、编号、业务内容摘要、金额和其他有关资料逐项记入账内。②各种账簿要按页次顺序连续登记，不得跳行、隔页。③凡需结出余额的账户，应当定期结出余额。④会计账簿记录发生错误时，应当按照规定的更正方法进行更正。更正方法一般有划线更正法、补充登记法、红字冲正法三种方法。⑤及时对账。对账就是核对账目，即将会计账簿记录的有关数字与库存实物、货币资金、有价证券、往来单位或者个人等进行相互核对，保证账证相符、账账相符、账表相符、账实相符。根据《会计基础工作规范》的规定，各单位的对账工作每年至少进行一次。⑥定期结账。结账是在将本期内所发生的经济业务全部登记入账的基础上，按照规定的方法对该期内的账簿记录进行小结，结算出本期发生额合计和余额，并将其余额结转下期或者转入新账。按照不同的会计期间，结账可分为月结、季结和年结等。

（3）实行会计电算化的单位，其会计账簿的登记、更正，也应当符合国家统一的会计制度的规定。

（4）会计账簿的设置和登记，应当符合有关法律、行政法规和国家统一的会计制度规定。除《会计法》、国家统一的会计制度外，其他法律、行政法规对会计账簿的设置和登记有规定的各有关单位也必须严格执行。

（5）禁止账外设账。各单位发生的各项经济业务事项应当在依法设置的会计账簿上统一登记、核算，不得违反《会计法》和国家统一的会计制度的规定私设会计账簿。

【例 1-10】（简答题）登记会计账簿的规定有哪些？

【答案与解析】登记会计账簿的有关具体规定如下：①根据经过审核无误的会计凭证登记会计账簿；②按照记账规则登记会计账簿；③实行会计电算化的单位，其会计账簿的登记、更正，也应当符合国家统一的会计制度的规定；④会计账簿的设置和登记，应当符合有关法律、行政法规和国家统一会计制度的规定；⑤禁止账外设账。

（四）会计账簿的账目核对

账目核对也称对账，是保证会计账簿记录质量的重要程序。单位应当定期对会计账簿记录的有关数字与库存实物、货币资金、有价证券、往来单位或者个人等进行相互核对。根据《会计法实施细则》的规定，账目核对要做到账实相符、账证相符、账账相符和账表相符。

1. 账实相符

账实相符即会计账簿记录与实物、款项实有数核对相符。保证账实相符是会计核算的基本要求，通过对会计账簿记录与实物、款项的实有数进行核对，可以对会计账簿记录的正确性进行检查和验证，发现财产物资和现金管理中存在的问题，有利于查明原因，明确责任；有利于改善管理，提高效益；有利于保证会计资料真实、完整。账实相符主要包括：①现金日记账账面余额与现金实际库存数核对相符；②银行存款日记账账面余额定期与银行对账单余额核对相符；③各种财物明细账账面余额与财物实存数额核对相符；④各种应收、应付款明细账账面余额与有关债权、债务单位或者个人核对相符。

2. 账证相符

账证相符即会计账簿记录与会计凭证有关内容核对相符。会计账簿记录是根据会计凭证等资料登记的，会计凭证是会计账簿登记的基础。通过账证核对，可以检查、验证会计账簿记录和会计凭证的内容是否正确无误，以保证会计账簿资料的准确、完整。各单位应当定期将会计账簿记录与其相应的会计凭证记录（包括时间、编号、内容、金额、记账方向等）逐项核对，检查是否一致。

3. 账账相符

账账相符即会计账簿之间对应记录核对相符。会计账簿之间，即总账各账户之间、总账与明细账之间、总账与日记账之间、会计机构的物资明细账与保管部门、使用部门有关财产物资明细账之间存在着内在联系，通过对账账进行定期核对，可以对会计账簿记录的正确性进行检查、验证、确认，以便能够及时发现问题，改正错误，保证会计资料的真实完整与准确。

4. 账表相符

账表相符即会计账簿记录与会计报表有关内容核对相符的简称。会计报表是根据会计账簿记录及有关资料编制的，会计账簿和相关资料是编制会计报表的基础，两者之间存在着必然的联系。通过检查账表之间的相互关系，可以发现其中是否存在违法行为。

重点提示

《会计法实施细则》规定，账目核对要做到账实相符、账证相符、账账相符和账表相符。

（五）结账

单位应当从以下几方面做好结账工作：

（1）结账前，必须将本期内所发生的各项经济业务全部登记入账。

（2）结账时，应当结出每个账户的期末余额。需要结出当月发生额的，应当在摘要栏内注明“本月合计”字样，并在下面通栏划单红线。需要结出本年累计发生额的，应当在摘要栏内注明“本年累计”字样，并在下面通栏划单红线；12月末的“本年累计”就是全年累计发生额。全年累计发生额下面应当通栏划双红线。年度终了结账时，所有总账账户都应当结出全年发生额和年末余额。

（3）年度终了时，要把各账户的余额结转到下一会计年度，并在摘要栏注明“结转下年”字样；在下一会计年度新建有关会计账簿的第一行余额栏内填写上年结转的余额，并在摘要栏注明“上年结转”字样。

四、财务会计报告

（一）财务会计报告的构成

财务会计报告是企业和其他单位向有关各方面及国家有关部门提供其在某一特定日期财务状况和某一会计期间经营成果、现金流量的文件。编制财务会计报告，是对单位会计核算工作的全面总结，也是及时提供真实、完整会计资料的重要环节。根据《会计法》和《企业财务会计报告条例》的规定，财务会计报告由会计报表、会计报表附注和财务情况说明书组成。会计报表是财务会计报告的主体部分，是会计核算工作的总结和成果，是根据会计账簿记录和有关资料，按照规定的报表格式，总括反映一定会计期间的经济活动和财务收支情况及其结果的一种报告文件。它主要有资产负债表、利润表、现金流量表、所有者权益变动表以及其他附注。

1. 资产负债表

资产负债表主要反映企业在某一特定日期所拥有的资产、需偿还的债务以及股东拥有的净资产情况等。

2. 利润表

利润表主要反映企业在一定期间的经营成果，即利润或亏损情况，表明企业运用所拥有的资产获利的能力。

3. 现金流量表

现金流量表是以现金的流入与流出及其净流量等情况，反映企业一定时期的经营活动、投资活动及筹资活动等产生的现金流量的报表。通过此表可以了解企业某一特定会计期间内有关现金流动的信息以及这些现金来源于何处，又用于何处，并通过将权责发生制基础下的净利润转换为收付实现制基础下的现金收入，反映现金的增减变动及流动情况，以此说明企业资产、负债和所有者权益变动对现金的影响，从现金的角度来说明企业的财务状况，反映企业一定期间内的偿债能力、获利能力。

4. 所有者权益变动表

所有者权益变动表反映一定会计期间构成所有者权益各个组成部分当期的增减变动情况。

5. 会计报表附注

会计报表附注是对会计报表的补充说明，也是财务会计报告的重要组成部分。会计报表附注主要包括两类内容：一类是对会计报表各要素进行补充说明；一类是对那些会计报表中无法描述的其他财务信息的补充说明。根据《企业会计准则第30号——财务报表列报》的规定，会计报表附注一般应按如下顺序和内容进行披露：①企业的基本情况；②财务报表的编制基础；③遵循企业会计准则的声明；④重要会计政策和会计估计；⑤会计政策和会计估计变更以及差错更正的说明；⑥报表重要项目的说明；⑦或有和承诺事项、资产负债表日后非调整事项、关联方关系及其交易等需要说明的事项；⑧有助于财务会计报告使用者评价企业管理资本的目标、政策及程序的信息。其中，企业的基本情况包括：①企业注册地、组织形式和总部地址；②企业的业务性质和主要经营活动；③母公司以及集团最终母公司的名称；④财务报告的批准报出者和财务报告批准报出日；⑤营业期限有限的企业，还应当披露有关其营业期限的信息。

6. 财务情况说明书

财务情况说明书是对单位一定会计期间内财务、成本等情况进行分析总结的书面文字报告，是财务会计报告的重要组成部分。通过财务情况说明书，能够对公司、企业和其他单位生产经营、业务活动情况进行全面的了解，并对经济状况以及存在的不足之处进行总结，这能使财务会计报告使用者，特别是相关单位负责人以及国家宏观管理部门对有关单位经营业绩以及业务活动开展情况进行了解和考核。根据《企业财务会计报告条例》的规定，财务情况说明书主要包括：①企业生产经营的基本情况；②利润实现和分配情况；③资金增减和周转情况；④对企业财务状况、经营成果和现金流量有重大影响的其他事项。

重点提示

财务会计报告由会计报表、会计报表附注和财务情况说明书组成。会计报表主要有资产负债表、损益表和现金流量表以及其他附表。资产负债表、利润表、现金流量表是公司、企业的基本报表，这些报表能够反映出财务会计报告使用者共同关心的一些信息。

企业应当在附注中披露在资产负债表日后、财务报告批准报出日前提议或宣布发放的股利总额和每股股利金额（或向投资者分配的利润总额）。

（二）财务会计报告的编制

编制财务会计报告是会计核算工作的重要环节。《会计法》《企业财务会计报告条例》和《企业会计准则第 30 号——财务报表列报》都对财务报表的编制依据、编制要求、编制对象以及相关期限等问题做出了明确规定。

1. 财务会计报告的编制依据

根据相关规定，财务会计报告应当根据经过审核的会计账簿记录以及相关的资料进行编制，并做到数字真实、计算准确、内容完整、说明清楚。根据经过审核的会计账簿记录和有关资料编制财务会计报告，是保证财务会计报告质量的重要环节。任何组织和个人不得授意、指使、强令他人违反规定，改变财务会计报告的编制基础、编制依据、编制原则和方法。

重点提示

任何组织和个人不得授意、指使、强令他人违反规定，改变财务会计报告的编制基础、编制依据、编制原则和方法。

2. 财务会计报告的编制要求

（1）单位必须按照国家统一的会计制度规定编制月份、季度、年度财务会计报告，对外报送的财务会计报告的格式、编制要求、报送期限应当符合国家有关规定。

（2）对会计报表中各项会计要素进行合理的确认和计量，不得随意改变会计要素的确认和计量标准。

（3）应当依照有关法律、行政法规和《企业财务会计报告条例》规定的结账日进行结账，不得提前或者延迟。年度结账为公历年度每年的 12 月 31 日，其他为半年、季度、月份的最后一天。

（4）企业在编制年度财务会计报告前，应当按规定进行全面清查资产、核实债务。

（5）不得随意改变财务会计报告的编制基础、编制依据、编制原则和方法。

（6）企业编制年度和半年度财务会计报告时，对经查实后的资产、负债有变动的，应当按照资产、负债的确认和计量标准进行确认和计量，并按照国家统一的会计制度的规定进行相应的会计处理。

（7）企业应当按照国家统一的会计制度规定的会计报表格式和内容，根据登记完整、核对无误的会计账簿记录和其他有关资料编制会计报表，做到内容完整、数字真实、计算准确，不得漏报或者任意取舍。

（8）会计报表之间、会计报表各项目之间，凡有对应关系的数字，应当相互一致；会计报表中本期与上期的有关数字应当相互衔接。

（9）会计报表附注和财务情况说明书应当按照本条例和国家统一的会计制度的规定，对会计报表中需要说明的事项做出真实、完整、清楚的说明。

3. 财务会计报告的提供对象和提供期限

（1）财务会计报告的提供对象。各单位应当按照规定的对象，向本单位有关财务关系人（如投资者、债权人等）以及政府有关管理部门（如财政部门、税务部门）等提供财务会计报告，以便有关的财务关系人及政府部门及时了解经营和业务活动情况，并据此做出生产经营决策。

（2）财务会计报告的提供期限。财务会计报告可以分为年度、半年度、季度以及月度财务会计报告，根据企业会计准则，企业至少应当按年编制财务报告。年度财务报表涵盖的期间短于一年的，应当披露年度财务报表的涵盖期间以及短于一年的原因。

（三）财务会计报告的注册会计师审计

根据《会计法》的规定，有关法律、行政法规规定会计报表、会计报表附注和财务情况说明书须经注册会计师审计的单位，在提供财务会计报告时，需将注册会计师及其所在的会计师事务所出具的审计报告随同财务会计报告一并提供，以示本单位的财务会计报告已经注册会计师审计，增强财务会计报告使用者对财务会计报告的信任度。由注册会计师对财务会计报告进行审计，这是保证财务会计报告质量的重要措施，也是便于财务会计报告使用者有效利用财务会计报告的重要手段。

（四）财务会计报告的签章程序和责任主体

财务会计报告编制单位的有关负责人在对外提供的财务会计报告上签章，是我国已经实行多年的做法，目的是督促签章人对财务会计报告的内容严格把关并承担责任。《会计法》规定：“财务会计报告应当由单位负责人和主管会计工作的负责人、会计机构负责人

（会计主管人员）签名并盖章；设置总会计师的单位，还须由总会计师签名并盖章。单位负责人应当保证财务会计报告真实、完整。”《企业财务会计条例》也规定：企业不得编制和对外提供虚假的或者隐瞒重要事实的财务会计报告。企业负责人对本企业财务会计报告的真实性、完整性负责。任何组织或者个人不得授意、指使、强令企业编制和对外提供虚假的或者隐瞒重要事实的财务会计报告。注册会计师、会计师事务所审计企业财务会计报告，应当依照有关法律、行政法规以及注册会计师执业规则的规定进行，并对所出具的审计报告负责。

单位负责人是单位对外披露财务会计报告的责任主体。虽然财务会计报告主要由会计人员编制，但这并非会计人员的个人行为，财务会计报告所反映的情况是单位全体经营管理人员工作成果的综合体现。单位负责人作为法定代表人，应当对本单位对外提供的财务会计报告的质量负责。

重点提示

单位负责人是单位对外披露财务会计报告的责任主体。财务会计报告由单位负责人和主管会计工作的负责人、会计机构负责人（会计主管人员）签名并盖章。设置总会计师的企业，还应由总会计师签名并盖章。单位负责人应当保证财务会计报告真实、完整。财务会计报告需经注册会计师审计的，注册会计师及其所在的会计师事务所出具的审计报告应随同财务会计报告一并提供。

五、会计档案管理

会计档案是指单位在进行会计核算等过程中接收或形成的，记录和反映单位经济业务事项的，具有保存价值的文字、图表等各种形式的会计资料，包括通过计算机等电子设备形成、传输和存储的会计档案。

（一）会计档案的内容

会计档案是指会计凭证、会计账簿、财务会计报告等会计核算专业资料。各单位的预算、计划、制度等文件材料属于文书档案，不属于会计档案。

（1）会计凭证类：原始凭证、记账凭证、汇总凭证，其他会计凭证。

（2）会计账簿类：总账、明细账、日记账、固定资产卡片账、辅助账簿，其他会计账簿。

（3）财务报告类：月度、季度、年度财务报告，包括会计报表、附表、附注及文字说明，其他财务报告。

（4）其他类：银行存款余额调节表、银行对账单、应当保存的会计核算专业资料、会计档案移交清册、会计档案保管清册、会计档案销毁清册。

会计档案对于单位总结经济工作，指导单位的生产经营和事业管理，查验经济财务问题，防止贪污舞弊，研究经济发展的方针、战略都具有重要作用。因此，各单位必须加强对会计档案的管理，确保会计档案资料的安全和完整，并充分加以利用。

（二）会计档案的管理部门

县级以上各级人民政府财政部门和档案行政管理部门管理本行政区域内的会计档案工作。

（三）会计档案的归档

单位的会计机构或会计人员所属机构（以下统称单位会计管理机构），负责会计资料整理、归档、立卷，编制会计档案保管清册。

（四）会计档案的移交

1. 单位内部会计档案移交

当年形成的会计档案，在会计年度终了后，可由单位会计管理机构临时保管一年，再移交单位档案管理机构保管。因工作需要确需推迟移交的，应当经单位档案管理机构统一。单位会计管理机构临时保管会计档案最长不超过三年。出纳人员不得监管会计档案。

单位会计管理机构在办理会计档案移交时，应当编制会计档案移交清册，并按照国家档案管理的有关规定办理移交手续。纸质会计档案移交时，应当保持原卷的封装。电子会计档案移交时应当将电子会计档案及其元数据一并移交，特殊格式的电子会计档案应当与其读取平台一并移交。

2. 单位之间会计档案移交

单位之间交接会计档案时，交接双方应当办理会计档案交接手续。交接会计档案时，交接双方应当按照会计档案移交清册所列内容逐项交接，并由交接双方的单位有关负责人负责监督。交接完毕后，交接双方经办人和监督人应当在会计档案移交清册上签名或盖章。

电子会计档案应当与其元数据一并移交，特殊格式的电子会计档案应该与其读取平台一并移交。

重点提示

交接会计档案时，由交接双方的单位负责人负责监交。交接完毕后，交接双方经办人员和监交人员应当在会计档案移交清册上签名或盖章。

（五）会计档案的查阅

各单位应当建立健全会计档案查阅、复制登记制度。我国境内所有单位的会计档案不得携带出境。

（六）会计档案的保管期限

根据《会计档案管理办法》的规定，会计档案保管期限可分为永久与定期两类。永久保管是指会计档案须永久保存；定期保管是指会计档案应保存到法定的时间。定期保管期限又可分为 3 年、5 年、10 年、15 年和 25 年五类。保管期限从会计年度终了后第一天算起。企业会计档案保管期限汇总表如表 1–1 所示。

表 1–1　企业会计档案保管期限表

类　别	档案名称	保管期限	备　注
会计凭证类	原始凭证	15 年	
	记账凭证	15 年	
	汇总凭证	15 年	
会计账簿类	总账	15 年	包括日记总账
	明细账	15 年	
	日记账	15 年	现金和银行存款日记账保管 25 年
	固定资产卡片账		固定资产报废清理后保管 5 年
	辅助账簿	15 年	
财务报告类（包括各级主管部门汇总财务报告）	月、季度财务报告	3 年	包括文字分析
	年度财务报告（决算）	永久	包括文字分析
其他类	会计移交清册	15 年	
	会计档案保管清册	永久	
	会计档案销毁清册	永久	
	银行余额调节表	5 年	
	银行对账单	5 年	

重点提示

注意不同类型会计档案的保管时间，出纳不得兼管会计档案。

（七）会计档案的销毁

会计档案的销毁是会计档案管理的重要内容，必须严格规范有序进行。根据《会计档案管理办法》的规定，除保管期满但未结清的债权债务原始凭证和涉及其他未了事项的原始凭证，以及正在项目建设期间的建设单位保管期满的会计档案不得销毁外，其他会计档案保管期满需要销毁的，可以按照规定程序予以销毁。

（1）编制会计档案销毁清册。会计档案销毁清册是指销毁会计档案的记录和报批文件。会计档案保管期满需要销毁的，由本单位档案机构提出意见，会同会计机构共同进行审查和鉴定，并在此基础上编制会计档案销毁清册。会计档案销毁清册的编制内容一般应包括会计档案名称、卷号、册数、起止年度和档案编号、应保管期限、已保管期限、销毁日期等。单位档案管理部门和会计机构将编制好的会计档案销毁清册和销毁意见报本单位负责人，单位负责人对所要销毁的会计档案进行复核后在会计档案销毁清册上签署意见。

（2）专人负责监销。销毁会计档案时，应当由单位的档案机构和会计机构共同派人监销；国家机关销毁会计档案时，还应当有同级财政、审计部门派人监销；各级财政部门销毁会计档案时，应当由同级审计部门派人监销。监销人员在销毁会计档案前应当按照会计档案销毁清册所列内容，清点核对所要销毁的会计档案。销毁后，监销人员应当在会计档案销毁清册上签名盖章，并将监销情况报告本单位负责人。

（3）不得销毁的会计档案。在对保管期满的会计档案进行整理以备销毁时，对于未结清的债权债务原始凭证和涉及其他未了事项的原始凭证，《会计档案管理办法》规定：一是此类凭证不得销毁，应当单独保管到未了事项完结后方可按规定的程序进行销毁；二是在会计档案销毁清册和会计档案保管清册中注明不予销毁的原因和单位立卷情况（包括存放地点、编号等）。因此，《会计档案管理办法》明确规定正在建设期间的建设单位会计档案，无论其是否保管期满，都不得销毁，必须妥善保管，等到项目办理竣工决算后按规定的交接手续移交给项目的接受单位进行妥善保管。

重点提示

销毁会计档案时，应当由单位的档案机构和会计机构共同派人监销，单位负责人应在会计档案销毁清册上签署意见。

第四节 会计监督

会计监督是会计的基本职能之一，也是我国经济监督体系的重要组成部分。目前我国已形成了三位一体的会计监督体系，包括单位内部监督体系、以政府财政部门为主体的政府监督体系和以注册会计师为主体的社会监督体系。

一、单位内部会计监督

（一）单位内部会计监督的概念与要求

单位内部会计监督是指会计机构、会计人员依照法律的规定，通过会计手段对经济活动的合法性、合理性和有效性进行的一种监督。

会计机构、会计人员发现会计账簿与实物、款项及有关资料不相符的，按照国家统一的会计准则制度的规定有权自行处理的，应当及时处理；无权自行处理的，应当立即向单位负责人报告，请求查明原因，做出处理。

《会计法》对单位内部会计监督制度的基本内容和要求做出原则性规定，主要包括以下几项：一是记账人员与经济业务事项和会计事项的审批人员、经办人员、财物保管人员的职责权限应当明确，并相互分离、相互制约；二是重大对外投资、资产处置、资金调度和其他重要经济业务事项的决策和执行的相互监督、相互制约程序应当明确；三是财产清查的范围、期限和组织程序应当明确；四是对会计资料定期进行内部审计的办法和程序应当明确。

（二）内部控制

1. 内部控制的概念与目标

对企业而言，内部控制是指由企业董事会、监事会、经理层和全体员工实施的、旨在实现控制目标的过程。对行政事业单位而言，内部控制是指单位为实现控制目标，通过制定制度、实施措施和执行程序，对经济活动的风险进行防范和管控。

企业内部控制的目标主要包括：合理保证企业经营管理合法合规、资产安全、财务报告及相关信息真实完整，提高经营效率和效果，促进企业实现发展战略。行政事业单位内部控制的目标主要包括：合理保证单位经济活动合法合规、资产安全和使用有效、财务信息真实完整，有效防范舞弊和预防腐败，提高公共服务的效率和效果。

2. 内部控制的原则

企业、行政事业单位建立与实施内部控制，均应遵循全面性原则、重要性原则、制衡性原则和适应性原则。此外，企业还应遵循成本效益原则。

（1）全面性原则。内部控制应当贯穿决策、执行和监督的全过程，覆盖企业及其所属单位的各种业务和事项，实现全过程、全员性控制，不存在内部控制空白点。

（2）重要性原则。内部控制应当在兼顾全面的基础上，关注重要业务事项和高风险领域，并采取更为严格的控制措施，确保不存在重大缺陷。

（3）制衡性原则。内部控制应当在治理结构、机构设置及权责分配、业务流程等方面形成相互制约、相互监督的机制，同时兼顾运营效率。制衡性原则要求企业完成某项工作必须经过互不隶属的两个或两个以上的岗位和环节；同时，还要求履行内部控制监督职责的机构或人员具有良好的独立性。

（4）适应性原则。内部控制应当与企业经营规模、业务范围、竞争状况和风险水平等相适应，并随着情况的变化加以调整。

（5）成本效益原则。内部控制应当权衡实施成本与预期效益，以适当的成本实现有效控制。

3. 内部控制的责任人

对企业而言，董事会负责内部控制的建立健全和有效实施；监事会对董事会建立与实施内部控制进行监督；经理层负责组织领导企业内部控制的日常运行。企业应当成立专门机构或者指定适当的机构具体负责组织协调内部控制的建立实施及日常工作。

对行政事业单位而言，单位负责人对本单位内部控制的建立健全和有效实施负责。单位应当建立适合本单位实际情况的内部控制体系，并组织实施。

4. 内部控制的内容

企业建立与实施有效的内部控制，应当包括下列要素：①内部环境；②风险评估；③控制活动；④信息与沟通；⑤内部监督。

行政事业单位建立与实施内部控制的具体工作包括：梳理单位各类经济活动的业务流程，明确业务环节，系统分析经济活动风险，确定风险点，选择风险应对策略，在此基础上根据国家有关规定建立健全单位各项内部管理制度并督促相关工作人员认真执行。

5. 企业内部控制的控制措施

对企业而言，控制措施一般包括：①不相容职务分离控制；②授权审批控制；③会计系统控制；④财产保护控制；⑤预算控制；⑥运营分析控制；⑦绩效考评控制等。

6. 行政事业单位内部控制的控制方法

行政事业单位内部控制的控制方法一般包括：①不相容岗位相互分离；②内部授权审批控制；③归口管理；④预算控制；⑤财产保护控制；⑥会计控制；⑦单据控制；⑧信息内部公开等。

（三）内部审计

1. 内部审计的概念与内容

内部审计是指单位内部的一种独立客观的监督和评价活动，它通过单位内部独立的审计机构和审计人员审查和评价本部门、本单位财务收支和其他经营活动以及内部控制的适当性、合法性和有效性来促进单位目标的实现。

内部审计的内容是一个不断发展变化的范畴，主要包括：①财务审计；②经营审计；③经济责任审计；④管理审计；⑤风险管理等。

2. 内部审计的特点与作用

内部审计的内容是一个不断发展变化的范畴，主要包括财务审计、经营审计、经济责任审计、管理审计和风险管理等。内部审计的内容更侧重于经营过程是否有效、各项制度是否得到遵守与执行。内部审计结果的客观性和公正性较低，并且以建议性意见为主。内部审计在单位内部会计监督制度中的重要作用有：①预防保护作用；②服务促进作用；③评价鉴证作用。

【例 1-11】（简答题）2016 年 3 月 5 日，某商业公司会计人员李某在审核一笔托收付款凭证时，无意中发现其商品单价每台高出合同价 40 元，总差价为 24 000 元。当时业务部门已经在付款凭证上核对、签字，同意付款；并且由于该批商品进货及时、对路，已经全部售出，为公司赚了一笔可观的利润。进货业务员也因此受到公司领导的好评。但张某想到自己是会计，必须实事求是、真实反映，于是，在发现托收凭证与合同不对后，张某找到业务员，要求核实情况。业务员一听要核实进货价格，态度蛮横地拒绝了张某的要求。张某又要求他提供合法的凭据，否则拒付差额款。业务员说对方是电话通知涨价的，合同价已更改。张某给供货方打电话，查询此事。对方回答：“货款未涨，但你方业务员已‘借’走现金 24 000 元，要求一并托收。”事实真相查清后，张某向单位负责人作了专题汇报。请简要分析张某的做法是否正确。

【答案与解析】张某的做法正确。根据《会计法》的规定，会计机构、会计人员对违反《会计法》和国家统一的会计制度规定的会计事项，有权拒绝办理或者按照职权予以纠正。这是《会计法》对会计人员在会计监督中的职责权限的规定。在本案中，张某作为会计人员，根据《会计法》赋予会计人员的职权，依法履行了在会计监督中的职责，杜绝了违法会计行为的发生，起到了单位内部会计监督的作用。

二、会计工作的政府监督

（一）会计工作政府监督的概念

会计工作的政府监督主要是指财政部门代表国家对单位和单位中相关人员的会计行为实施的监督检查，以及对发现的违法会计行为实施的行政处罚，是一种外部监督。根据《会计法》的规定，县级以上人民政府财政部门为各单位会计工作的监督检查部门，对各单位会计工作行使监督权，对违法会计行为实施行政处罚。因此，财政部门是《会计法》的执法主体，是会计工作政府监督的实施主体。这里所说的财政部门是指国务院财政部门、国务院财政部门的派出机构以及县级以上人民政府财政部门。除财政部门外，审计、税务、人民银行、银行监管、证券监管、保险监管等部门依照有关法律、行政法规规定的职责和权限，可以对有关单位的会计资料实施监督检查。

（二）财政部门会计监督的主要内容

根据《会计法》的规定，财政部门可以依法对各单位的以下情况实施监督：

（1）对单位依法设置会计账簿的检查。具体包括：①按照国家的相关法律、行政法规和国家统一的会计制度的规定，各单位是否依法设置会计账簿；②已经设置会计账簿的单位，所设置的会计账簿是否符合相关法律、行政法规和国家统一会计制度的要求；③各单位是否存在账外账的违法行为等。

（2）对单位会计资料真实性、完整性的检查。具体包括：①各单位对所发生的经济业务事项是否及时办理会计手续，进行会计核算；②各单位的会计资料（会计凭证、会计账簿、财务会计报告）是否与实际发生的经济业务事项相符，是否做到账实相符、账证相符、账账相符、账表相符；③各单位提供的财务会计报告是否符合相关法律、行政法规和国家统一会计制度的规定等。

（3）对单位会计核算情况的检查。具体包括：①各单位会计核算的内容是否真实、完整；②各单位所采用的会计年度、记账本位币、会计处理方法、会计记录文字等是否符合法律、行政法规和国家统一的会计制度的规定；③各单位对资产、负债、所有者权益、收入、支出、费用、成本、利润的确认、计量、记录和报告是否符合国家统一的会计制度的规定；④各单位会计档案保管是否符合法定要求等。

（4）对单位会计人员从业资格和任职资格的检查。具体包括：①各单位从事会计工作的人员是否取得了会计从业资格证书并接受财政部门的管理；②会计机构负责人（会计主管人员）的任职资格是否符合条件等。

（5）对会计师事务所出具的审计报告的程序和内容的检查。国务院财政部门和省、自治区、直辖市人民政府财政部门，依法对注册会计师、会计师事务所和注册会计师协会进行监督、指导。财政部门对会计师事务所出具审计报告的程序和内容进行监督。也就是说，财政部门对注册会计师及其会计师事务所的审计质量进行再监督。

三、会计工作的社会监督

（一）会计工作社会监督的概念

会计工作的社会监督主要是指由注册会计师及其所在的会计师事务所依法对委托单位的经济活动进行审计、鉴证的一种监督制度。除此之外，单位和个人检举违反《会计法》和国家统一的会计制度规定的行为，也属于会计工作社会监督的范畴。

（二）注册会计师审计与内部审计的关系

注册会计师审计是指注册会计师接受委托对被审计单位的会计报表及相关资料进行独立审查，并出具审计意见的行为，其实质是确立或者解除被审计单位的受托经济责任。内部审计是一种独立客观的保证工作与咨询活动，它以系统的、专业的方法对风险管理、控制及治理过程的有效性进行评价和改善，从而帮助组织实现其目标。它是由被审计单位内部机构或人员，对其内部控制的有效性、财务信息的真实性和完整性以及经营活动的效率和效果等开展的一种评价活动。

重点提示

注册会计师审计与内部审计之间的联系与区别。二者的联系主要有：①都是现代审计体系的重要组成部分；②都关注内部控制的健全性和有效性；③注册会计师审计可能涉及对内部审计成果的利用等。其区别在于：①审计独立性不同。内部审计为组织内部服务，接受总经理或董事会的领导，独立性较弱；注册会计师审计为需要可靠信息的第三方提供服务，不受被审计单位管理层的领导和制约，独立性较强。②审计方式不同。内部审计主要是对内部控制的有效性、财务信息的真实性和完整性以及经营活动的效率和效果所开展的一种评价活动；注册会计师审计主要对被审计单位财务报表的真实性（或合法性）和公允性进行审计。③审计的职责和作用不同。内部审计人员遵循的是内部审计准则；而注册会计师遵循的是注册会计师审计准则。④两者接受审计的自愿程度不同。内部审计是代表总经理或董事会实施的组织内部监督；注册会计师审计是以独立的第三方对被审计单位进行的审计，委托人可自由选择会计师事务所。

（三）注册会计师的业务范围

注册会计师执行业务，应当加入会计师事务所。注册会计师可以承办审计业务和会计咨询、会计服务业务。注册会计师承办业务，由其所在的会计师事务所统一受理并与委托人签订委托合同。会计师事务所对本所注册会计师承办的业务，承担民事责任。

根据《中华人民共和国注册会计师法》的规定："注册会计师是依法取得注册会计师证书并接受委托从事审计和会计咨询、会计服务业务的执业人员。"注册会计师依法承办如下两方面的业务：

（1）依据《注册会计师法》承办的审计业务。具体包括：①审查企业会计报表，出具审计报告；②验证企业资本，出具验资报告；③办理企业合并、分立、清算事宜中的审计业务，出具有关报告；④法律、行政法规规定的其他审计业务。

（2）承办会计咨询、服务业务。主要包括：①设计会计制度，担任会计顾问，提供会计、管理咨询；②代理纳税申报，提供税务咨询；③代理、申请工商登记，拟订合同、章程和其他业务文件；④办理投资评价、资产评估和项目可行性研究中的有关业务；⑤培训会计、审计和财务管理人员；⑥其他会计咨询、服务。

为规范会计行为，保证会计资料的质量，切实发挥注册会计师审计业务的公平、公正、公开，《会计法》增加了对注册会计师审计业务的规定，对委托人、注册会计师和会计师事务所的行为进行了规范。

（1）委托单位应当如实地向注册会计师提供相关的会计资料。这是其法定的责任和义务，是保证注册会计师审计工作得以顺利开展的重要基础。注册会计师开展审计业务，是依据委托人提供的会计资料和相关情况，按照规定的审计规则、审计程序进行。如果委托人不能提供完整的会计资料和相关信息，注册会计师的审计业务就无法正常开展，出具的审计报告就不可能达到公开、公正的要求。

（2）任何人不得干扰注册会计师独立开展审计业务。注册会计师开展审计业务，有其规定的规则、程序和方法，其出具的审计报告具有法律效力，其法律责任由注册会计师及其会计师事务所承担。注册会计师的工作要客观、公正，不能受任何外界的干扰，任何与委托单位有关的部门和个人，都不得示意、胁迫注册会计师出具不实、不当的审计报告。

（3）财政部门对会计师事务所出具的审计报告有监督的责任。《注册会计师法》规定："国务院财政部门和省、自治区、直辖市人民政府财政部门，依法对注册会计师、会计师事务所和注册会计师协会进行监督、指导。"这一规定，明确了财政部门对注册会计师进行管理的职能和权限。各级财政部门对注册会计师的工作负有管理和指导的责任，要加强对注册会计师、会计师事务所和注册会计师协会的管理、监督和指导。

【例 1-12】（多选题）在下列各项中，注册会计师及其所在的会计师事务所可依法承办的审计业务有（　　）。

A. 审查企业财务会计报告，出具审计报告

B. 验证企业资本，出具验资报告

C. 办理企业合并、分立、清算事宜中的审计业务，出具有关报告

D. 法律、行政法规规定的其他审计业务

【答案与解析】ABCD　注册会计师依法承办如下两方面的业务：一是审计业务，具体包括：①审查企业财务会计报告，出具审计报告；②验证企业资本，出具验资报告；③办理企业合并、分立、清算事宜中的审计业务，出具有关报告；④法律、行政法规规定的其他审计业务。二是承办会计咨询、服务业务，主要包括：①设计会计制度，担任会计顾问，提供会计、管理咨询；②代理纳税申报，提供税务咨询；③代理、申请工商登记，拟订合同、章程和其他业务文件；④办理投资评价、资产评估和项目可行性研究中的有关业务；⑤培训会计、审计和财务管理人员；⑥其他会计咨询、服务业务。

第五节 会计机构与会计人员

会计机构是各单位办理会计事务的职能机构，会计人员是直接从事会计工作的人员。各单位应建立健全会计机构，配备数量和素质都相当的、具备从业资格的会计人员，这是各单位做好会计工作、充分发挥会计职能作用的重要保证。因此，《会计法》对会计机构的设置和会计人员的配备做出了具体的规定。

一、会计机构的设置

“各单位应当根据会计业务的需要，设置会计机构，或者在有关机构中设置会计人员并指定会计主管人员；不具备设置条件的，应当委托经批准设立从事会计代理记账业务的中介机构代理记账。国有的和国有资产控股地位或者主导地位的大、中型企业必须设置总会计师。总会计师的任职资格、任免程序、职责权限由国务院规定。”这是《会计法》对设置会计机构问题做出的规定。

（一）办理会计事务的组织方式

各单位办理会计事务的组织方式有三种：①单独设置会计机构；②有关机构中配置专职会计人员；③实行代理记账。

各单位可以根据本单位会计业务的繁简情况决定是否设置会计机构。一个单位是否需要设置会计机构，一般取决于以下几个方面的因素：

（1）单位规模的大小。从有效发挥会计职能作用的角度看，实行企业化管理的事业单位，大、中型企业应当设置会计机构；业务较多的行政单位、社会团体和其他组织也应设置会计机构。而对那些规模很小的企业、业务和人员都不多的行政单位等，可以不单独设置会计机构，将会计业务并入其他职能部门，或者委托代理记账。

（2）经济业务和财务收支的繁简。大、中型单位的经济业务复杂多样，在会计机构和会计人员的设置上应考虑全面、合理、有效的原则，但是也不能忽视单位经济业务的性质和财务收支的繁简问题。

（3）经营管理的要求。经营管理上对会计机构和会计人员的设置要求是最基本的。随着科学技术的进步，数据的及时性、准确性、全面性比任何其他时候对会计机构和会计人员的要求都高。因此，如何设置会计机构和会计人员是单位会计设置中的重要课题。

不设置会计机构的应设置会计人员并指定会计主管人员。会计主管人员是负责组织管理会计事务、行使会计机构负责人职权的负责人，它不同于通常所说的“会计主管”“主管会计”“主办会计”。一个单位如何配备会计机构负责人，主要应考虑单位的实际需要，不能使用“一刀切”的做法，要求完全统一标准。《会计基础工作规范》中，对会计人员配备、会计岗位设置的原则作了规定，如规定“会计工作岗位，可以一人一岗、一人多岗或者一岗多人”；会计岗位包括会计机构负责人或者会计主管人员、出纳、财产物资核算、工资核算、成本费用核算、财务成果核算、资金核算、往来核算、总账报表、稽核、档案管理等。

（二）代理记账

1. 代理记账机构的设立条件

（1）为依法设立的企业。

（2）持有会计从业资格证书的专职从业人员不少于 3 名。

（3）主管代理记账业务的负责人具有会计师以上专业技术职务资格且为专职从业人员。

（4）有健全的代理记账业务内部规范。

2. 代理记账机构的业务范围

（1）根据委托人提供的原始凭证和其他相关资料，按照国家统一的会计制度的规定进行会计核算，包括审计原始凭证、填制记账凭证、登记会计账簿、编制财务会计报告等。

（2）对外提供财务会计报告。

（3）向税务机关提供税务资料。

（4）委托人委托的其他会计业务。

3. 委托人的义务

（1）对本单位发生的经济业务事项，应当填制或者取得符合国家统一的会计制度规定的原始凭证。

（2）应当配备专人负责日常货币收支和保管。

（3）及时向代理记账机构提供真实、完整的原始凭证和其他相关资料。

（4）对于代理记账机构退回的，要求按照国家统一的会计制度的规定进行更正、补充的原始凭证，应当及时予以更正、补充。

4. 代理记账机构及其从业人员的义务

（1）遵守有关法律、法规和国家统一的会计制度的规定，按照委托合同办理代理记账业务。

（2）对在执行业务中知悉的商业秘密予以保密。

（3）对委托人要求其做出不当的会计处理，提供不实的会计资料，以及其他不符合法律、法规和国家统一的会计制度行为的，予以拒绝。

（4）对委托人提出的有关会计处理相关问题予以解释。

二、会计工作岗位设置

（一）会计工作岗位的概念

会计工作岗位是指单位会计机构内部根据业务分工而设置的从事会计工作、办理会计事项的具体职位。

在会计机构内部设置会计工作岗位，有利于明确分工和确定岗位职责，建立岗位责任制；有利于会计人员钻研业务，提高工作效率和质量；有利于会计工作的程序化和规范化，加强会计基础工作；有利于强化会计管理职能，提高会计工作的管理；同时，也是配备数量适当的会计人员的客观依据之一。

重点提示

出纳人员不得兼管审核、会计档案保管和收入、费用、债权债务账目的登记工作。

（二）会计工作岗位设置的要求

对于会计工作岗位的设置，《会计基础工作规范》中提出了以下示范性的要求：

（1）按需设岗。根据本单位会计业务的需要设置会计工作岗位。

（2）符合内部牵制的要求。根据规定，会计工作岗位可以一人一岗，一人多岗或者一岗多人，但出纳人员不得兼管审核、会计档案保管和收入、费用、债权债务账目的登记工作。

（3）要建立岗位责任制。

（4）建立轮岗制度。对会计人员的工作岗位要有计划地进行轮岗，以促进会计人员全面熟悉业务和不断提高业务素质。

（三）主要会计工作岗位

会计工作岗位一般分为：总会计师（或行使总会计师职权）岗位；会计机构负责人（会计主管人员）岗位；出纳岗位；稽核岗位；资本、基金核算岗位；收入、支出、债权债务核算岗位；工资核算、成本核算、财务成果核算岗位；财产物资的收发、增减核算岗位；总账岗位；对外财务会计报告编制岗位；会计电算化岗位；会计档案管理岗位。

对于会计档案管理岗位，在会计档案正式移交之前，属于会计岗位；正式移交档案管理部门之后，不再属于会计岗位。档案管理部门的人员管理会计档案，不属于会计岗位。医院门诊收费员、住院处收费员、药房收费员、药品库房记账员、商场收款（银）员所从事的工作，均不属于会计岗位。单位内部审计、社会审计、政府审计工作也不属于会计岗位。

重点提示

不属于会计岗位的有：医院门诊收费员、住院处收费员、药房收费员、药品库房记账员、商场收款（银）员、单位内部审计、社会审计、政府审计。

三、会计工作交接

会计工作人员调动工作和离职是正常的现象，但是单位的生产经营活动是一项连续的组织活动，不能因会计人员的工作调动或离职使会计工作中断。做好会计交接工作，可以使会计工作前后衔接，保证会计工作连续进行。同时，还可以防止因会计人员的更换出现账目不清、财务混乱等现象。

（一）交接的范围

需要办理会计工作交接的情况：

（1）临时离职或因病不能工作、需要接替或代理的，会计机构负责人（会计主管人员）或单位负责人必须指定专人接替或者代理，并办理会计工作交接手续。

（2）临时离职或因病不能工作的会计人员恢复工作时，应当与接替或代理人员办理交接手续。

（3）移交人员因病或其他特殊原因不能亲自办理移交手续的，经单位负责人批准，可由移交人委托他人代办交接，但委托人应当对所移交的会计凭证、会计账簿、财务会计报告和其他有关资料的真实性、完整性承担法律责任。

（二）交接程序

办理会计工作交接，应进行的程序：①提出交接申请；②办理移交手续前的准备工作；③移交点收；④专人负责监交；⑤交接后的有关事宜。

（1）交接前的准备工作。会计人员在办理会计工作交接前，必须做好的准备工作有：①已经受理的经济业务尚未填制会计凭证的应当填制完毕。②尚未登记的账目应当登记完毕，结出余额，并在最后一笔余额后加盖经办人印章。③整理好应该移交的各项资料，对未了事项和遗留问题要写出书面说明材料。④编制移交清册，列明应该移交的会计凭证、会计账簿、财务会计报告、公章、现金、有价证券、支票簿、发票、文件、其他会计资料和物品等内容；实行会计电算化的单位，从事该项工作的移交人员还应在移交清册上列明会计软件及密码、数据盘、磁带等内容。⑤会计机构负责人（会计主管人员）移交时，应将财务会计工作、重大财务收支问题和会计人员等情况向接替人员介绍清楚。

（2）移交点收。移交人员离职前，必须在规定的期限内，将本人经管的会计工作全部向接管人员移交清楚。接管人员应认真按照移交清册逐项点收。具体要求是：①现金要根据会计账簿记录余额当面点交，不得短缺，接替人员发现不一致或“白条抵库”现象时，移交人员在规定期限内负责查清处理。②有价证券的数量要与会计账簿记录一致，有价证券面额与发行价不一致时，按照会计账簿余额交接。③会计凭证、会计账簿、财务会计报告和其他会计资料必须完整无缺，不得遗漏。如有短缺，必须查清原因，并在移交清册中加以说明，由移交人负责。④银行存款账户余额要与银行对账单核对相符，如有未达账项，应编制银行存款余额调节表调节相符；各种财产物资和债权债务的明细账户余额，要与总账有关账户的余额核对相符；对重要实物要实地盘点，对余额较大的往来账户要与往来单位、个人核对。⑤公章、收据、空白支票、发票、科目印章以及其他物品等必须交接清楚。⑥实行会计电算化的单位，交接双方应在电子计算机上对有关数据进行实际操作，确认有关数字正确无误后，方可交接。

（3）专人负责监交。通过监交，保证双方都按照国家有关规定认真办理交接手续，防止流于形式，保证会计工作不因人员变动而受影响；保证交接双方处在平等的法律地位上享有权利和承担义务，不允许任何一方以大压小，以强凌弱，或采取非法手段进行威胁。移交清册应当经过监交人员审查和签名、盖章，作为交接双方明确责任的证件。对监交的具体要求是：①一般会计人员办理交接手续，由会计机构负责人（会计主管人员）监交。②会计机构负责人（会计主管人员）办理交接手续，由单位负责人监交，必要时主管单位可以派人会同监交。这里的必要时主管部门派人会同监交是指有些交接需要主管单位监交或者主管单位认为需要参与监交。通常有三种情况：第一，所属单位负责人不能监交，需要由主管单位派人代表主管单位监交。如因单位撤并而办理交接手续等。第二，所属单位负责人不能尽快监交，需要由主管单位派人督促监交。如主管单位责成所属单位撤换不合格的会计机构负责人（会计主管人员），所属单位负责人却以种种借口拖延不办交接手续时，主管单位就应派人督促会同监交等。第三，不宜由所属单位负责人单独监交，而需要主管单位会同监交。如所属单位负责人与办理交接手续的会计机构负责人（会计主管人员）有矛盾，交接时需要主管单位派人会同监交，以防可能发生单位负责人借机刁难等。除此之外，主管单位认为交接中存在某种问题需要派人监交时，也可派人会同监交。

重点提示

一般会计人员办理交接手续，由会计机构负责人（会计主管人员）监交；会计机构负责人（会计主管人员）办理交接手续，由单位负责人监交，必要时主管单位可以派人会同监交。

（4）交接后的有关事宜。①会计工作交接完毕后，交接双方和监交人在移交清册上签名或盖章，并应在移交清册上注明单位名称，交接日期，交接双方和监交人的职务、姓名，移交清册页数以及需要说明的问题和意见等；②接管人员应继续使用移交前的账簿，不得擅自另立账簿，以保证会计记录前后衔接，内容完整；③移交清册一般应填制一式三份，交接双方各执一份，存档一份。

（三）交接人员的责任

移交人员对其所移交的会计资料的真实性、完整性承担法律责任。

会计工作交接中，合理、公正地区分移交人和接替者的责任是非常必要的。交接工作完成后，移交人员所移交的会计凭证、会计账簿、财务会计报告和其他会计资料是在其经办会计工作期间内发生的，应当由原移交人员对这些会计资料的真实性、完整性负责。即便接替人员在交接时因疏忽没有发现所接会计资料在真实性、完整性方面存在的问题，如事后发现仍应由原移交人员负责，原移交人员不应以会计资料已移交而推脱责任。

【例 1-13】（简答题）2016 年 6 月，某单位的会计王某因工作调动要离开会计工作岗位，在会计机构负责人的监交下，与李某办理了会计工作交接手续。因为李某比较粗心，在交接时没有发现所接收的会计凭证存在问题。三个月后，有关部门在检查时发现了会计凭证中的问题。单位负责人在追究王某责任时，王某说："会计凭证我已经移交给李某，应当由李某承担责任，与我无关。"请简要说明王某的说法是否正确。

【答案与解析】王某的说法不正确。根据《会计基础工作规范》的规定，移交人员所移交的会计资料是在其经办会计工作期间内发生的，应当对这些会计资料的真实性、完整性负责。即便接替人员在交接时因疏忽没有发现所接收会计资料在合法性、真实性、完整性方面存在的问题，如事后发现，仍应由原移交人员负责，原移交人员不应以会计资料已经移交而推脱责任。

四、会计从业资格

（一）会计从业资格的概念

会计从业资格是进入会计职业的"门槛"，也是进入会计职业、从事会计工作的法定资质。从事会计工作必须持证上岗，这是我国会计管理工作的一项创新。

会计从业资格证书是具备会计从业资格的证明文件，在全国范围内有效。

（二）会计从业资格证书的适用范围

在国家机关、社会团体、公司、企业、事业单位和其他组织等一切实行独立核算、办理会计事务的社会组织和经济组织中从事下列会计工作的人员（包括香港特别行政区、澳门特别行政区、台湾地区人员及外籍人员在中国大陆境内从事会计工作的人员），必须取得会计从业资格，持有会计从业资格证书：①出纳；②稽核；③资本、基金核算；④收入、支出、债权债务核算；⑤职工薪酬、成本费用、财务成果核算；⑥财产物资的收发、增减核算；⑦总账；⑧财务会计报告编制；⑨会计机构内会计档案管理；⑩其他会计工作。

（三）会计从业资格的取得

（1）会计从业资格的取得实行考试制度。会计从业资格实行无纸化考试，考试科目为：财经法规与会计职业道德、会计基础、初级会计电算化（或者珠算五级）。会计从业资格考试科目应当一次性全部通过。会计从业资格考试大纲由财政部统一制定并公布。

省、自治区、直辖市、计划单列市财政厅（局），新疆生产建设兵团财务局，中共中央直属机关事务管理局、国务院机关事务管理局、铁道部、中国人民武装警察部队后勤部和中国人民解放军总后勤部负责组织实施会计从业资格考试的有关工作。

(2)会计从业资格报名条件。申请参加会计从业资格考试的人员，应当符合的基本条件有：①遵守会计和其他财经法律、法规；②具备良好的道德品质；③具备会计专业基本知识和技能。

会计人员有下列行为之一，情节严重的，由县级以上人民政府财政部门吊销会计从业资格证书。被依法吊销会计从业资格证书的人员，自被吊销之日起五年内(含五年)不得参加会计从业资格考试，不得重新取得会计从业资格证书：①不依法设置会计账簿；②私设会计账簿；③未按照规定填制、取得原始凭证或者填制、取得的原始凭证不符合规定；④以未经审核的会计凭证为依据登记会计账簿或者登记会计账簿不符合规定；⑤随意变更会计处理方法；⑥向不同的会计资料使用者提供的财务会计报告编制依据不一致；⑦未按照规定使用会计记录文字或者记账本位币；⑧未按照规定保管会计资料，致使会计资料毁损、灭失；⑨未按照规定建立并实施单位内部会计监督制度或者拒绝依法实施的监督或者不如实提供有关会计资料及有关情况；⑩任用会计人员不符合《会计法》规定；⑪伪造、变造会计凭证、会计账簿，编制虚假财务会计报告；⑫隐匿或者故意销毁依法应当保存的会计凭证、会计账簿、财务会计报告。

因有提供虚假财务会计报告，做假账，隐匿或者故意销毁会计凭证、会计账簿、财务会计报告，贪污、挪用公款，职务侵占等与会计职务有关的违法行为，被依法追究刑事责任的人员，不得参加会计从业资格考试，不得取得或者重新取得会计从业资格证书。

(四) 会计从业资格的管理

1. 会计从业资格的管理机构

县级以上地方人民政府财政部门负责本行政区域内的会计从业资格管理。中共中央直属机关事务管理局、国家机关事务管理局、中国人民解放军总后勤部、中国人民武装警察部队后勤部等中央主管单位和新疆生产建设兵团财务局等按各自权限负责本部门(本系统)的会计从业资格的管理。

2. 信息化管理制度

会计从业资格实行信息化管理。会计从业资格管理机构应当建立持证人员从业档案信息系统，及时记载、更新持证人员的有关信息。

3. 监督检查制度

会计从业资格管理机构应当对会计从业资格证书的持有、换发、调转、变更登记等情况及持证人员继续教育、遵守会计法律和职业道德等情况实施监督检查。

4. 持证人员继续教育制度

持证人员应当接受继续教育。持证人员参加继续教育采取学分制管理制度。

5. 变更登记制度

持证人员的基础信息及继续教育、表彰奖励等情况发生变化的，应到所属会计从业资格管理机构办理从业档案信息变更。

6. 调转登记制度

持证人员所属会计从业资格管理机构发生变化的，应当及时办理调转登记手续。

7. 定期换证制度

会计从业资格证书实行六年定期换证制度。持证人员应当在会计从业资格证书到期前6个月内，到所属会计从业资格管理机构办理换证手续。

8. 会计从业资格的撤销

有下列情形之一的，会计从业资格管理机构可以撤销持证人员的会计从业资格：①会计从业资格管理机构工作人员滥用职权、玩忽职守，做出给予持证人员会计从业资格决定的；②超越法定职权或者违反法定程序，做出给予持证人员会计从业资格决定的；③对不具备会计从业资格的人员，做出给予会计从业资格决定的。持证人员以欺骗、贿赂、舞弊等不正当手段取得会计从业资格的，会计从业资格管理机构应当撤销其会计从业资格。

9. 会计从业资格的注销

持证人员死亡或者丧失行为能力以及会计从业资格被依法吊销的，会计从业资格管理机构应当注销其会计从业资格。

五、会计专业技术资格与职务

（一）会计专业技术资格

会计专业技术资格分为初级资格、中级资格和高级资格。初级、中级资格的取得实行全国统一考试制度，高级会计师资格的取得实行考试与评审相结合制度。

（二）会计专业职务

会计专业职务分为高级会计师、会计师、助理会计师、会计员。其中，高级会计师为高级职务，会计师为中级职务，助理会计师与会计员为初级职务。

第六节 法律责任

一、法律责任概述

法律责任是指违反相关法律规定时应当承担的相应的法律后果，也就是对违法者的制裁。违反《会计法》相关会计核算、会计监督、会计机构、会计人员有关规定的，应当承担相应的法律责任。法律责任的种类主要包括：①责令限期改正；②罚款；③行政处分；④吊销会计从业资格证书；⑤追究刑事责任。为了使《会计法》得到有效的实施，并对会计违法行为进行严惩，《会计法》规定的两种责任形式包括行政责任与刑事责任。

（一）行政责任

行政责任是指行政法律关系主体在国家行政管理活动中违反了行政法律规范不履行行政上的义务而产生的责任。行政责任主要包括行政处罚和行政处分两种方式。

1. 行政处罚

行政处罚是指特定的行政主体基于一般的行政管理职权，对其认为违反行政法上的强制性义务、违反行政管理程序的行政管理相对人所实施的一种行政制裁措施。《中华人民共和国行政处罚法》对行政处罚的种类和实施做出了如下规定：

（1）行政处罚分为：①警告；②罚款；③没收违法所得、没收非法财物；④责令停产停业；⑤暂扣或者吊销许可证、暂扣或者吊销执照；⑥行政拘留。除此之外，还有法律、行政法规规定的其他行政处罚。

（2）行政处罚由违法行为发生地的县级以上地方人民政府具有行政处罚权的行政机关管辖。

（3）对当事人的同一个违法行为，不得给予两次以上罚款的行政处罚。

（4）行政机关在做出处罚决定之前，应当告知当事人做出处罚决定的事实、理由、依据以及当事人依法享有的有关权利；当事人有权进行陈述和申辩。

（5）行政处罚决定依法做出后，当事人应当在行政处罚决定的期限内，予以履行。

2. 行政处分

行政处分是国家工作人员违反行政法律规范所应承担的一种行政法律责任，是行政机关对国家相关工作人员故意或者过失侵犯行政相对人的合法权益而实行的相关法律制裁。行政处分的形式有：①警告；②记过；③记大过；④降级；⑤撤职；⑥开除等。

重点提示 

行政处罚分为：①警告；②罚款；③没收违法所得、没收非法财物；④责令停产停业；⑤暂扣或者吊销许可证、暂扣或者吊销执照；⑥行政拘留。

行政处分的形式有：①警告；②记过；③记大过；④降级；⑤撤职；⑥开除等。

（二）刑事责任

刑事责任是指实施犯罪行为的当事人应当承担的法律责任。刑事责任与行政责任两者的主要区别是：

（1）追究的违法行为不同。追究刑事责任的是犯罪行为；追究行政责任的是一般违法行为。

（2）追究责任的机关不同。追究刑事责任只能由司法机关依照《刑法》的规定追究；追究行政责任由国家特定的行政机关依照有关法律的规定决定。

（3）承担法律责任的后果不同。追究刑事责任是最严厉的制裁，可以判处死刑，比追究行政责任严厉得多。

刑事责任是触犯《刑法》的犯罪人所应承受的由国家审判机关给予的制裁后果，刑事责任包括刑罚与非刑罚处理方法。

1. 刑罚

（1）主刑。主刑是对犯罪分子适用的主要刑罚方法，只能独立适用，不能附加适用，对犯罪分子只能判处一种主刑。主刑分为管制、拘役、有期徒刑、无期徒刑和死刑。

（2）附加刑。附加刑是既可独立适用又可以附加适用的刑罚方法。也就是说，对同一犯罪行为既可以在主刑之后判处一个或两个以上的附加刑，也可以独立判处一个或两个以上的附加刑。附加刑分为罚金、剥夺政治权利、没收财产。对犯罪的外国人，也可以独立或附加适用驱除出境。

重点提示

附加刑是既可独立适用又可以附加适用的刑罚方法。也就是说，对同一犯罪行为既可以在主刑之后判处一个或两个以上的附加刑，也可以独立判处一个或两个以上的附加刑。

2. 非刑罚处理方法

根据《刑法》的规定，对犯罪分子还可采取非刑罚的处理方式，即对犯罪分子判处刑罚以外的其他方法。主要包括：由于犯罪行为而使被害人遭受经济损失的，除了对犯罪分子除刑事处罚外，还应当根据情况判处赔偿经济损失；对于犯罪情节轻微不需要判处刑罚的，可以免于刑事处罚，但是可以根据案件的不同情况，予以训诫或者责令其悔过、赔礼道歉、赔偿损失，或者由主管部门给予行政处罚或者行政处分。

二、不依法设置会计账簿等会计违法行为的法律责任

（一）违反会计制度规定应承担的法律责任的行为

根据《会计法》第四十二条的规定，有下列行为之一的，由县级以上人民政府财政部门责令限期改正，可以对单位并处三千元以上五万元以下的罚款；对其直接负责的主管人员和其他直接责任人员，可以处两千元以上两万元以下的罚款；属于国家工作人员的，还应当由其所在单位或者有关单位依法给予行政处分：

（1）不依法设置会计账簿的行为。即违反《会计法》和国家统一的会计制度的规定，应当设置会计账簿的单位不设置会计账簿或者未按规定的种类、形式及要求设置会计账簿的行为。

（2）私设会计账簿的行为。即不在依法设置的会计账簿上对经济业务事项进行统一会计核算，而另外私自设置会计账簿进行会计核算的行为，也就是通常说的“账外账”。

（3）未按照规定填制、取得原始凭证或者填制、取得的原始凭证不符合规定的行为。

（4）以未经审核的会计凭证为依据登记会计账簿或者登记会计账簿不符合规定的行为。

（5）随意变更会计处理方法的行为。会计处理方法的变更会直接影响会计资料的质量和可比性，按照相关法律的规定，不得随意变更会计处理方法。

（6）向不同的会计资料使用者提供的财务会计报告编制依据不一致的行为。财务会计报告应当根据登记完整、核对无误的会计账簿记录和其他有关会计资料编制，使用的计量方法、确认原则、统计标准应当一致，做到数字真实、计算准确、内容完整、说明清楚。不得向不同的会计资料使用者提供编制依据不一致的财务会计报告。

（7）未按照规定使用会计记录文字或者记账本位币的行为。

（8）未按照规定保管会计资料，致使会计资料毁损、灭失的行为。

（9）未按照规定建立并实施单位内部会计监督制度，或者拒绝依法实施的监督，或者不如实提供有关会计资料及有关情况的行为。

（10）任用会计人员不符合《会计法》规定的行为。

【例 1–14】（简答题）违反会计制度规定应承担法律责任的行为有哪些？

【答案与解析】根据《会计法》规定，应承担法律责任的违法会计行为包括：

（1）不依法设置会计账簿的行为。

（2）私设会计账簿的行为。

（3）未按照规定填制、取得原始凭证或者填制、取得的原始凭证不符合规定的行为。

（4）以未经审核的会计凭证为依据登记会计账簿或者登记会计账簿不符合规定的行为。

（5）随意变更会计处理方法的行为。

（6）向不同的会计资料使用者提供的财务会计报告编制依据不一致的行为。

（7）未按照规定使用会计记录文字或者记账本位币的行为。

（8）未按照规定保管会计资料，致使会计资料毁损、灭失的行为。

（9）未按照规定建立并实施单位内部会计监督制度，或者拒绝依法实施监督，或者不如实提供有关会计资料及有关情况的行为。

（10）任用会计人员不符合《会计法》规定的行为。

（二）违反国家统一的会计制度规定行为应承担的法律责任

根据《会计法》第四十二条的规定，上述违法行为应承担以下法律责任：

（1）责令限期改正。即要求违法行为人在一定期限内停止违法行为并将其违法行为恢复到合法状态。县级以上人民政府财政部门有权责令违法行为人限期改正，停止违法行为。

（2）罚款。县级以上人民政府财政部门根据违法行为人的违法性质、情节及危害程度，在责令限期改正的同时，有权对单位并处三千元以上五万元以下的罚款，对其直接负责的主管人员和其他直接责任人员，处两千元以上两万元以下的罚款。

（3）给予行政处分。对上述违法行为直接负责的主管人员和其他直接责任人员中的国家工作人员，视情节轻重，由其所在单位或者其上级单位或者行政监察部门给予警告、记过、记大过、降级、降职、撤职、留用察看和开除等行政处分。

（4）吊销会计从业资格证书。会计工作人员有上述所列行为之一，情节严重的，由县级以上人民政府财政部门吊销会计从业资格证书。

（5）依法追究刑事责任。

三、其他会计违法行为的法律责任

（一）伪造、变造会计凭证、会计账簿，编制虚假财务会计报告的法律责任

1. 伪造、变造会计凭证、会计账簿，编制虚假财务会计报告的行为特征

伪造会计凭证的行为是指以虚假的经济业务事项或者资金往来为前提，编造虚假的会计凭证的行为；变造会计凭证的行为是指采取涂改、挖补以及其他方法改变会计凭证真实内容的行为；伪造会计账簿的行为是指违反《会计法》和国家统一会计制度的规定，根据伪造或者变造的虚假会计凭证填制会计账簿，或者不按要求登记账簿，或者对内对外采用不同的确认标准、计量方法等手段编造虚假的会计账簿的行为；变造会计账簿的行为是指采取涂改、挖补或者其他手段改变会计账簿的真实的内容的行为；编制虚假财务会计报告的行为是指违反《会计法》和国家统一会计制度的规定，根据虚假的会计账簿记录编制财务会计报告，或者凭空捏造虚假的财务会计报告以及对财务会计报告擅自进行没有依据的修改的行为。

2. 伪造、变造会计凭证、会计账簿，编制虚假财务会计报告的刑事责任

各单位都必须保证会计资料的真实、完整，伪造、变造会计凭证、会计账簿和其他会计资料，提供虚假财务会计报告的行为，都是违法行为，会计机构和会计人员不得伪造、变造会计凭证、会计账簿和其他会计资料，提供虚假财务会计报告。根据《会计法》第四十三条的规定，伪造、变造会计凭证、会计账簿，编制虚假财务会计报告，构成犯罪的，依法追究刑事责任。我国《刑法》并未明确将伪造、变造会计凭证、会计账簿以及编制虚假财务会计报告的行为单独作为犯罪行为加以规定，而是在该行为已经造成严重后果后，按照犯罪情节、手段，分别以偷税罪、公司提供虚假会计报告罪、中介组织人员提供虚假证明文件罪及其他犯罪追究刑事责任。对于伪造、变造会计凭证、会计账簿，编制虚假财务会计报告的行为，我国《刑法》明确为犯罪的，主要有以下几种情况：

（1）根据《刑法》第二百零一条的规定，纳税人采取伪造、变造账簿、记账凭证，在账簿上多列支出或者不列、少列收入等手段，经税务机关通知申报而拒不申报或者进行虚假的纳税申报的手段，不缴或者少缴应纳税款，偷税数额占应纳税额的10%以上不满30%并且偷税数额在一万元以上不满十万元的，或者因偷税被税务机关给予二次行政处罚又偷税的，处三年以下有期徒刑或者拘役，并处偷税数额一倍以上五倍以下罚金；偷税数额占应纳税额的30%以上并且偷税数额在十万元以上的，处三年以上七年以下有期徒刑，并处偷税数额一倍以上五倍以下罚金。扣缴义务人采取前述手段，不缴或者少缴已扣、已收税款，数额占应缴税额的10%以上并且数额在一万元以上的，依照前述规定处罚。对多次犯有上述行为，未经处理的，按照累计数额计算。

（2）根据《刑法》第一百六十一条的规定，依法负有信息披露义务的公司、企业向股东和社会公众提供虚假的或者隐瞒重要事实的财务会计报告，或者对依法应当披露的其他重要信息不按照规定披露，严重损害股东或者其他人利益的，或者有其他严重情节的，对其直接负责的主管人员和其他直接责任人员，处三年以下有期徒刑或者拘役，并处或者单处两万元以上二十万元以下罚金。

（3）根据《刑法》第二百二十九条的规定，承担资产评估、验资、验证、会计、审计、法律服务等职责的中介组织的人员故意提供虚假证明文件（包括虚假的财务会计报告），情节严重的，处五年以下有期徒刑或者拘役，并处罚金。上述人员索取他人财物或者非法收受他人财物犯本罪的，处五年以上十年以下有期徒刑或者拘役，并处罚金。

除此之外，如果行为人为虚报注册资本、虚假出资、抽逃出资、贪污、挪用公款、侵占企业财产、私分国有资产、私分罚没财物，实施伪造、变造会计凭证、会计账簿或者编制虚假财务会计报告的行为，应当按照《刑法》的有关规定分别定罪、处罚。

3. 伪造、变造会计凭证、会计账簿，编制虚假财务会计报告的行政责任

伪造、变造会计凭证、会计账簿或者编制虚假财务会计报告，情节较轻，社会危害不大，根据《刑法》的有关规定，尚不构成犯罪的，应当按照《会计法》的规定予以处罚。具体包括：

（1）通报。由县级以上人民政府财政部门采取通报的方式对违法行为人予以批评、公告。通报决定由县级以上人民政府财政部门送达被通报人，并通过一定的媒介在一定的范围内公布。

（2）罚款。县级以上人民政府财政部门对违法行为视情节轻重，在予以通报的同时，可以对单位并处五千元以上十万元以下的罚款，对其直接负责的主管人员和其他直接责任人员，可以处三千元以上五万元以下的罚款。

（3）行政处分。对上述所列违法行为直接负责的主管人员和其他直接责任人员中的国家工作人员，应当由其所在单位或者其上级单位或者行政监察部门给予撤职、留用察看直至开除的行政处分。

（4）吊销会计从业资格证书。对上述所列违法行为中的会计人员，由县级以上人民政府财政部门吊销会计从业资格证书。

（二）隐匿或者故意销毁依法应当保存的会计凭证、会计账簿、财务会计报告的法律责任

这里所说的隐匿是指故意转移、隐藏应当保存的会计凭证、会计账簿以及财务会计报告的行为。销毁是指故意将依法应当保存的会计凭证、会计账簿以及财务会计报告予以毁灭的行为。

1. 隐匿或者故意销毁依法应当保存的会计凭证、会计账簿、财务会计报告的刑事责任

根据《刑法》第二百零一条规定，纳税人采取隐匿、擅自销毁账簿、记账凭证的手段，不缴或者少缴应纳税款，偷税数额占应纳税额的10%以上不满30%并且偷税数额在一万元以上不满十万元的，或者因偷税被税务机关给予两次行政处罚又偷税的，处三年以下有期徒刑或者拘役，并处偷税数额一倍以上五倍以下罚金；偷税数额占应纳税额的30%以上并且偷税数额在十万元以上的，处三年以上七年以下有期徒刑，并处偷税数额一倍以上五倍以下罚金。扣缴义务人采取前述手段，不缴或者少缴已扣、已收税款，数额占应缴税额的10%以上并且数额在一万元以上的，依照前述规定处罚。对多次从事上述违法行为未经处理的，按照累计数额计算。如果行为人为贪污、挪用公款、侵占企业财产及其他非法目的，实施隐匿、故意销毁依法应当保存的会计凭证、会计账簿、财务会计报告的行为，构成犯罪的，可以按照《刑法》的有关规定分别定罪、处罚。

2. 隐匿或者故意销毁依法应当保存的会计凭证、会计账簿、财务会计报告的行政责任

隐匿或者故意销毁依法应当保存的会计凭证、会计账簿、财务会计报告，情节较轻，社会危害不大，根据《刑法》的有关规定，尚不构成犯罪的，应当根据《会计法》的规定追究行政责任，即通报、罚款、行政处分、吊销会计从业资格证书。追究行政责任的具体形式及标准等与伪造、变造会计凭证、会计账簿及编制虚假财务会计报告相同。

【例1-15】（多选题）纳税人采取隐匿、擅自销毁账簿、记账凭证的手段，不缴或者少缴应纳税款，偷税数额占应纳税额的10%以上不满30%，并且偷税数额在1万元以上不满10万元的，或者因偷税被税务机关给予两次行政处罚又偷税的，应追究的刑事责任为（　　）。

A. 处3年以下有期徒刑或者拘役

B. 处3年以上7年以下有期徒刑

C. 并处偷税数额的1倍以上5倍以下的罚金

D. 并处20万元以上的罚金

【答案与解析】AC　《刑法》对偷税罪规定了两档刑期，基本刑期为3年以下有期徒刑或者拘役，偷税数额占应纳税额的30%以上并且偷税数额在10万元以上的，处3年以上7年以下有期徒刑。两种处罚均附加适用罚金刑，即并处偷税数额1倍以上5倍以下的罚金。通过这道题，考生应掌握偷税罪的处罚。

（三）授意、指使、强令会计机构、会计人员及其他人员伪造、变造会计凭证、会计账簿，编制虚假财务会计报告或者隐匿、故意销毁依法应当保存的会计凭证、会计账簿、财务会计报告的法律责任

这里的授意是指暗示他人按其意思行事。指使是指通过明示方式，指示他人按其意思行事。强令是指明知其命令是违反法律的，而强迫他人执行其命令的行为。

根据《会计法》第四十五条的规定："授意、指使、强令会计机构、会计人员及其他人员伪造、变造会计凭证、会计账簿，编制虚假财务会计报告或者隐匿、故意销毁依法应当保存的会计凭证、会计账簿、财务会计报告，构成犯罪的，依法追究刑事责任；尚不构成犯罪的，可以处五千元以上五万元以下的罚款；属于国家工作人员的，还应当由其所在单位或者有关单位依法给予降级、撤职、开除的行政处分。"

（四）单位负责人对会计人员实行打击报复的法律责任

《会计法》第四十六条规定："单位负责人对依法履行职责、抵制违反本法规定行为的会计人员以降级、撤职、调离工作岗位、解聘或者开除等方式实行打击报复，构成犯罪的，依法追究刑事责任；尚不构成犯罪的，由其所在单位或者有关单位依法给予行政处分。对受打击报复的会计人员，应当恢复其名誉和原有职务、级别。"

1. 单位负责人打击报复会计人员的刑事责任

根据《刑法》第二百五十五条的规定，公司、企业、事业单位、机关、团体的领导人，对依法履行职责、抵制违反《会计法》规定行为的会计人员实行打击报复，情节恶劣的，构成打击报复会计人员罪。根据《刑法》规定，对犯打击报复会计人员罪的，处三年以下有期徒刑或者拘役。

【例 1–16】（单选题）根据相关法律条款的规定，公司、企业、事业单位、机关、团体的领导人，对依法履行职责、抵制违反《会计法》行为的会计人员实行打击报复的，（　　）。

A. 处 3 年以下有期徒刑或者拘役

B. 处 3 年以上有期徒刑或者拘役

C. 情节恶劣的，处 3 年以下有期徒刑或者拘役

D. 情节恶劣的，处 3 年以上有期徒刑或者拘役

【答案与解析】 C　根据相关规定，公司、企业、事业单位、机关、团体的领导人，对依法履行职责、抵制违反《会计法》行为的会计人员实行打击报复，情节恶劣构成犯罪的，处 3 年以下有期徒刑或者拘役；情节轻微，危害性不大，尚不构成犯罪的，由其所在单位或者有关单位依法给予行政处分。

2. 单位负责人打击报复会计人员的行政责任

单位负责人对依法履行职责、抵制违反《会计法》规定行为的会计人员实行打击报复，情节轻微，危害性不大，不构成犯罪的，由其所在单位或者有关单位依法给予行政处分。

3. 对受打击报复的会计人员的补救措施

（1）恢复其名誉。受打击报复的会计人员的名誉受到损害的，其所在单位或者其上级单位及有关部门应当要求打击报复者向遭受打击报复的会计人员赔礼道歉，并澄清事实，消除影响，恢复名誉。

（2）恢复原有职位、级别。会计人员受到打击报复，被调离工作岗位、解聘或者开除的，应当在征得会计人员同意的前提下，恢复其工作；被撤职的，应当恢复其原有职务；被降级的应当恢复其原有级别。

同步自测

一、单项选择题

1. 下列关于现金核算内部控制的内容中，说法错误的是（　　）。

A. 现金出纳和会计记录工作应该适当分离，出纳工作应由专人负责

B. 不得以白条抵充现金

C. 收入的现金可在一周送存银行

D. 现金日记账应根据经审核合法的收付款凭证顺时逐笔登记

2. 原始凭证金额有错误的，应当由出具单位（　　）。

A. 重开或者更正

B. 更正，更正处加盖出具单位印章

C. 重开，不得在原始凭证上更正

D. 更正，更正处加盖原始凭证填制人印章

3. 对单位财务会计报告的真实性、完整性承担法律责任的主体是（　　）。

A. 单位会计机构负责人

B. 单位负责人

C. 单位总会计师

D. 财务会计报告的编制人员

4. 账证核对的主要目的是（　　）。

A. 核查资产

B. 以备纳税检查

C. 及时发现错账以进行更正

D. 保证账簿完整

5. 制定并发布《会计档案管理办法》的单位是（　　）。

A. 审计署、财政部

B. 财政部、国家保密局

C. 财政部、国家档案局

D. 全国人大财经委、国家档案局

6. 民族自治地方的单位，会计记录文字应当符合的规定是（　　）。

A. 在中文和民族文字中任选一种

B. 使用中文，也可同时使用当地通用的一种民族文字

C. 只能使用民族文字

D. 只能使用中文

二、多项选择题

1. 单位内部会计监督的主体有（　　）。

A. 会计机构　　B. 审计机构

C. 会计人员　　D. 审计人员

2. 下列经济业务活动中，依照《会计法》的规定，应当办理会计核算的有（　　）。

A. 款项和有价证券的收付

B. 财务成果的计算和处理

C. 收入、支出、费用、成本的计算

D. 债权、债务的发生和结算

3. 下列属于会计从业资格变更登记的情形有（　　）。

A. 学历发生变化　　B. 会计专业技术资格发生变化

C. 单位经营范围发生变化　　D. 行政职务发生变化

4.《会计法》规定，对单位直接负责的主管人员和其他直接责任人员可以处 2 000 元以上 20 000 元以下罚款的行为有（　　）。

A. 私设会计账簿

B. 以未经审核的会计凭证为依据登记会计账簿

C. 未按照规定填制、取得原始凭证

D. 伪造、变更会计凭证和会计账簿

5. 从事代理记账工作的人员应遵守的规则有（　　）。

A. 依法履行职责

B. 保守商业秘密

C. 对委托人示意要求提供不实会计资料，应当拒绝

D. 对委托人提出的有关会计处理原则问题负有解释的责任

6. 下列不属于会计岗位的包括（　　）。

A. 财产物资的收发核算岗位　　B. 单位内部审计岗位

C. 医院药品药库记账员　　D. 商场收银员

7. 会计人员在交接时，属于接替人员应核对的项目有（　　）。

A. 库存现金、有价证券

B. 会计凭证、账簿、报表和其他会计资料

C. 移交人员经管的票据、印章

D. 电子数据

三、判断题

1. 会计机构负责人是在一个单位内具体负责会计工作的中层领导人员，其工作水平的高低、质量的好坏，直接关系到整个单位会计工作的水平和质量。（　　）
2. 根据《会计法》的规定，出纳人员不得兼管稽核和收入、费用、债权债务账目的登记工作，但可负责会计档案的保管工作。（　　）
3. 用假学历、假证书等手段得以免试考试科目并取得会计从业资格证书的，由会计从业资格管理部门撤销其会计从业资格并收回证书，且两年内不得再次参加会计从业资格考试。（　　）
4. 会计机构负责人移交会计资料时，应将全部财务会计工作情况、重大财务收支问题和会计人员的情况，向接替人员介绍清楚。（　　）
5. 会计人员临时离职或者因病暂时不能工作的，应当按照规定程序办理会计交接手续。（　　）
6. 因贪污、做假账等与会计职务有关的违法行为被依法追究刑事责任的人员，经劳动改造表现较好的，可取得或重新取得会计从业资格证书。（　　）

答案与解析

一、单项选择题

1. C　开户单位现金收入应当于当日送存开户银行。当日送存有困难的，由开户银行确定送存时间。

2. C　填制原始凭证必须符合会计法规、制度的规定，做到内容真实、项目完整、填制及时、书写清楚。原始凭证有错误的，应当由出具单位重开或者更正，更正处应当加盖出具单位公章；原始凭证金额有错误的，应当由出具单位重开，不得在原始凭证上更正。

3. B　根据《会计法》《会计基础工作规范》等法律、行政法规、规章的规定，对外提供的财务会计报告，应当依次编定页码，加具封面，装订成册，加盖公章。封面上应当注明：单位名称，单位地址，财务会计报告所属年度、季度、月度，送出日期，由单位负责人（包括主管会计工作的负责人）、总会计师、会计机构负责人（会计主管人员）签名并盖章。单位负责人对单位财务会计报告的真实性、完整性承担法律责任。

4. C　账证核对的主要目的是证实已发生经济业务的真实性，及时更正错误。

5. C　《会计法》和《会计基础工作规范》都对会计档案管理做出了原则性规定。会计档案管理的具体要求，主要应当依据财政部、国家档案局于1998年8月发布的《会计档案管理办法》。

6. B　会计记录文字是在进行会计核算时，为记载经济业务发生情况和辅助说明会计数字所体现的经济内涵而使用的文字。会计记录文字是进行会计核算和提供会计资料不可缺少的重要媒介，是会计资料的重要组成部分，因此，会计记录的文字应当使用中文；民族自治地方的单位的会计记录文字可以同时使用当地通用的一种民族文字。

二、多项选择题

1. AC　单位内部会计监督的主体是会计机构和会计人员。

2. ABCD　对于一人单位发生的所有的经济业务活动，都应当及时办理会计核算。会计核算的范围是相当广泛的。

3. AB　持证人员的学历或学位、会计专业技术职务资格等发生变更的，应向所属会计从业资格管理机构办理从业档案信息变更登记。

4. ABC　违反本法规定，有下列行为之一的，由县级以上人民政府财政部门责令限期改正，可以对单位并处三千元以上五万元以下的罚款；对其直接负责的主管人员和其他直接责任人员，可以处两千元以上两万元以下的罚款；属于国家工作人员的，还应当由其所在单位或者有关单位依法给予行政处分：

①不依法设置会计账簿的；

②私设会计账簿的；

③未按照规定填制、取得原始凭证或者填制、取得的原始凭证不符合规定的；

④以未经审核的会计凭证为依据登记会计账簿或者登记会计账簿不符合规定的；

⑤随意变更会计处理方法的；

⑥向不同的会计资料使用者提供的财务会计报告编制依据不一致的；

⑦未按照规定使用会计记录文字或者记账本位币的；

⑧未按照规定保管会计资料，致使会计资料毁损、灭失的；

⑨未按照规定建立并实施单位内部会计监督制度或者拒绝依法实施的监督或者不如实提供有关会计资料及有关情况的；

⑩任用会计人员不符合本法规定的。

5. ABCD　ABCD 选项都是从事代理记账工作的人员应当遵守的规则。

6. BCD　档案管理部门的人员管理会计档案，不属于会计岗位；医院门诊收费员、住院处收费员、药房收费员、药品库房记账员、商场收银员等均不属于会计岗位；单位内部审计、社会审计、政府审计工作也不属于会计岗位。

7. ABCD　ABCD 选项均为会计人员交接时应核对的项目。

三、判断题

1. √　会计机构负责人（会计主管人员）是指在一个单位内具体负责会计工作的中层领导人员。在单位负责人的领导下，会计机构负责人（会计主管人员）负有组织、管理本单位所有会计工作的责任，其工作水平的高低、质量的好坏，直接关系到整个单位会计工作的水平和质量。

2. ×　单位的现金和有价证券必须由出纳人员经管，出纳人员不得兼任稽核、会计档案保管和收入、支出、费用、债权债务账目的登记工作。

3. ×　用假学历、假证书等手段得以免试考试科目并取得会计从业资格证书的，由会计从业资格管理部门撤销其会计从业资格，收回证书，且三年内不得再次参加会计从业资格考试。

4. √　会计机构负责人（会计主管人员）移交会计资料时，应将财务会计工作、重大财务收支问题和会计人员的情况等向接替人员介绍清楚。

5. √　《会计法》规定，会计人员调动工作或者离职，必须与接管人员办清交接手续。

6. ×　因提供虚假财务会计报告，做假账，隐匿或者故意销毁会计凭证、会计账簿、财务会计报告，贪污、挪用公款，职务侵占等与会计职务有关的违法行为，被依法追究刑事责任的人员，不得参加会计从业资格考试，不得重新取得会计从业资格证书。

第二章 结算法律制度

大纲纵览

- 了解支付结算的相关概念及其法律构成
- 了解银行结算账户的开立、变更和撤销
- 熟悉票据的相关概念
- 熟悉各银行结算账户的概念、使用范围和开户要求
- 掌握现金管理的基本要求和现金的内部控制
- 掌握票据和结算凭证填写的基本要求
- 掌握支票、商业汇票、银行卡、汇兑结算方式的规定，并能综合分析具体案例

第一节 现金结算

现金管理是现金管理机关按照国家的方针政策和有关规定，管理各单位的现金收入、支出和库存的一种管理活动，是国家的一项重要财经管理活动。加强对现金的管理，对稳定物价、提高资金利用率、促进经济发展等有着重要作用。目前，我国对现金管理的法律依据主要有国务院颁布的《现金管理暂行条例》和中国人民银行颁布的《现金管理暂行条例实施细则》等。

一、现金结算的概念与特点

（一）现金结算的概念

现金结算是指在商品交易、劳务供应等经济往来中，直接使用现金进行应收应付款结算的一种行为。在我国主要适用于单位与个人之间的款项收付，以及单位之间的转账结算起点金额以下的零星小额收付。

（二）现金结算的特点

现金结算具有直接便利、不安全性、不易宏观控制和管理、费用较高等特点。

二、现金结算的渠道

现金结算的渠道有：①付款人直接将现金支付给收款人；②付款人委托银行、非银行金融机构或者非金融机构将现金支付给收款人。

三、现金结算的范围

根据《现金管理暂行条例》的规定，开户单位之间的经济往来，除按条例规定的范围可以使用现金外，其他款项的支付应当通过开户银行进行转账结算。开户单位可以在以下范围内使用现金：

（1）职工工资、津贴。

（2）个人劳务报酬。

（3）根据国家规定颁发给个人的科学技术、文化艺术、体育等各项奖金。

（4）各种劳保、福利费用以及国家规定的对个人的其他支出。

（5）向个人收购农副产品和其他物资的价款。

（6）出差人员必须随身携带的差旅费。

（7）结算起点以下的零星支出。

（8）中国人民银行确定需要支付现金的其他支出。

上述款项结算起点为一千元。结算起点的调整，由中国人民银行确定，报国务院备案。除上述第（5）项和第（6）项外，开户单位支付给个人的款项，超过使用现金限额的部分，应当以支票或者银行本票支付；确需全额支付现金的，经开户银行审核后，予以支付现金。

【例 2-1】（多选题）下列各项支出中，开户单位可以使用现金的有（　　）。

A. 职工工资、津贴

B. 各项奖金

C. 结算起点（5 000 元）以下的零星支出

D. 差旅费

【答案与解析】 ABD　C 选项应更正为结算起点（1 000 元）以下的零星支出。

四、现金使用的限额

现金使用的限额，由开户行根据单位的实际需要核定，一般按照单位 3 至 5 天日常零星开支所需确定。边远地区和交通不便地区的开户单位的库存现金限额，可按多于 5 天，但不得超过 15 天的日常零星开支的需要确定。经核定的库存现金限额，开户单位必须严格遵守。

对没有在银行单独开立账户的附属单位也要实行现金管理，必须保留的现金，也要核定限额，其限额包括在开户单位的库存限额之内。商业和服务行业的找零备用现金也要根据营业额核定定额，但不包括在开户单位的库存现金限额之内。

重点提示

对开户单位超出核定的库存限额留存现金的，开户银行可根据情节的轻重处以罚款。

第二节 支付结算概述

一、支付结算的概念与特征

（一）支付结算的概念

支付结算是指单位、个人在社会经济活动中使用票据、信用卡和汇兑、托收承付、委托收款等结算方式进行货币给付及其资金清算的行为。银行、城市信用合作社、农村信用合作社（以下简称银行）以及单位（含个体工商户）和个人是办理支付结算的主体。其中，银行是支付结算和资金清算的中介机构。

支付结算的方式有：①支票；②银行本票；③银行汇票；④商业汇票；⑤汇兑；⑥委托收款；⑦托收承付；⑧信用卡；⑨信用证。为了规范支付结算行为，保障支付结算活动中当事人的合法权益，加速资金周转和商品流通，促进社会主义市场经济的发展，我国制定了一系列支付结算方面的法律、法规和制度，如《人民币银行结算账户管理办法》《中华人民共和国票据法》《国内信用证结算办法》等。

（二）支付结算的特征

1. 支付结算必须通过中国人民银行批准的金融机构进行

《支付结算办法》第六条规定："银行是支付结算和资金清算的中介机构。未经中国人民银行批准的非银行金融机构和其他单位不得作为中介机构经营支付结算业务。但法律、行政法规另有规定的除外。"与货币给付、资金清算不同，票据、银行卡、汇兑、托收承付、委托收款、电子支付等支付结算业务必须通过中国人民银行批准的金融机构或其他机构才能进行。

重点提示

银行是支付结算和资金清算的中介机构。未经中国人民银行批准的非银行金融机构和其他单位不得作为中介机构经营支付结算业务。但法律、行政法规另有规定的除外。

2. 支付结算的发生取决于委托人的意志

根据《支付结算办法》的规定，当事人对其在银行的存款有支配权；除国家法律、行政法规另有规定外，银行不得为任何单位或者个人查询账户情况，不得为任何单位或者个人冻结、扣款，不得停止单位、个人存款的正常支付。银行作为支付结算的中介机构，在办理支付结算业务时，只需以善意且符合规定的正常操作程序进行审查即可。

3. 支付结算实行集中统一和分级管理相结合的管理体制

支付结算是一项政策性强、涉及面广的经济活动，与当事人利益密切相关，关系到我国市场经济的建设和发展，再加上我国幅员辽阔，所以必须实行集中统一和分级管理相结合的管理体制。《支付结算办法》第二十条规定："中国人民银行总行负责制定统一的支付结算制度，组织、协调、管理、监督全国的支付结算工作，调解、处理银行之间的支付结算纠纷。中国人民银行省、自治区、直辖市分行根据统一的支付结算制度制定实施细则，报总行备案；根据需要可以制定单项支付结算办法，报经中国人民银行总行批准后执行。中国人民银行分、支行负责组织、协调、管理、监督本辖区的支付结算工作，调解、处理本辖区银行之间的支付结算纠纷。政策性银行、商业银行总行可以根据统一的支付结算制度，结合本行情况，制定具体管理实施办法，报经中国人民银行总行批准后执行。政策性银行、商业银行负责组织、管理、协调本行内的支付结算工作，调解、处理本行内分支机构之间的支付结算纠纷。"

4. 支付结算是一种要式行为

这里的要式行为是指法律规定必须依照一定形式进行的行为。《支付结算办法》第九条规定："票据和结算凭证是办理支付结算的工具。单位、个人和银行办理支付结算，必须使用按中国人民银行统一规定印制的票据凭证和统一规定的结算凭证；未使用按中国人民银行统一规定印制的票据，票据无效；未使用中国人民银行统一规定格式的结算凭证，银行不予受理。"如果该支付结算行为不符合法定的形式要件，即为无效。对票据和结算凭证的格式做统一规定，是为了保证支付结算的准确、及时和安全，以使其业务顺利进行。

5. 支付结算必须依法进行

《支付结算办法》第五条规定："银行、城市信用合作社、农村信用合作社（以下简称银行）以及单位和个人（含个体工商户），办理支付结算必须遵守国家的法律、行政法规和本办法的各项规定，不得损害社会公共利益。"

【例 2–2】（多选题）下列各项中，属于支付结算特征的有（　　）。

A. 支付结算是一种要式行为

B. 支付结算必须依法进行

C. 支付结算实行集中统一和分级管理相结合的管理体制

D. 支付结算必须通过中国人民银行批准的金融机构进行

【答案与解析】 ABCD 支付结算的特征：①支付结算必须通过中国人民银行批准的金融机构进行，未经中国人民银行批准的非银行金融机构和其他单位不得作为中介机构经营支付结算业务；②支付结算是一种要式行为；③支付结算的发生与否取决于委托人的意志；④支付结算实行集中统一和分级管理相结合的管理体制；⑤支付结算必须依法进行。

二、支付结算的主要法律依据

凡是与支付结算的各种结算方式有关的法律、行政法规以及部门规章和地方性规定都是支付结算的法律依据。除此之外，中国人民银行颁布的有关支付结算的政策性文件亦是当事人进行支付结算活动必须遵守的规定。

至今为止，现行的适用支付结算的法律、行政法规以及部门规章和政策性规定主要有：2004 年 8 月 28 日第十届全国人民代表大会常务委员会第十一次会议通过修改公布，并于公布之日起实施的《中华人民共和国票据法》；1997 年 6 月 23 日经国务院批准，同年 8 月 21 日由中国人民银行颁布，并于同年 10 月 1 日起施行的《票据管理实施办法》；1997 年 9 月 19 日由中国人民银行颁布，于同年 12 月 1 日起施行的《支付结算办法》，同时废止 1988 年 12 月 19 日印发的《银行结算办法》。除此以外，还有《现金管理暂行条例》《中国人民银行银行卡业务管理办法》《人民币银行结算账户管理办法》《异地托收承付结算办法》和《电子支付指引（第一号）》等。

三、支付结算的基本原则

支付结算的基本原则是一个有机的整体，分别从不同的角度强调了付款人、收款人和银行在结算过程中的权利义务，从而切实保障了支付结算活动的正常、有序进行。

（一）恪守信用，履约付款

各单位之间、单位与个人之间发生交易往来，产生支付结算行为时，交易双方本着诚实信用的原则，自行约定付款期限。结算当事人必须依照双方约定的内容依法承担义务和行使权利，严格遵守信用。诚实守信有利于建立交易各方当事人之间的相互信任，便于经济活动的有序开展，促进经济的畅通运行。

（二）谁的钱进谁的账，由谁支配

这一原则主要在于维护存款人对存款资金的所有权，保证其对资金支配的自主权。银行作为资金结算的中介机构，在办理结算时，必须按照存款人的委托，将款项支付给其指定的收款人；对存款人的资金，除国家法律另有规定外，必须由其自由支配。

（三）银行不垫款

银行在办理结算过程中，只负责办理结算当事人之间的款项划拨，即按照付款人的委托将资金支付给付款人指定的收款人，或者按照收款人的委托将归属收款人所有的资金转账收入到收款人的账户，银行不能在结算过程中为其垫付资金。这一原则主要在于划清银行资金与存款人资金的界限，保护银行资金的所有权和安全，有利于促使单位和个人直接对自己的债权债务负责。

【例 2–3】（多选题）下列各项中，单位、个人和银行在进行支付结算活动时必须遵循的行为准则包括（　　）。

A. 恪守信用，履约付款

B. 谁的钱进谁的账，由谁支配

C. 银行不垫款

D. 自愿协商

【答案与解析】ABC　单位、个人和银行在进行支付结算活动时必须遵循的行为准则包括：①恪守信用，履约付款；②谁的钱进谁的账，由谁支配；③银行不垫款。

四、办理支付结算的要求

（一）办理支付结算的基本要求

（1）单位、个人和银行办理支付结算，必须使用按中国人民银行统一规定印制的票据和结算凭证。票据和结算凭证是办理支付结算的工具。未使用按中国人民银行统一规定印制的票据，票据无效；未使用中国人民银行统一规定格式的结算凭证，银行不予受理。

（2）单位、个人和银行应当按照《人民币银行结算账户管理办法》的规定开立和使用账户。

在银行开立存款账户的单位和个人办理支付结算，账户内必须有足够的资金保证支付。没有开立存款账户的个人向银行交付款项后，也可以通过银行办理支付结算。银行依法为单位、个人在银行开立存款账户的相关信息保密，维护其资金的自主支配权。除国家法律、行政法规另有规定外，银行不得为任何单位或者个人查询账户情况，不得为任何单位或者个人冻结、扣划款项，不得停止单位、个人存款的正常支付。

（3）填写票据和结算凭证应当全面规范，做到数字正确，要素齐全，不错不漏，字迹清楚，防止涂改。票据和结算凭证金额以中文大写和阿拉伯数码同时记载，二者必须一致，否则，银行不予受理。

（4）票据和结算凭证上的签章和记载事项必须真实，不得变造、伪造。票据上有伪造、变造的签章的，不影响票据上其他当事人真实签章的效力。

单位、银行在票据上的签章和单位在结算凭证上的签章，为该单位、银行的盖章加其法定代表人或者其授权的代理人的签名或者盖章。个人在票据和结算凭证上的签章，为个人本人的签名或者盖章。

（二）支付结算凭证填写的要求

票据和结算凭证是办理支付结算和现金收付的重要依据，是银行、单位和个人凭以记载账务的会计凭证，是记载经济业务和明确经济责任的一种书面证明。因此，填写票据和结算凭证，必须做到标准化、规范化。按照《正确填写票据和结算凭证的基本规定》的要求，填写票据和结算凭证应符合以下基本要求：

（1）票据的出票日期必须使用中文大写。月为壹、贰和壹拾的，日为壹至玖和壹拾、贰拾和叁拾的，应在其前加“零”；日为拾壹至拾玖的，应在其前加“壹”。大写日期未按要求规范填写的，银行可予受理，但由此造成损失的，由出票人自行承担。

（2）中文大写金额数字应用正楷或行书填写，不得自造简化字。如果金额数字书写中使用繁体字，也应受理。

（3）中文大写金额数字前应标明“人民币”字样，大写金额数字应紧接“人民币”字样填写，不得留有空白；大写金额数字前未印“人民币”字样的，应加填“人民币”字样。

（4）中文大写金额数字到“元”为止的，在“元”之后应写“整”（或“正”，到“角”为止的，在“角”之后可以不写“整”或“正”）字。大写金额数字有“分”的，“分”后面不写“整”或“正”字。

（5）阿拉伯小写金额数字前面，均应填写人民币符号“￥”。

（6）阿拉伯小写金额数字中有“0”的，中文大写应按照汉语语言规律、金额数字构成和防止涂改的要求进行书写。

重点提示

票据的出票日期必须使用中文大写。在填写月、日时，月为壹、贰和壹拾的，日为壹至玖和壹拾、贰拾和叁拾的，应在其前加“零”；日为拾壹至拾玖的，应在其前加“壹”。

票据和结算凭证的金额、出票或者签发日期、收款人名称不得更改，更改的票据无效；更改的结算凭证，银行不予受理；其他记载事项，原记载人可以更改，更改时应当由原记载人在更改处签章证明。

【例 2–4】（多选题）下列各项中，不属于填写票据和结算凭证应符合的基本要求的有（　　）。

A. 阿拉伯小写金额数字前面，均应填写人民币符号“¥”

B. 金额数字书写中使用繁体字，银行可以不予受理

C. 个人在票据和结算凭证上的签章，为个人本名的签名

D. 票据出票日期使用小写填写的，银行不予受理

【答案与解析】BC　如果金额数字书写中使用繁体字，也应受理；个人在票据和结算凭证上的签章，为个人本名的签名或盖章。

第三节 银行结算账户

一、银行结算账户的概念与分类

银行结算账户是指存款人在经办银行开立的办理资金收付结算的人民币活期存款账户。

银行结算账户的类别有：①按开立主体分为单位银行结算账户和个人银行结算账户。其中，单位银行结算账户按用途分为基础存款账户、一般存款账户、专用存款账户和临时存款账户；②按开户地分为本地银行结算账户和异地银行结算账户。

基本存款账户是存款人的主办账户，主要办理存款人日常经营活动的资金收付及其工资、奖金和现金的支取。一般存款账户用于办理存款人借款转存、借款归还和其他结算的资金收付。一般存款账户可以办理先进缴存，但不得办理先进支取。专用存款账户用于办理各项专用资金的收付。临时存款账户是存款人因临时需要并在规定期限内使用而开立的银行结算账户。临时存款账户的有效期最长不得超过两年。个人银行结算账户是自然人因投资、消费、结算等而开立的可办理支付结算业务的存款账户。自然人可根据需要申请开立个人银行结算账户，也可以在已开立的储蓄账户中选择并向开户银行申请确认为个人银行结算账户。

二、银行结算账户管理的基本原则

（一）一个基本账户原则

单位银行结算账户的存款人只能在银行开立一个基本存款账户，不能多头开立基本银行账户。

（二）自主选择原则

存款人可以自主选择银行开立账户，除国家法律、行政法规和国务院规定外，任何单位和个人不得强令存款人到指定银行开立银行结算账户。

（三）守法合规原则

银行结算账户的开立和使用应当遵守法律、行政法规，不得利用银行结算账户进行偷逃税款、逃废债务、套取现金及其他违法犯罪活动。

（四）存款信息保密原则

银行必须依法为存款人的银行结算账户信息保密。根据《人民币银行结算账户管理办法》的规定，对单位银行结算账户的存款和有关资料，除国家法律、行政法规另有规定外，银行有权拒绝任何单位或个人查询；对个人银行结算账户的存款和有关资料，除国家法律另有规定外，银行有权拒绝任何单位或个人查询。

重点提示

单位银行结算账户的存款人只能在银行开立一个基本存款账户，不能多头开立基本银行账户。

【例 2-5】（多选题）下列各项中，属于银行结算账户管理应当遵守的基本原则有（　　）。

A. 一个基本账户原则

B. 自主选择银行开立银行结算账户原则

C. 守法合规原则

D. 存款信息保密原则

【答案与解析】ABCD　上述四个选项均是银行在结算账户管理过程中应当遵守的基本原则。

三、银行结算账户的开立、变更与撤销

（一）银行结算账户的开立

存款人开立银行结算账户时，应当以实名开立，并对其出具的开户申请资料实质内容的真实性负责，但法律、行政法规另有规定的除外。银行结算账户的开立存款人开立的银行结算账户，需要核准的，应及时报送中国人民银行当地分支行核准；不需要核准的，应在开户之后的法定期限内向中国人民银行当地分支行备案。

【例 2–6】（多选题）存款人在开立银行结算账户时，下列各项中，正确的有（　　）。

A. 应以实名开立

B. 需要核准的，应及时报送中国人民银行当地分支行核准

C. 不需核准的，应在开户之日起 24 日后的法定期限内向中国人民银行当地分支行备案

D. 存款人需对申请资料实质内容的真实性负责

【答案与解析】ABCD　存款人在开立银行结算账户时，应以实名开立，并对申请资料实质内容的真实性负责，但法律、行政法规另有规定的除外。银行结算账户的开立存款人开立的银行结算账户，需要核准的，应及时报送中国人民银行当地分支行核准；不需核准的，应在开户之日起 24 日后的法定期限内向中国人民银行当地分支行备案。

（二）银行结算账户的变更

银行结算账户的变更是指存款人账户信息资料发生的变化和改变。存款人的银行结算账户需要变更的，应及时到开户银行办理变更手续。

存款人更改名称，但不改变开户银行及账号的，应于五个工作日内向开户银行提出银行结算账户的变更申请，并出具有关部门的证明文件。

单位的法定代表人或主要负责人、住址以及其他开户资料发生变更时，应于五个工作日内书面通知开户银行并提供有关证明。

银行接到存款人的变更通知后，应及时办理变更手续，并于两个工作日内向中国人民银行报告。

（三）银行结算账户的撤销

存款人有以下情形之一的，应向开户银行提出撤销银行结算账户的申请：

（1）被撤并、解散、宣告破产或关闭的。

（2）注销、被吊销营业执照的。

（3）因迁址需要变更开户银行的。

（4）其他原因需要撤销银行结算账户的。

存款人有本条第（1）项和第（2）项情形的，应于五个工作日内向开户银行提出撤销银行结算账户的申请。

【例 2–7】（多选题）下列（　　）情形出现时，存款人应向开户银行提出撤销银行结算账户的申请。

A. 被撤并、解散、宣告破产或关闭的

B. 注销、被吊销营业执照的

C. 因迁址需要变更开户银行的

D. 尚未清偿其开户银行债务的

【答案与解析】ABC　存款人有以下情形之一的，应向开户银行提出撤销银行结算账户的申请：①被撤并、解散、宣告破产或关闭的；②注销、被吊销营业执照的；③因迁址需要变更开户银行的；④其他原因需要撤销银行结算账户的。

四、违反银行账户管理法律制度的法律责任

（1）存款人在开立、撤销银行结算账户时有法定违法行为时，非经营性的存款人，给予警告并处以一千元的罚款；经营性的存款人，给予警告并处以一万元以上三万元以下的罚款；构成犯罪的，移交司法机关依法追究刑事责任。

（2）存款人使用银行结算账户时，有违反规定将单位款项转入个人银行结算账户、支取现金、利用开立银行结算账户逃避银行债务、出租、出借银行结算账户、从基本存款账户之外的银行结算账户转账存入、将销货收入存入或现金存入单位信用卡账户等行为时，非经营性的存款人，给予警告并处以一千元罚款；经营性的存款人，给予警告并处以五千元以上三万元以下的罚款。存款人未在法定期限内将变更事项通知银行的，给予警告并处以一千元的罚款。

（3）伪造、变造、私自印制开户登记证的存款人，属非经营性的处以一千元罚款；属经营性的处以一万元以上三万元以下的罚款；构成犯罪的，移交司法机关依法追究刑事责任。

（4）银行在银行结算账户的开立中有法定违法行为时，给予警告，并处以五万元以上三十万元以下的罚款；对该银行直接负责的高级管理人员、其他直接负责的主管人员、直接责任人员按规定给予纪律处分；情节严重的，中国人民银行有权停止对其开立基本存款

账户的核准，责令该银行停业整顿或者吊销经营金融业务许可证；构成犯罪的，移交司法机关依法追究刑事责任。

（5）银行在银行结算账户的使用中有法定违法行为时，给予警告，并处以五千元以上三万元以下的罚款；对该银行直接负责的高级管理人员、其他直接负责的主管人员、直接责任人员按规定给予纪律处分；情节严重的，中国人民银行有权停止对其开立基本存款账户的核准；构成犯罪的，移交司法机关依法追究刑事责任。

第四节 票据结算方式

一、票据结算概述

（一）票据的概念与种类

票据是由出票人依法签发的，约定自己或者委托付款人在见票时或指定的日期向收款人或持票人无条件支付一定金额的有价证券。在我国，票据主要包括银行汇票、商业汇票、银行本票和支票。

（二）票据的特征与功能

票据的主要特征有：①票据是债券凭证；②票据是设权证券；③票据是文义证券；④票据是无因证券；⑤票据是要式证券。

票据的功能包括：①支付功能；②汇兑功能；③信用功能；④结算功能；⑤融资功能。

重点提示

票据是指由出票人根据《票据法》签发的、约定自己或者委托付款人在见票时或在指定的日期向收款人或持票人无条件支付一定金额并可转让的有价证券。

【例 2-8】（多选题）下列各项中，属于票据特征的有（　　）。

A. 票据是代表一定数量货币请求权的有价证券

B. 票据是具有一定权利的凭证

C. 票据是反映债券债务关系的书面凭证

D. 票据所表示的权利可以脱离票据而存在

【答案与解析】ABC 票据所表示的权利与票据不可分离，票据权利的产生、转移和行使等均以票据的存在为前提。权利与票据融为一体。

（三）票据行为

票据行为是指票据当事人以发生票据债务为目的的、以在票据上签名或盖章为权利与义务成立要件的法律行为，包括出票、背书、承兑和保证四种。出票是指出票人签发票据的行为。即出票人依据《票据法》的规定在原始票据上记载法定事项并签章，做成票据。背书是指持票人为将票据权利转让给他人或者将一定的票据权利授予他人行使，而在票据背面或者粘单上记载有关事项并签章的行为。承兑是指汇票付款人承诺在汇票到期日支付汇票金额并签章的行为。保证是指票据债务人以外的第三人，为担保特定债务人履行票据债务而在票据上记载有关事项并签章的行为。

出票人在票据上的签章不符合《票据法》等规定的，票据无效；承兑人、保证人在票据上的签章不符合《票据法》等规定的，其签章无效，但不影响其他符合规定签章的效力；背书人在票据上的签章不符合《票据法》等规定的，其签章无效，但不影响其前手符合规定签章的效力。

背书按照目的不同分为转让背书和非转让背书。转让背书是以持票人将票据权利转让给他人为目的；非转让背书是将一定的票据权利授予他人行使，包括委托收款背书和质押背书。

重点提示

票据行为包括出票、背书、承兑和保证四种。

（四）票据当事人

当事人可分为基本当事人和非基本当事人。基本当事人包括出票人、付款人和收款人。非基本当事人包括承兑人、背书人、被背书人、保证人等。

（1）基本当事人是指在票据做成和交付时就业已存在的当事人，是构成票据法律关系的必要主体，包括出票人、付款人和收款人。在汇票及支票中有出票人、付款人与收款人；在本票中有出票人与收款人。出票人是指依法定方式签发票据并将票据交付给收款人的人。付款人是指出票人委托付款或自行承担付款责任的人。付款人付款后，票据上的一切债务责任解除。收款人是指票据到期后有权收取票据所载金额的人，又称票据权利人。

（2）非基本当事人是指在票据做成并交付后，通过一定的票据行为加入票据关系而享有一定权利、义务的当事人，包括承兑人、背书人、被背书人、保证人等。承兑人是指接受汇票出票人的付款委托，同意承担支付票款义务的人，它是汇票的主债务人。背书人是指在转让票据时，在票据背面或粘单上签字或盖章的当事人（称为前手），并将该票据交付给受让人的票据收款人或持有人。被背书人是指被记名受让票据或接受票据转让的人。背书后，被背书人成为票据新的持有人（称为后手），享有票据的所有权利。但是，在票据得到最终付款前，在持票人之前的所有前手不能终结其第一或第二债务人的义务。保证人是指为票据债务提供担保的人，由票据债务人以外的第三人担当。保证人在被保证人不能履行票据付款责任时，以自己的金钱履行票据付款义务，然后取得持票人的权利，向票据债务人追索。

并非所有的票据当事人一定同时出现在某一张票据上，除基本当事人外，非基本当事人是否存在，完全取决于相应票据行为是否发生。不同票据上可能出现的票据当事人也有所不同。

【例 2-9】（简答题）A 企业向 B 公司购买一批物资，向其交付了一张 100 万元的银行汇票，该汇票的收款人为 B 公司，付款人为 C 银行。因受市场变化的影响，该业务的实际结算金额为 120 万元。B 公司接受此银行汇票后，到银行提示付款时，C 银行拒绝付款。请问 C 银行的做法是否正确？为什么？

【答案与解析】正确。该银行汇票无效，银行拒绝付款是正确的。根据《支付结算办法》规定，实际结算金额超过出票金额的，银行不予受理。

（五）票据权利与责任

票据权利与责任是指票据法律关系主体所享有的权利和应承担的责任，是票据法律关系的重要内容。票据权利是指票据持票人向票据债务人请求支付票据金额的权利，包括付款请求权和追索权。票据责任是指票据债务人向持票人支付票据金额的责任。

二、支票

（一）支票的概念及适用范围

支票是指由出票人签发的、委托办理支票存款业务的银行在见票时无条件支付确定的金额给收款人或者持票人的票据。

单位和个人的各种款项结算，均可以使用支票。2007 年 7 月 8 日，中国人民银行宣布，支票可以实现全国范围内互通使用。

支票的基本当事人包括出票人、付款人和收款人。支票可以背书转让，但用于支取现金的支票不能背书转让。

（二）支票的种类

支票按支付票款的方式不同，分为现金支票、转账支票和普通支票。

1. 现金支票

现金支票只能用于支取现金，不能用于转账。支票上印有“现金”字样的为现金支票。

2. 转账支票

转账支票只能用于转账，不能支取现金。支票上印有“转账”字样的为转账支票。

3. 普通支票

普通支票既可以用于支取现金，也可以用于转账。支票上未印有“现金”或“转账”字样的为普通支票。在普通支票左上角划两条平行线，为划线支票，划线支票只能用于转账，不得支取现金。

重点提示

支票分为现金支票、转账支票和普通支票。现金支票只能用于支取现金，不能用于转账。转账支票只能用于转账，不能支取现金。普通支票可以用于支取现金，也可以用于转账。支票上未印有“现金”或“转账”字样的为普通支票。在普通支票左上角划两条平行线，为划线支票，划线支票只能用于转账，不得支取现金。

【例 2-10】（判断题）在普通支票左上角划两条平行线，为划线支票，划线支票只能用于支取现金，不得转账。（　　）

【答案与解析】× 在普通支票左上角划两条平行线，为划线支票，划线支票只能用于转账，不得支取现金。

（三）支票的出票

支票的出票是指出票人委托银行无条件向持票人支付一定金额的票据行为。支票的出票人是经中国人民银行当地分支行批准办理支票业务的银行机构开立可以使用支票的存款账户的单位和个人。支票的付款人为支票上记载的出票人开户银行。支票的付款地为付款人所在地。支票在其票据交换区域内可以背书转让，但用于支取现金的支票不能背书转让。

根据《票据法》的规定，支票出票人签发支票必须具备的条件有：

（1）开立支票存款账户，申请人必须使用其本名，并提交证明其身份的合法证件。

（2）开立支票存款账户和领用支票，应当有可靠的资信，并存入一定的资金。

（3）开立支票存款账户，申请人应当预留其本名的签名式样和印鉴。这些规定主要在于保证支付支票票款的安全，保护支票权利义务各方当事人的合法权益。

（4）支票的记载事项。

为了保证支票的有效，出票人在做成支票时必须按法定要求记载有关事项。票据记载事项一般分为绝对记载事项、相对记载事项和任意记载事项。绝对记载事项是指《票据法》明文规定必须记载的，如不记载，票据即为无效的事项。相对记载事项是指《票据法》规定应该记载而未记载，适用法律的有关规定而不使票据失效的事项。任意记载事项是指《票据法》不强制当事人必须记载而允许当事人自行选择，不记载时不影响票据效力，记载时则产生票据效力的事项。

1. 支票的绝对记载事项

支票的绝对记载事项有：①表明“支票”的字样；②无条件支付的委托；③确定的金额；④付款人名称；⑤出票日期；⑥出票人签章。其中支票的金额、收款人名称可以由出票人授权补记，未补记前不得背书转让和提示付款。

2. 支票的相对记载事项

支票的相对记载事项有：①付款地；支票上未记载付款地的，付款人的营业场所为付款地。②出票地；支票上未记载出票地的，出票人的营业场所、住所或者经常居住地为出票地。

此外，支票上可以记载非法定记载事项，但这些事项并不发生支票上的效力。

3. 出票的效力

出票人做成支票并交付之后，出票人必须在付款人处存有足够可处分的资金，以保证支票票款的支付；当付款人对支票拒绝付款或者超过支票付款提示期限的，出票人应向持票人承担付款责任。

重点提示

出票人签发支票时，欠缺记载以下事项之一的，支票无效：①表明“支票”的字样；②无条件支付的委托；③确定的金额；④付款人名称；⑤出票日期；⑥出票人签章。其中支票的金额和收款人名称可以由出票人授权补记，未补记前不得背书转让和提示付款。

【例 2-11】（单选题）下列各项中，属于支票的绝对记载事项的是（　　）。

A. 无条件支付的委托　　B. 付款地

C. 出票地　　D. 表明“现金支票”的字样

【答案与解析】A　支票的绝对记载事项包括：①表明“支票”的字样；②无条件支付的委托；③确定的金额；④付款人名称；⑤出票日期；⑥出票人签章。

（四）支票的付款

支票的付款是指付款人根据持票人的请求向其支付支票金额的行为。支票属于见票即付的票据，没有到期日的规定。另行记载付款日期的，该记载无效。持票人可以委托开户银行收款或直接向付款人提示付款。用于支取现金的支票仅限于收款人向付款人提示付款。

1. 提示付款期限

支票的提示付款期限为自出票日起 10 日；异地使用的支票，其提示付款的期限由中国人民银行另行规定。超过提示付款期限提示付款的，持票人开户银行不予受理，付款人可以不予付款；但是付款人不予付款的，出票人仍应当对持票人承担票据责任。

2. 付款

出票人在付款人处的存款足以支付支票金额时，付款人应当在当日足额付款。持票人在提示期间内向付款人提示票据，付款人在对支票进行审查之后，如未发现有不符规定之处，即应向持票人付款。

3. 付款责任的解除

《票据法》第九十二条规定：“付款人依法支付支票金额的，对出票人不再承担受委托付款的责任，对持票人不再承担付款的责任。但是，付款人以恶意或者有重大过失付款的除外。”

重点提示

支票的提示付款期限为自出票日起 10 日，超过提示付款期限提示付款的，持票人开户银行不予受理，付款人可以不予付款；但是付款人不予付款的，出票人仍应当对持票人承担票据责任。

（五）支票的办理要求

1. 签发支票的要求

（1）签发支票应当使用碳素墨水或墨汁填写，中国人民银行另有规定的除外。

（2）签发现金支票和用于支取现金的普通支票，必须符合国家现金管理的规定。

（3）支票的出票人签发支票的金额不得超过付款时在付款人处实有的存款金额。禁止签发空头支票。

（4）支票的出票人预留银行签章是银行审核支票付款的依据；银行也可以与出票人约定使用支付密码，作为银行审核支付支票金额的条件。

（5）出票人不得签发与其预留银行签章不符的支票；使用支付密码的，出票人不得签发支付密码错误的支票。

（6）出票人签发空头支票、签章与预留银行签章不符的支票，使用支付密码的地区，支付密码错误的支票，银行应予以退票，并按票面金额处以5%但不低于一千元的罚款；持票人有权要求出票人赔偿支票金额2%的赔偿金。对屡次签发的，银行应停止其签发支票。

2. 兑付支票的要求

（1）持票人可以委托开户银行收款或直接向付款人提示付款。用于支取现金的支票仅限于收款人向付款人提示付款。

（2）持票人委托开户银行收款时，应作委托收款背书，在支票背面背书人签章栏签章，记载“委托收款”字样、背书日期，在被背书人栏记载开户银行名称，并将支票和填制的进账单送交开户银行。

三、商业汇票

（一）商业汇票的概念和种类

商业汇票是指由出票人签发的，委托付款人在指定日期无条件支付确定金额给收款人或者持票人的票据。商业汇票的付款期限，最长不得超过6个月。

根据承兑人不同，商业汇票分为商业承兑汇票和银行承兑汇票。商业承兑汇票由银行以外的付款人承兑，银行承兑汇票由银行承兑。商业汇票的付款人为承兑人。

重点提示

根据承兑人不同，商业汇票分为商业承兑汇票和银行承兑汇票。商业承兑汇票是指由付款人签发并承兑，或由收款人签发交由付款人承兑的票据。银行承兑汇票是指由在承兑银行开立存款账户的存款人签发，并经开户银行承兑付款的票据。

（二）商业汇票的出票

1. 出票人的确定

商业汇票的出票是指出票人签发商业汇票并将其交付给收款人的票据行为。

商业汇票的出票人，为在银行开立存款账户的法人以及其他组织，与付款人具有真实的委托付款关系，具有支付汇票金额的可靠资金来源。

2. 商业汇票的绝对记载事项

签发商业汇票必须记载下列事项，欠缺记载下列事项之一的，商业汇票无效：①表明商业承兑汇票或银行承兑汇票的字样；②无条件支付的委托；③确定的金额；④付款人名称；⑤收款人名称；⑥出票日期；⑦出票人签章。

3. 商业汇票的相对记载事项

相对记载事项的内容主要包括：①汇票上未记载付款日期的，视为见票即付；②汇票上未记载付款地的，付款人的营业场所、住所或者经常居住地为付款地；③汇票上未记载出票地的，出票人的营业场所、住所或者经常居住地为出票地。

此外，汇票上可以记载非法定记载事项，但这些事项不具有汇票上的效力。

4. 商业汇票出票的效力

出票人依照《票据法》的规定完成出票行为之后，即产生票据上的效力。包括：

（1）对收款人的效力。收款人取得汇票后，即取得票据权利。

（2）对付款人的效力。付款人在对汇票承兑后，即成为汇票上的主债务人。

（3）对出票人的效力。出票人签发汇票后，即承担保证该汇票承兑和付款的责任。

（三）商业汇票的承兑

承兑是指汇票付款人承诺在汇票到期日支付汇票金额的票据行为。承兑是汇票特有的制度，本票和支票都没有承兑。出票人完成出票行为后，对付款人并不当然产生约束力，只有在付款人表示愿意向收款人或持票人支付汇票金额后，持票人才可于汇票到期日向付款人行使付款请求权，承兑就是这样一种明确付款人的付款责任，确定持票人票据权利的制度。商业汇票按其承兑人的不同，可以分为商业承兑汇票和银行承兑汇票两种。商业承兑汇票由银行以外的付款人承兑，银行承兑汇票由银行承兑。

1. 提示承兑

定日付款和出票后定期付款的汇票，属于必须提示承兑的汇票，持票人应当在汇票到期日前向付款人提示承兑；见票后定期付款的汇票，属于必须提示承兑的汇票，持票人应当自出票日起 1 个月内向付款人提示承兑；汇票未按规定期限提示承兑的，持票人丧失对其前手的追索权；见票即付的汇票无须提示承兑。

从承兑时间来说，付款人对向其提示承兑的汇票，应当自收到提示承兑的汇票之日起 3 日内承兑或者拒绝承兑。如果付款人在 3 日内不作承兑与否表示的，则应视为拒绝承兑。

持票人可以请求其做出拒绝承兑证明，向其前手行使追索权。从接受承兑方面来说，付款人收到持票人提示承兑的汇票时，应当向持票人签发收到汇票的回单。回单上应当记明汇票提示承兑日期并签章。回单是付款人向持票人出具的已收到请求承兑汇票的证明。从承兑格式来说，付款人承兑汇票的，应当在汇票正面记载“承兑”字样和承兑日期并签章；见票后定期付款的汇票，应当在承兑时记载付款日期。汇票上未记载承兑日期的，以 3 天承兑期的最后一日为承兑日期。上列应记载事项必须记载于汇票的正面。从退回已承兑的汇票方面来说，付款人依承兑格式填写完毕应记载事项并将已承兑的汇票退回持票人后才产生承兑的效力。

【例 2-12】（单选题）付款人对向其提示承兑的汇票，应当自收到提示承兑的汇票之日起（　　）日内承兑或者拒绝承兑。

A. 3　　B. 4　　C. 5　　D. 6

【答案与解析】 A　商业汇票的付款人接到出票人或持票人向其提示承兑的汇票时，应当自收到提示承兑的汇票之日起 3 日内承兑或者拒绝承兑。

2. 承兑的效力

（1）承兑人于汇票到期日必须向持票人无条件地支付汇票上的金额，否则其必须承担迟延付款责任。

（2）承兑人必须对汇票上的一切权利人承担责任，该等权利人包括付款请求权人和追索权人。

（3）承兑人不得以其与出票人之间的资金关系来对抗持票人，拒绝支付汇票金额。

（4）承兑人的票据责任不因持票人未在法定期限提示付款而解除。

3. 承兑不得附有条件

付款人承兑商业汇票，不得附有条件；承兑附有条件的，视为拒绝承兑。银行承兑汇票的承兑银行，应当按照票面金额向出票人收取万分之五的手续费。

（四）商业汇票的付款

商业汇票的付款是指付款人依据票据文义支付票据金额，以消灭票据关系的行为。商业汇票的付款期限，最长不得超过 6 个月。定日付款的汇票付款期限自出票日起计算，并在汇票上记载具体的到期日；出票后定期付款的汇票付款期限自出票日起按月计算；见票后定期付款的汇票付款期限自承兑或拒绝承兑日起按月计算，并在汇票上记载。

1. 提示付款

付款提示是指持票人向付款人或承兑人出示票据，请求付款的行为。持票人只有在法定期限内为付款提示的，才产生法律效力。

根据《票据法》规定，持票人提示付款的法定期限如下：

（1）见票即付的汇票，自出票日起 1 个月内向付款人提示付款。

（2）定日付款、出票后定期付款或者见票后定期付款的汇票，自到期日起 10 日内向承兑人提示付款。

持票人未按照前款规定期限提示付款的，在做出说明后，承兑人或者付款人仍应当继续对持票人承担付款责任。付款提示的当事人包括提示人和被提示人。提示人一般是持票人，但也可以是持票人的代理人和质权人；被提示人通常是付款人，在汇票中被提示人包括已进行承兑的承兑人及未承兑的付款人。

2. 支付票款

持票人按照上述规定向付款人或承兑人进行付款提示后，付款人必须无条件地在当日按票据金额足额支付给持票人。如果付款人或承兑人不能当日足额付款的，应依照《票据法》规定承担迟延付款的责任。

3. 付款的效力

付款人依法足额付款后，全体汇票债务人的责任解除。付款人依照票据文义支付票据金额之后，票据关系随之消灭，汇票上的全体债务人的责任便予以解除。

重点提示

商业汇票的付款期限，最长不得超过 6 个月。见票即付的汇票，自出票日起 1 个月内向付款人提示付款；定日付款、出票后定期付款或者见票后定期付款的汇票，自到期日起 10 日内向承兑人提示付款。

（五）商业汇票的背书

商业汇票的背书是指以转让商业汇票权利或者将一定的商业汇票权利授予他人行使为目的，按照法定的事项和方式在商业汇票背面或者粘单上记载有关事项并签章的票据行为。根据《票据法》的规定，持票人将汇票权利转让给他人或者将一定的汇票权利授予他人行使时，应当背书并交付汇票。汇票转让只能采用背书的方式，而不能仅凭单纯交付方式，否则就不产生票据转让的效力。背书时，必须记载被背书人名称，由背书人签章并记载背书日期。背书未记载日期的，视为在汇票到期日前背书。出票人在汇票上记载“不得转让”字样的，汇票不得转让。

【例 2-13】（判断题）背书是指持票人以转让票据义务为目的，而在票据背面或者粘单上记载有关事项并签章的票据行为。（　　）

【答案与解析】× 商业汇票的背书是指以转让商业汇票权利或者将一定的商业汇票权利授予他人行使为目的，按照法定的事项和方式在商业汇票背面或者粘单上记载有关事项并签章的票据行为。

背书不得记载的内容有两项：一是附有条件的背书；二是部分背书。部分背书是指背书人在背书时，将汇票金额的一部分或者将汇票金额分别转让给两人以上的背书。将汇票金额的一部分转让的背书或将汇票金额分别转让给两人以上的背书无效。除此之外，《票据法》规定，被拒绝承兑、被拒绝付款或者超过付款提示期限等三种情形下的汇票，不得背书转让；背书转让的，背书人应当承担汇票责任。

重点提示

背书未记载日期的，视为在汇票到期日前背书。出票人在汇票上记载“不得转让”字样的，汇票不得转让。附有条件的背书和部分背书均无效。

【例 2-14】（判断题）汇票转让只能采用背书的方式，而不能仅凭单纯交付方式，否则就不产生票据转让的效力。（　　）

【答案与解析】√ 上述说法符合汇票转让的相关规定。

（六）商业汇票的保证

票据保证，即票据债务人以外的第三人，以担保特定债务人履行票据债务为目的，而在票据上所为的一种附属票据行为。

1. 保证的当事人

保证的当事人为保证人与被保证人。商业汇票的债务可以由保证人承担保证责任。保证应由汇票债务人以外的他人承担。

2. 保证的格式

保证人必须在汇票或者粘单上记载以下事项：①表明“保证”的字样；②保证人名称和住所；③被保证人的名称；④保证日期；⑤保证人签章。保证人在汇票或者粘单上未记载第③项的，已承兑的汇票，承兑人为被保证人；未承兑的汇票，出票人为被保证人。保证人在汇票或者粘单上未记载第④项的，出票日期为保证日期。保证不得附有条件；附有条件的，不影响对汇票的保证责任。

3. 保证的效力

（1）保证人的责任。被保证的汇票，保证人应当与被保证人对持票人承担连带责任。

（2）共同保证人的责任。保证人为两人以上的，保证人之间承担连带责任。

（3）保证人的追索权。保证人清偿汇票债务后，可以行使持票人对被保证人及其前手的追索权。

重点提示

保证不得附有条件；附有条件的，不影响对汇票的保证责任。被保证的汇票，保证人应当与被保证人对持票人承担连带责任。保证人清偿汇票债务后，可以行使持票人对被保证人及其前手的追索权。

四、银行汇票

（一）银行汇票的概念和适用范围

银行汇票是由出票银行签发的，在见票时按照实际结算金额无条件支付给收款人或者持票人的票据。单位和个人在异地、同城或同一票据交换区域的各种款项结算，均可使用银行汇票。

（二）银行汇票的记载事项

银行汇票的记载事项有：①表明“银行汇票”的字样；②无条件支付的承诺；③确定的金额；④付款人名称；⑤收款人名称；⑥出票日期；⑦出票人签章。汇票上未记载上述事项之一的，汇票无效。

（三）银行汇票的基本规定

（1）银行汇票可以用于转账，标明“现金”字样的银行汇票也可以提取现金。

（2）银行汇票的付款人为银行汇票的出票银行，银行汇票的付款地为代理付款人或出票人所在地。

（3）银行汇票的出票人在票据上的签章，应为经中国人民银行批准使用的该银行汇票专用章加其法定代表人或其授权经办人的签名或者盖章。

（4）银行汇票的提示付款期限自出票日起一个月内。持票人超过付款期限提示付款的，代理付款人（银行）不予受理。

（5）银行汇票可以背书转让，但填明“现金”字样的银行汇票不得背书转让。银行汇票的背书转让以不超过出票金额的实际结算金额为准。未填写实际结算金额或实际结算金额超过出票金额的银行汇票不得背书转让。

（6）填明“现金”字样和代理付款人的银行汇票丧失，可以由失票人通知付款人或者代理付款人挂失止付。

（7）银行汇票丧失，失票人可以凭人民法院出具的其享有票据权利的证明，向出票银行请求付款或退款。

（四）银行汇票申办和兑付的基本规定

收款人受理银行汇票依法审查无误后，应在出票金额以内，根据实际需要的款项办理结算，并将实际结算金额和多余金额填入银行汇票和解讫通知的有关栏内。未填明实际结算金额和多余金额或实际结算金额超过出票金额的，银行不予受理。银行汇票的实际结算金额不得更改，更改实际结算金额的银行汇票无效。

持票人向银行提示付款时，必须同时提交银行汇票和解讫通知，缺少任何一联，银行不予受理。

持票人超过提示付款期限向代理付款银行提示付款不获付款的，必须在票据权利时效内向出票银行做出说明，并提供本人身份证件或单位证明，持银行汇票和解讫通知向出票银行请求付款。

重点提示

持票人向银行提示付款时，必须同时提交银行汇票和解讫通知，缺少任何一联，银行不予受理。

五、银行本票

（一）银行本票的概念

银行本票是出票人签发的，承诺自己在见票时无条件支付确定的金额给收款人或者持票人的票据。

（二）银行本票的适用范围

单位和个人在同一票据交换区域需要支付的各种款项，均可以使用银行本票。银行本票可以用于转账，注明“现金”字样的银行本票可以用于支取现金。

（三）银行本票的记载事项

银行本票必须记载下列事项：①表明“银行本票”的字样；②无条件支付的承诺；③确定的金额；④收款人名称；⑤出票日期；⑥出票人签章。申请人或收款人为单位的，不得申请签发现金银行本票。

（四）银行本票的提示付款期限

银行本票的提示付款期限自出票日起最长不得超过 2 个月。持票人超过付款期限提示付款的，代理付款人不予受理。

本票的持票人未按照规定期限提示见票的，丧失对出票人以外的前手的追索权。

第五节 银行卡

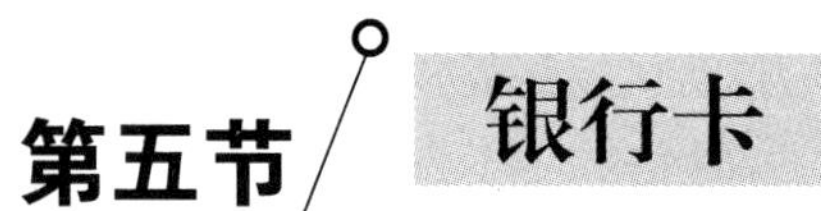

一、银行卡的概念与分类

（一）银行卡的概念

银行卡是指经批准由商业银行（含邮政金融机构）向社会发行的具有消费信用、转账结算、存取现金等全部或部分功能的信用支付工具。

（二）银行卡的分类

（1）按照发行主体是否在境内分为境内卡和境外卡。

（2）按照是否给予持卡人授信额度分为信用卡和借记卡。

（3）按照账户币种的不同分为人民币卡、外币卡和双币种卡。

（4）按信息载体不同分为磁条卡和芯片卡。

二、银行卡账户与交易

（一）银行卡交易的基本规定

（1）单位人民币卡可办理商品交易和劳务供应款项的结算，但不得透支。单位卡不得支取现金。

（2）发卡银行应当依照法律规定遵守信用卡业务风险控制指标。

（3）持卡人透支消费享受免息还款期和最低还款额待遇的条件和标准等，由发卡机构自主确定。

（4）发卡银行通过下列途径追偿透支款项和诈骗款项：①扣减持卡人保证金、依法处理抵押物和质押物；②向保证人追索透支款项；③通过司法机关的诉讼程序进行追偿。

（二）银行卡的资金来源

单位卡账户的资金，一律从其基本存款账户转账存入，不得交存现金，不得将销货收入的款项存入其账户。

个人卡在使用过程中，需要向其账户续存资金的，只限于其持有的现金存入和工资性款项以及属于个人的劳务报酬收入转账存入。严禁将单位的款项存入个人卡账户。

重点提示

单位卡账户的资金，一律从其基本存款账户转账存入，不得交存现金，不得将销货收入的款项存入其账户。

（三）银行卡的计息和收费

1. 计息

（1）发卡银行对准贷记卡及借记卡（不含储值卡）账户内的存款，按照中国人民银行规定的同期同档次存款利率及计息办法计付利息。

（2）发卡银行对贷记卡账户的存款、储值卡（含 IC 卡的电子钱包）内的币值不计付利息。

（3）贷记卡持卡人非现金交易享受的优惠条件：①免息还款期待遇；②最低还款额待遇。

免息还款期待遇：银行记账日至发卡行规定的到期还款日之间为免息还款期。最长为 60 天。

最低还款额待遇：持卡人在到期还款日前偿还所使用全部银行款项有困难的，可按发卡行规定的最低还款额还款。

（4）利率标准。对信用卡透支利率实行上限和下限管理，透支利率上限为日利率万分之五，透支利率下限为日利率万分之五的 0.7 倍。

2. 收费

收费是指商业银行办理银行卡收单业务向商户收取结算手续费。

3. 违约金和服务费用

对信用卡持卡人违约逾期未还款的行为，发卡机构应与持卡人通过协议约定是否收取违约金，以及相关收取方式和标准。发卡机构对向持卡人收取的违约金和年费、取现手续费、货币兑换费等服务费用不得计收利息。

4. 信用卡预借现金业务

信用卡预借现金业务包括现金提取、现金转账和现金充值。

5. 非本人授权交易的处理

持卡人提出伪卡交易和账户盗用等非本人授权交易时，发卡机构应及时引导持卡人留存证据，按照相关规则进行差错争议处理，并定期向持卡人反馈处理进度。

（四）银行卡申领、注销和挂失

1. 银行卡的申领

凡在中国境内金融机构开立基本存款账户的单位，可凭中国人民银行核发的开户许可证申领单位卡。单位卡可申领若干张，持卡人资格由申领单位法定代表人或其委托的代理人书面指定和注销。凡具有完全民事行为能力的公民，可凭本人有效身份证件及发卡银行规定的相关证明文件申领个人卡。个人卡的主卡持卡人，可为其配偶及年满 18 周岁的亲属申领附属卡，申领的附属卡最多不得超过两张，也有权要求注销其附属卡。

2. 银行卡的注销

持卡人在还清全部交易款项、透支本息和有关费用后，有下列情形之一的，可申请办理销户：①信用卡有效期满 45 天后，持卡人不更换新卡的；②信用卡挂失满 45 天后，没有附属卡又不更换新卡的；③信用卡被列入止付名单，发卡银行已收回其信用卡 45 天的；④持卡人死亡，发卡银行已收回其信用卡 45 天的；⑤持卡人要求销户或担保人撤销担保，并已交回全部信用卡 45 天的；⑥信用卡账户两年（含）以上未发生交易的；⑦持卡人违反其他规定，发卡银行认为应该取消资格的。

销户时，单位卡账户余额转入其基本存款账户，不得提取现金；个人卡账户可以转账结清，也可以提取现金。

3. 销户时，账户余额的处理

销户时，单位卡账户余额转入其基本存款账户，不得提取现金；个人卡账户可以转账结清，也可以提取现金。

4. 银行卡的挂失

持卡人丧失银行卡，应立即持本人身份证件或其他有效证明，并按规定提供有关情况，向发卡银行或代办银行申请挂失。

第六节 其他结算方式

一、汇兑

（一）汇兑的概念和分类

汇兑是汇款人委托银行将其款项支付给收款人的结算方式。汇兑结算适用于各种经济内容的异地提现和结算。

汇兑分为信汇和电汇两种方式，由汇款人选择使用。信汇是以邮寄方式将汇款凭证转给外地收款人指定的汇入行；电汇是以电报方式将汇款凭证转发给收款人指定的汇入行。无论是信汇还是电汇，都没有金额起点的限制，单位和个人的各种款项的结算，均可使用汇兑结算方式。

（二）办理汇兑的程序

1. 签发汇兑凭证

签发汇兑凭证必须记载下列事项：①表明“信汇”或“电汇”的字样；②无条件支付的委托；③确定的金额；④收款人名称；⑤汇款人名称；⑥汇入地点、汇入行名称；⑦汇出地点、汇出行名称；⑧委托日期；⑨汇款人签章。

汇款人和收款人均为个人，需要在汇入银行支取现金的，应在信、电汇凭证的汇款金额大写栏，先填写“现金”字样，后填写汇款金额。

重点提示

汇兑分为信汇和电汇两种方式，汇款人确定不得转汇的，应在汇兑凭证备注栏注明“不得转汇”字样。汇款人和收款人均为个人，需要在汇入银行支取现金的，应在信、电汇凭证的汇款金额大写栏，先填写“现金”字样，后填写汇款金额。

2. 银行受理

汇出银行受理汇款人签发的汇兑凭证，经审查无误后，应及时向汇入银行办理汇款，并向汇款人签发汇款回单。汇款回单只能作为汇出银行受理汇款的依据，不能作为该笔汇款已转入收款人账户的证明。

3. 汇入处理

汇入银行对开立存款账户的收款人，应将汇入款项直接转入收款人账户，并向其发出收账通知。收账通知是银行将款项确已收入收款人账户的凭据。

（三）汇兑的撤销和退汇

汇兑的撤销是指汇款人对汇出银行尚未汇出的款项向汇出银行申请撤销汇款的行为。申请撤销时，应出具正式函件或本人身份证件及原信、电汇回单。汇出银行查明确未汇出款项的，收回原信、电汇回单，方可办理撤销。转汇银行不受理汇款人或汇出银行对汇款的撤销。

汇兑的退汇是指汇款人对汇出银行已经汇出的款项申请退回汇款的行为。对在汇入银行开立存款账户的收款人，由汇款人与收款人自行联系退汇；对未在汇入银行开立存款账户的收款人，汇款人应出具正式函件或本人身份证件以及原信、电汇回单，由汇出银行通知汇入银行，经汇入银行核实汇款确未支付，并将款项汇回汇出银行，方可办理退汇。转汇银行不得受理汇款人或汇出银行对汇款的退汇意见。汇入银行对于收款人拒绝接受的汇款，应立即办理退汇。汇入银行对于向收款人发出取款通知，经过 2 个月无法交付的汇款，应主动办理退汇。

重点提示

汇兑的撤销是指汇款人对汇出银行尚未汇出的款项向汇出银行申请撤销汇款的行为，转汇银行不受理汇款人或汇出银行对汇款的撤销。汇兑的退汇是指汇款人对汇出银行已经汇出的款项申请退回汇款的行为。转汇银行不得受理汇款人或汇出银行对汇款的退汇意见。汇入银行对于经过 2 个月无法交付的汇款，应主动办理退汇。

二、委托收款

（一）委托收款的概念

委托收款是指收款人委托银行向付款人收取款项的结算方式。单位和个人凭已承兑的商业汇票、债券、存单等付款人债务证明办理款项的结算，均可以使用委托收款结算方式，委托收款在同城、异地均可以使用，其结算款项的划回方式分为邮寄和电报两种，由收款人选用。

（二）委托收款的记载事项

委托收款的记载事项包括：①表明“委托收款”的字样；②确定的金额；③付款人名称；④收款人名称；⑤委托收款凭据名称及附寄单证张数；⑥委托日期；⑦收款人签章。

（三）委托收款的结算规定

1. 委托收款办理方法

（1）以银行为付款人的，银行应在当日将款项主动支付给收款人。

（2）以单位为付款人的，银行通知付款人后，付款人应于接到通知当日书面通知银行付款。

银行在办理划款时，付款人存款账户不能足额支付的，应通过被委托银行向收款人发出未付款项通知书。

2. 委托收款的注意事项

（1）付款人审查有关债务证明后，对收款人委托收取的款项需要拒绝付款的，有权提出拒绝付款。

（2）收款人收取公用事业费，必须具有收付双方事先签订的经济合同，由付款人向开户银行授权，并经开户银行同意，报经中国人民银行当地分支行批准，可以使用同城特约委托收款。

三、托收承付

（一）托收承付的概念

托收承付是指根据购销合同由收款人发货后委托银行向异地付款人收取款项，由付款人向银行承付的结算方式。

使用托收承付结算方式的收款单位和付款单位，必须是国有企业、供销合作社以及经营管理较好，并经开户银行审查同意的城乡集体所有制工业企业。

办理托收承付结算的款项，必须是商品交易以及因商品交易而产生的劳务供应的款项。代销、寄销、赊销商品的款项不得办理托收承付结算。托收承付结算每笔的金额起点为一万元，新华书店系统每笔的金额起点为一千元。

重点提示

使用托收承付结算方式的收款单位和付款单位，必须是国有企业、供销合作社以及经营管理较好，并经开户银行审查同意的城乡集体所有制工业企业。

（二）托收承付的结算规定

托收承付凭证的记载事项有：①表明“托收承付”的字样；②确定的金额；③付款人的名称和账号；④收款人的名称和账号；⑤付款人的开户银行名称；⑥收款人的开户银行名称；⑦托收附寄单证张数或册数；⑧合同名称、号码；⑨委托日期；⑩收款人签章。

收付双方使用托收承付结算方式必须签有符合《合同法》规定的购销合同，并在合同上订明使用托收承付结算款项的划回方法，即邮寄和电报，并由收款人选用。

（三）托收承付的办理方法

1. 托收

收款人按照签订的购销合同发货后，应将托收凭证并附发运凭证或其他符合托收承付结算的有关证明和交易单证送交银行。

2. 承付

购货单位承付货款有验单承付和验货承付两种方式。

验单承付期为 3 天，从购货单位开户银行发出通知的次日算起（承付期内遇法定节假日顺延）。验货付款的承付期为 10 天，从运输部门向付款人发出提货通知的次日算起，付款人在承付期内，未向银行表示拒绝付款，银行即视作承付，在承付期满的次日上午将款项划给收款人。

四、国内信用证

（一）国内信用证的概念

国内信用证（简称信用证）是适用于国内贸易的一种支付结算方式，是开证银行依照申请人（购货方）的申请向受益人（销货方）开出的有一定金额、在一定期限内凭信用证规定的单据支付款项的书面承诺。

（二）国内信用证的结算方式

国内信用证结算方式只适用于国内企业之间商品交易产生的货款结算，并且只能用于转账结算，不得支取现金。

（三）国内信用证的办理基本程序

1. 开证

开证行决定受理开证业务时，应向申请人收取不低于开证金额 20% 的保证金，并可根据申请人资信情况要求其提供抵押、质押或由其他金融机构出具保函。

2. 通知

通知行收到信用证审核无误后，应填制信用证通知书，连同信用证交付受益人。

3. 议付

议付是指信用证指定的议付行在单证相符的条件下，扣除议付利息后向受益人给付对价的行为。议付行必须是开证行指定的受益人开户行。议付仅限于延期付款信用证。议付行议付后，应将单据寄开证行索偿资金。议付行议付信用证后，对受益人具有追索权。到期不获付款的，议付行可从受益人账户收取议付金额。

4. 付款

开证行对议付行寄交的凭证、单据等审核无误后，对即期付款信用证，从申请人账户收取款项支付给受益人；对延期付款信用证，应向议付行或受益人发出到期付款确认书，并于到期日从申请人账户收取款项支付给议付行或受益人。申请人交存的保证金和其存款账户余额不足支付的，开证行仍应在规定的付款时间内进行付款；对不足支付的部分作逾期贷款处理。

重点提示

议付仅限于延期付款信用证。议付行议付后，应将单据寄开证行索偿资金。议付行议付信用证后，对受益人具有追索权。到期不获付款的，议付行可从受益人账户收取议付金额。

第七节 网上支付

网上支付是电子支付的一种形式，是指电子交易的当事人，包括消费者、商户、银行或者支付机构，使用电子支付手段通过信息网络进行的货币支付或资金流转。网上支付的主要方式有网上银行和第三方支付两种。

一、网上银行

（一）网上银行的概念

网上银行，也称网络银行，简称网银，就是银行在互联网上设立虚拟银行柜台，使传统银行服务不再通过物理的银行分支机构来实现，而是借助于网络与信息技术手段在互联网上实现。

（二）网上银行的分类

1. 按经营模式分为单纯网上银行和分支行网上银行

单纯网上银行是完全依赖于互联网的虚拟的电子银行，它没有实际的物理柜台，一般只有一个办公地址，没有分支机构，也没有营业网点，采用互联网等高科技服务手段与客户建立密切的联系，为客户提供全方位的金融服务。

分支型网上银行是指现有的传统银行利用互联网开展传统的银行业务，即传统银行利用互联网作为新的服务手段为客户提供在线服务，实际上是传统银行服务在互联网上的延伸。

2. 按主要服务对象分为企业网上银行和个人网上银行

企业网上银行主要服务于企事业单位，企事业单位可以通过企业网络银行实时了解财务状况，及时调度资金，轻松处理工资发放和大批量的网络支付业务。

个人网上银行主要服务于个人，个人可以通过个人网络银行实时查询、转账，进行网络支付和汇款。

（三）网上银行的主要功能

1. 企业网上银行的功能

（1）账户信息查询。

（2）支付指令。

（3）B2B 网上支付。B2B，即企业之间进行的电子商务活动。

（4）批量支付。

2. 个人网上银行的功能

（1）账户信息查询。

（2）人民币转账业务。

（3）银证转账业务。

（4）外汇买卖业务。

（5）账户管理业务。

（6）B2C 网上支付。B2C，商业机构对消费者的电子商务，指的是企业与消费者之间进行的在线式零售商业活动（包括网上购物和网上拍卖等）。

（四）网上银行业务流程及交易时的身份认证

1. 客户开户流程

开户时，必须出具身份证或有关证件，并遵守有关实名制规定。

2. 网上交易

网上银行的具体交易流程如下：

（1）客户使用浏览器通过互联网链接到网银中心，发出网上交易请求。

（2）网银中心接受并审核客户的交易请求，并将交易请求转发给相应成员行的业务主机。

（3）成员行业务主机完成交易处理，并将处理结果返回给网银中心。

（4）网银中心对交易结果进行再处理后，返回相应信息给客户。

3. 交易时的身份认证

（1）密码。

（2）文件数字证书。

（3）动态口令卡。

（4）动态手机口令。

（5）移动口令牌。

（6）移动数字证书。

二、第三方支付

（一）第三方支付的概念

第三方支付是指经过中国人民银行批准从事第三方支付业务的非银行支付机构，借助通信、计算机和信息安全技术，采用与各大银行签约的方式，在用户与银行支付结算系统间建立连接的电子支付模式（其中通过手机端进行的，称为移动支付），本质上是一种新型的支付手段，是互联网技术与传统金融支付的有机结合。

非金融机构提供支付服务，应当取得《支付业务许可证》，称为支付机构。未经中国人民银行批准，任何非金融机构和个人不得从事或变相从事支付业务。

（二）第三方支付方式的种类

1. 线上支付

线上支付是指通过互联网实现的用户和商户之间、商户和商户之间的在线货币支付、资金清算等行为。

2. 线下支付

线下支付是指通过非线上支付方式进行的支付行为，包括 POS 机刷卡支付、拉卡拉等自助终端支付、电话支付、手机近端支付等方式。

（三）第三方支付交易流程及其身份验证

1. 开户

支付机构为客户开立支付账户的，应当对客户实行实名制管理，登记并采取有效措施验证客户身份基本信息，按规定核对有效身份证件并留存有效身份证件复印件或者影印件，建立客户唯一识别编码，并在与客户业务关系存续期间采取持续的身份识别措施，确保有效核实客户身份及其真实意愿，不得开立匿名、假名支付账户。支付账户不得透支，不得出借、出租、出售，不得利用支付账户从事或者协助他人从事非法活动。

2. 账户充值

客户开户后，将银行卡和支付账户绑定。付款前，将银行卡中的资金转入支付账户。

3. 收、付款

客户下单后，付款时，通过支付平台将自己支付账户中的虚拟资金划转到支付平台暂存，待客户收到商品并确认后，支付平台会将款项划转到商家的支付账户中，支付行为完成。

4. 交易时的身份认证

支付机构可以组合选用下列三类要素，对客户使用支付账户付款进行身份验证：

（1）仅客户本人知悉的要素。

（2）仅客户本人持有并特有的，不可复制或者不可重复利用的要素。

（3）客户本人生理特征要素。

支付机构应当确保采用的要素相互独立，部分要素的损坏或者泄露不应导致其他要素损坏或者泄露。

（四）第三方支付机构及支付账户管理规定

（1）支付机构应根据客户身份对同一客户在本机构开立的所有支付账户进行关联管理，并按照要求对个人支付账户进行分类管理。

①Ⅰ类支付账户，账户余额仅可用于消费和转账，余额付款交易自账户开立起累计不超过一千元（包括支付账户向客户本人同名银行账户转账）；

②Ⅱ类支付账户，账户余额仅可用于消费和转账，其所有支付账户的余额付款交易年累计不超过十万元（不包括支付账户向客户本人同名银行账户转账）；

③Ⅲ类支付账户，账户余额可以用于消费、转账以及购买投资理财等金融类产品，其所有支付账户的余额付款交易年累计不超过二十万元（不包括支付账户向客户本人同名银行账户转账）。

（2）支付机构办理银行账户与支付账户之间转账业务的，相关银行账户与支付账户应属于同一客户。

（3）因交易取消（撤销）、退货、交易不成功或者投资理财等金融类产品赎回等原因需划回资金的，相应款项应当划回原扣款账户。

（4）支付机构应根据交易验证方式的安全级别，对个人客户使用支付账户余额付款的交易进行限额管理：

①支付机构采用包括数字证书或电子签名在内的两类（含）以上有效要素进行验证的交易，单日累计限额由支付机构与客户通过协议自主约定；

②支付机构采用不包括数字证书、电子签名在内的两类（含）以上有效要素进行验证的交易，单个客户所有支付账户单日累计金额应不超过五千元（不包括支付账户向客户本人同名银行账户转账）；

③支付机构采用不足两类有效要素进行验证的交易，单个客户所有支付账户单日累计金额应不超过一千元（不包括支付账户向客户本人同名银行账户转账），且支付机构应当承诺无条件全额承担此类交易的风险损失赔付责任。

同步自测

一、单项选择题

1. 甲公司发现其持有的由乙公司签发的销售金额为50万元的转账支票为空头支票，甲公司可以向乙公司要求赔偿的金额为（　　）元。

A. 20 000　　B. 25 000　　C. 1 000　　D. 10 000

2. 非票据结算分为信用卡、托收承付、委托收款和（　　）四种。

A. 汇票　　B. 汇兑　　C. 本票　　D. 支票

3. 存款人开立单位银行结算账户，自正式开立之日起（　　）个工作日后，方可使用该账户办理付款业务。

A. 6　　B. 5　　C. 3　　D. 2

4. 某国有企业按验单付款方式承付货款，2016年7月3日其开户银行发出承付通知，该国有企业承付期满日是（　　）。

A. 7月5日　　B. 7月6日　　C. 7月10日　　D. 7月13日

5. 库存现金限额由开户银行根据开户单位（　　）日常零星开支所需要的现金核定。

A. 3～5天　　B. 5～7天　　C. 1～2天　　D. 1星期

6. 在同城、异地或同一票据交换地区均可使用的票据是（　　）。

A. 银行汇票　　B. 银行本票　　C. 支票　　D. 商业汇票

7. 定日付款、出票后定期付款或者见票后定期付款的商业汇票，自到期日起（　　）内向承兑人提示付款。

A. 5日　　B. 10日　　C. 30日　　D. 2个月

8. 下列不属于支票基本当事人的是（　　）。

A. 承兑人　　B. 出票人　　C. 付款人　　D. 收款人

9. 现金结算起点（　　）元以下的零星支出，开户单位可以使用现金。

A. 1 000　　B. 2 000　　C. 3 000　　D. 4 000

10. 银行汇票的提示付款期限为自出票日起（　　）内。

A. 1个月　　B. 3个月　　C. 6个月　　D. 1年

11. 商业汇票承兑期限由交易双方商定，最长不超过（　　）。

A. 3个月　　B. 9个月　　C. 6个月　　D. 1年

二、多项选择题

1. 下列各项中，属于存款人申请开立基本存款账户证明文件的有（　　）。

A. 借款合同

B. 当地工商行政管理机关核发的营业执照正本

C. 政府人事部门或编制委员会的批文或登记证书和财政部门同意其开户的证明

D. 个人的居民身份证

2. 下列各项中，属于支付结算时应遵循的原则有（　　）。

A. 恪守信用，履约付款原则

B. 谁的钱进谁的账原则

C. 谁的钱由谁支配原则

D. 银行不垫款原则

3. 下列各项中，属于银行结算账户管理的基本原则的有（　　）。

A. 多头开立基本账户

B. 自主选择银行开立银行结算账户

C. 守法合规

D. 存款信息保密

4. 个人存款账户可以用于（　　）。

A. 存款　　B. 取款

C. 通过转账支付水电费　　D. 办理信用卡

5. 下列各项中，票据的责任有（　　）。

A. 付款义务　　B. 偿还义务　　C. 保证义务　　D. 承兑义务

6. 下列各项中，票据的权利包括（　　）。

A. 请求权　　B. 追索权　　C. 保证权　　D. 提示付款权

7. 下列各项中，属于我国票据的有（　　）。

A. 银行汇票　　B. 商业汇票　　C. 银行本票　　D. 支票

8. 下列各项中，符合银行卡交易的基本规定的有（　　）。

A. 单位人民币卡可办理商品交易和劳务供应款项的结算

B. 单位卡可以支取现金

C. 准贷记卡的透支期限最长为 60 天

D. 发卡银行对贷记卡的取现应该每笔进行授权，每卡每日累计取现不得超过限定额度

9. 存款人有（　　）情形之一的，应向开户银行提出撤销银行结算账户的申请。

A. 被撤并、解散、宣告破产或关闭的

B. 更换企业主要负责人的

C. 注销、被吊销营业执照的

D. 连续 3 个月未使用的

10. 下列关于票据中文大写金额数字的表述中，正确的有（　　）。

A. 壹万陆仟圆整

B. 三万二千一十二元五角整

C. 肆万零叁元捌角整

D. 柒仟元正

11. 下列关于支付结算特征的表述中，正确的有（　　）。

A. 支付结算是一种要试行为

B. 金融机构都可以进行支付结算

C. 支付结算遵循银行不垫款原则

D. 支付结算的发生取决于委托人的意志

三、判断题

1. 商业汇票的出票人可以是付款人。（　　）
2. 公示催告是票据丧失后采取的必经措施。（　　）
3. 单位法定代表人或主要负责人、存款人地址和其他开户资料发生变更，应在规定期限内通知开户银行并提供有关证明。（　　）
4. 提示付款是行使票据权利的必经程序。（　　）
5. 更改的结算票据，银行可以受理，但银行不承担责任。（　　）
6. 银行汇票可用于转账，标明“现金”字样的银行汇票也可以提取现金。（　　）
7. 银行是支付结算和资金清算的中介机构。（　　）
8. 托收承付是指根据购销合同由收款人发货后委托银行向异地付款人收取款项，由收款人向银行承付的结算方式。（　　）

答案与解析

一、单项选择题

1. D 对于签发空头支票的，持票人可以要求出票人按票面金额的2%给予赔偿金，因此，甲公司向乙公司要求的赔偿金＝500 000×2%＝10 000（元）。
2. B 支付结算的种类有票据结算和非票据结算两类。票据结算分为汇票（包括银行汇票和商业汇票）、本票和支票三种；非票据结算分为信用卡、汇兑、托收承付和委托收款四种。支付结算的这些种类也称为支付工具。
3. C 存款人开立单位银行结算账户，自正式开立之日起3个工作日后，方可使用该账户办理付款业务，但注册验资的临时存款账户转为基本存款账户和因借款转存开立的一般存款账户除外。
4. B 验单付款的承付期为3天，从付款人开户银行发出承付通知次日算起。
5. A 现金使用的限额是指为了保证开户单位日常零星开支的需要，允许单位留存现金的最高数额。这一限额由开户行根据单位的实际需要核定，一般按照单位3～5天的日常零星开支所需确定。边远地区和交通不便地区的开户单位的库存现金限额，可按多于5天、但不得超过15天的日常零星开支的需要确定。
6. A 银行汇票是见票时无条件支付给收款人或持票人的票据，单位和个人在异地、同城或同一票据交换区域的各种款项结算都可以使用银行汇票。
7. B 见票即付的汇票，自出票日起1个月内向付款人提示付款；定日付款、出票后定期付款或者见票后定期付款的汇票，自到期日起10日内向承兑人提示付款。
8. A 支票的基本当事人为出票人、付款人和收款人。
9. A 现金结算起点定为一千元。
10. A 银行汇票的提示付款期限为自出票日起1个月内。
11. C 商业汇票的付款期限，最长不得超过6个月。

二、多项选择题

1. BC 基本存款账户的开户主体是单位，不需要个人的居民身份证。
2. ABCD 支付结算时应遵循的原则有：①恪守信用，履约付款原则；②谁的钱进谁的账，由谁支配原则；③银行不垫款原则。
3. BCD 单位银行结算账户的存款人只能在银行开立一个基本存款账户，不能多头开立基本存款账户。
4. ABCD 个人存款账户具有转账结算、存取现金、购物消费等功能。

5. AB　所谓票据责任是指票据债务人向持票人支付票据金额的义务，分为付款义务和偿还义务。
6. AB　票据权利是指持票人向票据债务人请求支付票据金额的权利，它包括付款请求权和追索权。
7. ABCD　在我国，票据包括银行汇票、商业汇票、银行本票和支票。
8. ACD　单位卡不得支取现金。
9. AC　存款人有以下情形之一的，应向开户银行提出撤销银行结算账户的申请：①被撤并、解散、宣告破产或关闭的；②注销、被吊销营业执照的；③因迁址需要变更开户银行的；④其他原因需要撤销银行结算账户的。存款人尚未清偿其开户银行债务的，不得申请撤销银行结算账户。
10. ACD　票据中金额数字应大写，而B选项中采用的是小写，故B选项错误。
11. AD　支付结算的特征：①支付结算必须通过中国人民银行批准的金融机构进行；②支付结算是一种要式行为，所谓要式行为是指法律规定必须依照一定形式进行的行为；③支付结算的发生取决于委托人的意志；④支付结算实行集中统一和分级管理相结合的管理体制；⑤支付结算必须依法进行。

三、判断题

1. √　商业承兑汇票是指由付款人签发并承兑，或由收款人签发交由付款人承兑的票据。
2. ×　票据丧失后可以不经过公示催告，直接提起民事诉讼。
3. √　单位法定代表人或主要负责人、存款人地址和其他开户资料发生变更，应在规定期限内通知开户银行并提供有关证明。
4. √　银行汇票的提示付款期为自出票日起1个月内；商业汇票的提示付款期为自汇票到期日起10日内；银行本票的提示付款期自出票日起最长不得超过2个月；支票的提示付款期为自出票日起10日内。
5. ×　更改的结算凭证，银行不予受理。
6. √　银行汇票可用于转账，标明“现金”字样的银行汇票也可以提取现金。
7. √　《支付结算办法》第六条规定：“银行是支付结算和资金清算的中介机构。未经中国人民银行批准的非银行金融机构和其他单位不得作为中介机构经营支付结算业务。但法律、行政法规另有规定的除外。”
8. ×　托收承付是指根据购销合同由收款人发货后委托银行向异地付款人收取款项，由付款人向银行承付的结算方式。

第三章 税收法律制度

大纲纵览

- 了解税收的概念及其分类
- 了解税法及其构成要素
- 熟悉税收征管的具体规定，包括税务登记管理、发票的要求、纳税申报及方式、税款征收方式等规定
- 掌握增值税、消费税、企业所得税和个人所得税的相关原理及应纳税额的计算
- 掌握营业税改征增值税试点方案的具体政策

第一节 税收概述

一、税收的概念与分类

（一）税收概念与作用

1. 税收的概念

税收是国家为了满足一般的社会共同需要，凭借政治的权力，按照国家法律规定的标准，强制地、无偿地取得财政收入的一种分配形式。

2. 税收的作用

税收具有组织国家财政收入、调控国家经济运行、维护国家政权和利益等作用。

【例 3–1】（多选题）税收的作用包括（　　）。

A. 税收是国家组织财政收入的主要形式

B. 税收是国家调控经济运行的重要手段

C. 税收具有维护国家政权的作用

D. 税收是国际经济交往中维护国家利益的可靠保证

【答案与解析】ABCD　税收具有组织国家财政收入、调控国家经济运行、维护国家政权和利益等作用。

（二）税收的特征

税收与其他财政收入形式相比，具有强制性、无偿性和固定性三个特征。也就是税收的“三性”，它是税收本身所固有的。

（1）强制性。强制性是国家取得税收收入的根本前提，是指国家以社会管理者的身份，凭借政权力量，依据政治权力，通过颁布法律或法规，按照一定的征收标准进行强制征税。负有纳税义务的社会集团和社会成员，都必须遵守国家强制性的税收法律制度，依法纳税，否则就要受到法律的制裁。

（2）无偿性。无偿性是指国家取得税收收入既不需偿还，也不需对纳税人付出任何对价。税收的无偿性特征是与国家凭借政治权力进行收入分配的本质相连的。

税收的无偿性是对个体纳税人而言的，其享有的公共利益与其缴纳的税款并非一对一的对等，但就纳税人的整体而言则是对等的，政府使用税款目的是向社会全体成员包括具体纳税人提供社会需要的公共产品和公共服务。因此，税收的无偿性表现为个体的无偿性、整体的有偿性。无偿性是税收的关键特征，并成为调节经济和矫正社会分配不公的有力工具，体现了财政分配的本质，它是税收“三性”的核心。

（3）固定性。税收的固定性是指国家征税预先规定了统一的征税标准，包括纳税人、课税对象、税率、纳税期限、纳税地点等。这些标准一经确定，在一定时间内是相对稳定的。

重点提示

税收与其他财政收入形式相比，具有强制性、无偿性和固定性三个特征。

（三）税收的分类

1. 按征税对象分类

（1）流转税类。流转税是指以货物或劳务的流转额为征税对象的一类税收。由此可见，流转税类所指的课税对象非常广泛，涉及的税种也很多。但流转税类都具有一个基本的特点，即在生产经营及销售环节征收，收入不受成本费用变化的影响，而对价格变化较为敏感。我国现行税制中属于流转税的税种主要有：增值税、消费税、关税。

（2）所得税类。所得税也称收益税，是指以纳税人的各种所得额为课税对象的一类税收。所得税类的特点：①征税对象不是一般收入，而是总收入减除各种成本费用及其他允许扣除项目以后的应纳税所得额；②征税数额受成本、费用、利润高低的影响较大。我国现行税制中属于所得税的税种有：企业所得税、个人所得税。

（3）财产税类。财产税是以纳税人所拥有或支配的特定财产为征税对象的一类税收。对财产的征税，更多地考虑到纳税人的负担能力，有利于公平税负和缓解财富分配不均的现象，有利于发展生产，限制消费和合理利用资源。这类税种的特点是：税收负担与财产价值、数量关系密切，能体现量能负担、调节财富、合理分配的原则。我国现行税制中属于财产税的税种有：房产税、契税、车船税、船舶吨税等。

【例 3-2】（单选题）财产税类的特点主要是（　　）。

A. 征税对象是总收入减去准予扣除项目后的余额，征税数额受成本、费用、利润高低影响较大

B. 税收负担与财产价值、数量关系密切，体现调节财富、合理分配等原则

C. 税负高低与资源级差收益水平关系密切，征税范围的选择比较灵活

D. 征税的选择性较为明显，税种较多，具有较强的时效性

【答案与解析】B　财产税是以纳税人拥有的财产数量或财产价值为征税对象的，其纳税额必然与财产数量、价值关系密切。

（4）资源税类。资源税是以自然资源和某些社会资源作为征税对象的一类税收。资源税类征收阻力小，并且资源税类的税源比较广泛，因而合理开征资源税，既有利于财政收入的稳定增长，又有利于合理开发和利用国家的自然资源和某些社会资源。这类税收的特点是：税负高低与资源级差收益水平关系密切，征税范围的选择也比较灵活。我国现行的资源税、城镇土地使用税属于这一类。

（5）行为税类。行为税也称特定目的税，是指国家为了实现特定目的，以纳税人的某些特定行为为征税对象的一类税收。开征行为税类的主要目的在于国家根据一定时期的客观需要，限制某些特定的行为。这类税种的特点是：征税的选择性较为明显，税种较多，并有着较强的时效性，有的还具有因时因地制宜的特点。车辆购置税、城市维护建设税等属于此类税收。

2. 按征收管理的分工体系分类

（1）工商税类。工商税收由税务机关负责征收管理，是我国现行税制的主体部分。工商税是指以从事工业、商业和服务业的单位和个人为纳税人的各税种的总称。具体包括增值税、消费税、资源税、企业所得税、个人所得税、城市维护建设税、房产税、城市房地产税、车船税、土地增值税、城镇土地使用税、印花税等税种。工商税的征收范围较广，既涉及社会再生产的各个环节，也涉及生产、流通、分配、消费的各个领域，是筹集国家财政收入，调节宏观经济最主要的工具。

（2）关税类。关税类的税种由海关负责征收管理。关税是对进出境的货物、物品征收的税种的总称，主要是指进出口关税以及对入境旅客行李物品和个人邮递物品征收的进口税，不包括由海关代征的进口环节增值税、消费税和船舶吨税。关税是中央财政收入的重要来源，也是国家调节进出口贸易的主要手段。

3. 按税收征收权限和收入支配权限分类

（1）中央税。中央税是指由中央政府征收和管理使用或者地方政府征税后全部划解中央，由中央所有和支配的税收。消费税（含进口环节由海关代征的部分）、关税、海关代征的进口环节增值税等为中央税。

（2）地方税。地方税是由地方政府征收、管理和支配的一类税收。地方税主要包括城镇土地使用税、耕地占用税、土地增值税、房产税、车船使用税、契税等。

（3）中央与地方共享税。中央与地方共享税是指税收收入由中央和地方政府按比例分享的税收。如增值税、企业所得税和个人所得税等。

4. 按计税标准分类

（1）从价税。从价税是以征税对象价格为计税依据，其应纳税额随货物价格的变化而变化的一类税收。目前世界各国实行的大部分税种都属于从价税，如我国现行的增值税、企业所得税、个人所得税等税种。从价税实行比例税率和累进税率，直接受价格变动影响，税收负担比较合理，有利于体现国家的经济政策。

（2）从量税。从量税是以课税对象的实物量作为计税依据征收的一种税，一般采用定额税率。如我国现行的车船使用税、土地使用税、消费税中的啤酒和黄酒等。

（3）复合税。复合税又称混合税，是对某一货物或物品既征收从价税又征收从量税。即采用从量税和从价税同时征收的一种方法。复合税可以分为两种：一种是以从量税为主加征从价税；另一种是以从价税为主加征从量税。我国消费税中的卷烟和白酒就采用复合税。

重点提示

按征税对象分类，可将全部税收划分为流转税类、所得税类、财产税类、资源税类和行为税类五种类型；按计税标准不同进行分类，可分为从价税、从量税和复合税，我国消费税中的卷烟和白酒就采用复合税。

二、税法及其构成要素

（一）税法的概念

税法，即税收法律制度，是国家权力机关和行政机关制定的用以调整国家与纳税人之间在税收征纳方面的权利与义务关系的法律规范的总称，是国家法律的重要组成部分。

（二）税法的分类

按税法的立法目的、征税对象、权限划分、适用范围、功能作用的不同，可对税法做出不同的分类。

1. 按税法的功能作用分类

（1）税收实体法。税收实体法是规定税收法律关系主体的实体权利、义务的法律规范总称。税收实体法具体规定了各税种的征收对象、征收范围、税目、税率、纳税地点等。税收实体法直接影响到国家与纳税人之间权利义务的分配，是税法的核心部分，没有税收实体法，税法体系就不能成立。例如《中华人民共和国个人所得税法》就属于税收实体法。

（2）税收程序法。税收程序法是税务管理方面的法律规范，是税法体系的基本组成部分，主要包括税收管理法、纳税程序法、发票管理法、税务机关组织法、税务争议处理法等。《中华人民共和国税收征收管理法》就属于税收程序法。

【例 3-3】（单选题）下列各项中，属于税收程序法的是（　　）。

A.《中华人民共和国消费税暂行条例》

B.《中华人民共和国个人所得税法》

C.《中华人民共和国税收征收管理法》

D.《中华人民共和国企业所得税法》

【答案与解析】C　本题考核税收程序法的范围。税收程序法是指税务管理方面的法律规范，如《中华人民共和国税收征收管理法》。ABD 选项属于税收实体法。

2. 按主权国家行使税收管辖权分类

（1）国内税法。国内税法是指一国在其税收管辖权范围内，调整国家与纳税人之间权利义务关系的法律规范的总称，是由国家立法机关和经由授权或依法律规定的国家行政机关制定的法律、法规和规范性文件。

（2）国际税法。国际税法是指两个或两个以上的课税权主体对跨国纳税人的跨国所得或财产征税形成的分配关系，并由此形成国与国之间的税收分配形式，主要包括双边或多边国家间的税收协定、条约和国际惯例。一般而言，其效率高于国内税法。

（3）外国税法。外国税法是指外国各个国家制定的税收法律制度。

3. 按税法法律级次分类

（1）税收法律。税收法律（狭义的税法），由全国人民代表大会及其常务委员会制定，其法律地位和法律效力仅次于宪法。如《企业所得税法》《个人所得税法》《税收征收管理法》。

（2）税收行政法规。税收行政法规是由国务院制定的有关税收方面的行政法规和规范性文件，其法律地位和法律效力低于宪法和税收法律。如《个人所得税法实施规则》《税收征收管理法实施规则》《企业所得税法暂行条例》。

（3）税收行政规章和税收规范性文件。税收行政规章和税收规范性文件是由国务院财税主管部门（财政部、国家税务总局、海关总署和国务院关税税则委员会）根据法律和国务院行政法规或者规范性文件的要求，在本部门权限范围内发布的有关税收事项的规章和规范性文件，包括命令、通知、公告、通告、批复、意见、函等文件形式。税收行政规章和税收规范性文件在全国范围内具有普遍适用效力，但不得与税收法律、行政法规相抵触。如《增值税暂行条例实施细则》《税务代理试行办法》《海关进出口货物征税管理办法》。

重点提示

按照税法的功能作用的不同，将税法分为税收实体法和税收程序法。税收实体法主要是指确定税种立法，具体规定各税种的征收对象、征收范围、税目、税率、纳税地点等；税收程序法是指税务管理方面的法律，主要包括税收管理法、纳税程序法、发票管理法、税务机关组织法、税务争议处理法等。

【例 3-4】（判断题）税收规范性文件可以使用“办法”“规定”“规程”“规则”等名称，但不得称“条例”“实施细则”“通知”或“批复”。（　　）

【答案与解析】√ 《税收规范性文件制定管理办法》已经在 2009 年 12 月 15 日国家税务总局第二次局务会议审议通过并公布，自 2010 年 7 月 1 日起施行。其中规定税收规范性文件可以使用“办法”“规定”“规程”“规则”等名称，但不得称“条例”“实施细则”“通知”或“批复”。

（三）税法的构成要素

税法的构成要素是指各种单行税法具有的共同的基本要素的总称。一般包括征税人、纳税义务人、征税对象、税目、税率、计税依据、纳税环节、纳税期限、纳税地点、减免税和法律责任等项目。其中，纳税义务人、征税对象、税率是构成税法的三个最基本的要素。

1. 征税人

征税人即征税主体，是指法律、行政法规规定代表国家行使征税权的征税机关。征税主体只能是国家，而不是其他主体。在我国，征税主体的具体部门包括各级税务机关、财政机关和海关。

2. 纳税义务人

纳税义务人即纳税主体，主要是指一切履行纳税义务的法人、自然人及其他组织。对于纳税主体，有许多不同的划分方法。按照纳税主体在民法中身份的不同，可以分为自然人、法人、非法人单位；根据征税权行使范围的不同，可以分为居民纳税人和非居民纳税人等。

3. 征税对象

征税对象即纳税客体，主要是指税收法律关系中征纳双方权利义务所指向的物或行为。这是区分不同税种的主要标志，我国现行税收法律、法规都有自己特定的征税对象。征税对象是一种抽象的概念，它只概括地表明了征税的标的物，在税法或税收条例中，往往找不到有关征税对象的直接描述，而是通过规定计税依据和税目等方式将其具体化地表述出来。

4. 税目

税目是各个税种所规定的具体征税项目。它是征税对象的具体化，税目的制定一般采用两种方法：

（1）列举法。列举法即按课税客体的具体项目分别设置。其优点是界限清楚，便于掌握；缺点是税目过多，不便查找。

（2）概括法。概括法即按课税客体的类别设置。概括法适用于品种类别繁杂、界限不宜划清的征税对象。

规定税目的另一个重要作用在于区别不同的具体对象，规定高低不同的税率，以体现国家的税收政策。

【例 3–5】（单选题）在我国税法的构成要素中（　　）是税法中具体规定应当征税的项目，是征税对象的具体化。

A. 税率　　B. 税目　　C. 纳税人　　D. 征税对象

【答案与解析】B　本题考核税法的构成要素。税目是税法中规定的征税对象的具体项目，是征税对象的具体化。

5. 税率

税率是对征税对象的征收比例或征收额度。税率是计算税额的尺度，反映了征税的深度。在征税对象既定的情况下，税率的高低直接影响到国家财政收入的多少和纳税人税收负担的轻重，反映了国家与纳税人之间的利益分配关系。因此，税率是税法的核心要素，也是衡量税负轻重与否的重要标志。

我国现行的税率有三种基本形式，即比例税率、累进税率和定额税率。

（1）比例税率。比例税率是指对同一征税对象，不分数额大小，规定相同的征收比例。我国的增值税、城市维护建设税、企业所得税等采用的是比例税率。比例税率又包括三种：①单一比例税率，即对同一征税对象的所有纳税人都适用同一比例税率。②差别比例税率，即对同一征税对象的不同纳税人适用不同的比例征税。根据我国现行税法，又分别因产品、行业和地区的不同将差别比例税率划分为产品差别比例税率（消费税、关税）、行业差别比例税率、地区差别比例税率（城市维护建设税等）。③幅度比例税率，指税法只规定一个具有上下限的幅度税率，具体税率授权地方根据本地实际情况在该幅度内予以确定。

（2）定额税率。定额税率是按征税对象确定的计量单位，直接规定一个固定的税额，所以又称固定税额。定额税率的优点是计算简便，税负不受物价波动的影响，但有时也可能造成不公平的税负。目前采用定额税率的有：资源税、城镇土地使用税、车船税等。定额税率又可分为：①地区差别定额税率，是对同一课税对象按不同地区，分别规定不同的税额。②幅度定额税率是指在税法规定的征税幅度内，根据纳税人拥有的课税对象或征收行为的具体情况确定纳税人的适用税率。③分类分级定额税率，是把课税对象按一定的标志分为类、项或级，分别规定不同的税额。④地区差别、分类分级和幅度相结合的定额税率。如城镇土地使用税采用分类分级的幅度定额税率，耕地占用税采用地区差别的幅度定额税率。

（3）累进税率。累进税率就是按征税对象数额的大小划分若干等级，每个等级由低到高规定相应的税率，征税对象数额越大，税率越高；数额越小，税率越低。一般多在收益课税中使用，有全额累进税率、超额累进税率、超率累进税率和超倍累进税率四种形式。我国现行税法体系采用的累进税率形式只有超额累进税率、超率累进税率。超额累进税率，即把征税对象按数额的大小分成若干等级，每一等级规定一个税率，税率依次提高，但每一纳税人的征税对象则依所属等级同时适用几个税率分别计算，将计算结果相加后得出应纳税款。目前采用这种税率的是个人所得税。超率累进税率，即以征税对象数额的相对率划分若干级距，分别规定相应的差别税率，相对率每超过一个级距的，对超过的部分就按高一级的税率计算征税。目前采用这种税率的是土地增值税。

6. 计税依据

计税依据又称税基，是计算应纳税额所依据的标准。它所解决的是在确定了征税对象之后如何计量的问题。

（1）从价计征。从价计征的税款，以征税对象的价值量（如销售额、营业额）为计税依据。

（2）从量计征。从量计征的税款，以征税对象的自然实物量（如体积、面积、数量、重量等）为计税依据。

（3）复合计征。复合计征是实行从量定额和从价定率相结合计算应纳税额。消费税中的卷烟、白酒实行复合计税办法，其计税依据为销售额和销售数量。

【例 3–6】（单选题）下列各项中，按从价从量复合计征消费税的是（　　）。

A. 汽车轮胎　　B. 化妆品　　C. 白酒　　D. 珠宝玉石

【答案与解析】C　本题考核消费税的计税方法。现行消费税的征税范围中，只有卷烟、白酒采用复合计征方法。ABD 选项均是从价计征消费税的。

7. 纳税环节

纳税环节是指税法上规定的课税对象从生产到消费的流转过程中应当缴纳税款的环节。纳税环节一般是根据有利于生产、有利于商品流通、便于征收管理和保证财政收入等原则确定的。按照纳税环节的多少，可将税收课征制度划分为两类，即一次课征制和多次课征制。

一次课征制是指同一税种在商品流转的全过程中只选择某一环节课征的制度，是纳税环节的一种具体形式。实行一次课征制，纳税环节多选择在商品流转的必经环节和税源比较集中的环节，以便既避免重复课征，又避免税款流失。

多次课征制是指同一税种在商品流转全过程中选择两个或两个以上环节课征的制度。

8. 纳税期限

纳税期限是指纳税人在发生纳税义务后，应向国家缴纳税款的法定期限。纳税期限是税法的强制性在时间上的体现，合理确定和严格执行纳税期限对于财政收入的稳定增长和及时入库起着重要的作用。不同性质的税种以及不同情况的纳税人，其纳税期限也不相同。比如，企业所得税在月份或者季度终了后 15 日内预缴，年度终了后 5 个月内汇算清缴，多退少补。营业税的纳税期限，分别为 5 日、10 日、15 日或者 1 个月，纳税人的具体纳税期限，由主管税务机关根据纳税人应纳税额的大小分别核定；不能按照固定期限纳税的，可以按次纳税。

9. 纳税地点

纳税地点是指法律、行政法规规定的纳税人申报缴纳税款的地点。一般实行属地管辖，纳税地点为纳税人的所在地，但有些情况下，纳税地点为口岸地、营业行为地、财产所在地等等。

10. 减免税

减税免税是国家对某些纳税人和征税对象给予鼓励和照顾的一种特殊规定。它把税收的统一性和必要的灵活性结合起来，体现因地制宜和因事制宜的原则，更好地贯彻税收政策。

（1）减税和免税。减税是对应纳税额少征一部分税款；免税是对应纳税额全部免征。减税免税的类型有：①一次性减税免税；②一定期限的减税免税；③困难照顾型减税免税；④扶持发展型减税免税等。

（2）起征点。起征点是税法规定的征税对象达到开始征税数额的界限，征税对象的数额未达到起征点的不征税；达到或超过起征点的，则就其全部数额征税。如《增值税暂行条例实施细则》规定增值税起征点的幅度如下：销售货物的，为月销售额 2 000 ~ 5 000 元；提供应税劳务的，为月销售额 1 500 ~ 3 000 元；按次纳税的，为每次（日）销售额 150 ~ 200 元。增值税起征点的适用范围限于个人。

（3）免征额。免征额是征税对象总额中免予征税的数额，它是按照税法规定的标准从征税对象总额中预先扣除的数额，免征额的部分不征税，只就其超过免征额的部分征税。免税额相对于起征点而言，是对纳税人更为普遍的一种照顾。其目的往往是为了照顾纳税人的最基本需要，使纳税人的最基本需要不会因为征税而丧失保障。

重点提示

免征额是征税对象总额中免予征税的数额，它是按照税法规定的标准从征税对象总额中预先扣除的数额，免征额的部分不征税，只就其超过免征额的部分征税。

11. 法律责任

税收法律责任是指税收法律关系的主体因违反税收法律规范所应承担的法律后果。主要包括以下两种：一是纳税主体（纳税人和扣缴义务人）因违反税法而应承担的法律责任；二是作为征税主体的国家机关，主要是实际履行税收征收管理职能的税务机关等，因违反税法而应承担的法律责任。

第二节 主要税种

一、增值税

（一）增值税的概念与分类

1. 增值税的概念

增值税是以商品（含应税劳务）在流转过程中产生的增值额作为计税依据而征收的一种流转税。

2. 增值税的分类

按照外购固定资产处理方式的不同，可以将增值税划分为消费型增值税、收入型增值税和生产型增值税三种类型。

（1）生产型增值税。生产型增值税不允许纳税人在计算增值税时扣除外购固定资产的价值。由于生产型增值税的税基中包含了外购固定资产的价值，对这部分价值存在重复征税问题，客观上它可以抑制企业固定资产投资。2009 年 1 月 1 日前，我国实行的是生产型增值税。

（2）收入型增值税。收入型增值税指的是计算增值税时对外购固定资产价款只允许扣除当期计入产品价值的折旧费部分，作为课税基数的法定增值额相当于当期工资、利息、租金和利润等各增值项目之和。

（3）消费型增值税。消费型增值税允许纳税人在计算增值税时，将外购固定资产的价值一次性扣除，可以彻底消除重复征税问题，有利于促进技术进步，它是世界上实行增值税的国家普遍采用的一种类型。

我国的增值税一直为生产型增值税。2008 年 11 月 10 日，国务院修订的《增值税暂行条例》，从 2009 年 1 月 1 日开始施行。其中删除了有关不得抵扣固定资产的进项税额的规定，允许纳税人抵扣固定资产的进项税额，实现了增值税由生产型向消费型的转换。2016 年 5 月 1 日起，在全国范围内全面推开营业税改征增值税试点，建筑业、房地产业、金融业、生活服务业纳入试点范围，由缴纳营业税改为缴纳增值税，至此，营业税全部改征增值税，营业税成为我国税收制度发展史的组成部分，流通环节由增值税全面覆盖。

重点提示

增值税划分为消费型增值税、收入型增值税和生产型增值税三种类型。从 2009 年 1 月 1 日开始，我国增值税由生产型转向消费型，允许纳税人抵扣固定资产的进项税额。

【例 3-7】（单选题）按照对外购固定资产价值的处理方式，可以将增值税划分为不同类型。2009 年 1 月 1 日起，我国增值税实行（　　）。

A. 消费型增值税　　　　B. 收入型增值税

C. 生产型增值税　　　　D. 实耗型增值税

【答案与解析】A　本题考核增值税的类型。2009 年 1 月 1 日起施行的《增值税暂行条例》，规定允许抵扣购进固定资产的进项税额，实现了增值税由生产型向消费型的转换。

（二）增值税的征税范围

增值税征税范围包括货物的生产、批发、零售和进口四个环节，2016 年 5 月 1 日以后，伴随着营业税改征增值税试点实施办法以及相关配套政策的实施，“营改增”试点行业扩大到销售服务、无形资产或者不动产（以下称应税行为），增值税的征税范围覆盖第一产业、第二产业和第三产业。

1. 销售货物

“货物”是指有形动产，包括电力、热力和气体在内。销售货物是指有偿转让货物的所有权。“有偿”不仅指从购买方取得货币，还包括取得货物或其他经济利益。

2. 提供加工和修理修配劳务

“加工”是指接收来料承做货物，加工后的货物所有权仍属于委托者的业务。即通常所说的委托加工业务。“委托加工业务”是指由委托方提供原料及主要材料，受托方按照委托方的要求制造货物并收取加工费的业务。“修理修配”是指受托对损伤和丧失功能的货物进行修复，使其恢复原状和功能的业务。这里的“提供加工和修理修配劳务”都是指有偿提供加工和修理修配劳务。但单位或个体工商户聘用的员工为本单位或雇主提供加工、修理修配劳务则不包括在内。

3. 销售服务

销售服务是指提供交通运输服务、邮政服务、电信服务、建筑服务、金融服务、现代服务、生活服务。

（1）交通运输服务是指使用运输工具将货物或者旅客送达目的地，使其空间位置得到转移的业务活动。包括陆路运输服务、水路运输服务、航空运输服务和管道运输服务。

（2）邮政服务是指中国邮政集团公司及其所属邮政企业提供邮件寄递、邮政汇兑和机要通信等邮政基本服务的业务活动。包括邮政普遍服务、邮政特殊服务和其他邮政服务。

（3）电信服务是指利用有线、无线的电磁系统或者光电系统等各种通信网络资源，提供语音通话服务，传送、发射、接收或者应用图像、短信等电子数据和信息的业务活动。包括基础电信服务和增值电信服务。

（4）建筑服务是指各类建筑物、构筑物及其附属设施的建造、修缮、装饰，线路、管道、设备、设施等的安装以及其他工程作业的业务活动。包括工程服务、安装服务、修缮服务、装饰服务和其他建筑服务。

（5）金融服务是指经营金融保险的业务活动。包括贷款服务、直接收费金融服务、保险服务和金融商品转让。

（6）现代服务是指围绕制造业、文化产业、现代物流产业等提供技术性、知识性服务的业务活动。包括研发和技术服务、信息技术服务、文化创意服务、物流辅助服务、租赁服务、鉴证咨询服务、广播影视服务、商务辅助服务和其他现代服务。

（7）生活服务是指为满足城乡居民日常生活需求提供的各类服务活动。包括文化体育服务、教育医疗服务、旅游娱乐服务、餐饮住宿服务、居民日常服务和其他生活服务。

4. 销售无形资产

销售无形资产是指有偿转让无形资产，是转让无形资产所有权或者使用权的业务活动。

无形资产是指不具实物形态，但能带来经济利益的资产，包括技术、商标、著作权、商誉、自然资源使用权和其他权益性无形资产。

技术，包括专利技术和非专利技术。

自然资源使用权，包括土地使用权、海域使用权、探矿权、采矿权、取水权和其他自然资源使用权。

其他权益性无形资产，包括基础设施资产经营权、公共事业特许权、配额、经营权（包括特许经营权、连锁经营权、其他经营权）、经销权、分销权、代理权、会员权、席位权、网络游戏虚拟道具、域名、名称权、肖像权、冠名权、转会费等。

5. 销售不动产

销售不动产是指有偿转让不动产，是转让不动产所有权的业务活动。

不动产是指不能移动或者移动后会引起性质、形状改变的财产，包括建筑物、构筑物等。建筑物，包括住宅、商业营业用房、办公楼等可供居住、工作或者进行其他活动的建造物。构筑物，包括道路、桥梁、隧道、水坝等建造物。

转让建筑物有限产权或者永久使用权的，转让在建的建筑物或者构筑物所有权的，以及在转让建筑物或者构筑物时一并转让其所占土地的使用权的，按照销售不动产缴纳增值税。

有偿是指取得货币、货物或者其他经济利益。

6. 进口货物

进口货物是指申报进入我国海关境内的货物。确定一项货物是否属于进口货物，必须看其是否办理了报关进口手续。通常，境外产品要输入境内，必须向我国海关申报进口，并办理有关报关手续。只要是报关进口的应税货物，均属于增值税征税范围，在进口环节缴纳增值税（享受免税政策的货物除外）。

7. 征收范围的特殊规定

（1）销售货物单位或个体经营者的下列行为，视同销售货物：

①将货物交付其他单位或者个人代销；

②销售代销货物；

③设有两个以上机构并实行统一核算的纳税人，将货物从一个机构移送其他机构用于销售，但相关机构设在同一县（市）的除外；

④将自产、委托加工的货物用于非增值税应税项目；

⑤将自产、委托加工的货物用于集体福利或个人消费；

⑥将自产、委托加工或购进的货物作为投资，提供给其他单位或个体工商户；

⑦将自产、委托加工或购进的货物分配给股东或投资者；

⑧将自产、委托加工或购进的货物无偿赠送其他单位或个人。

上述第⑤项所称“集体福利或个人消费”是指企业内部设置的供职工使用的食堂、浴室、理发室、宿舍、幼儿园等福利设施及设备、物品等，或者以福利、奖励、津贴等形式发放给职工个人的物品。

（2）单位和个体工商户的下列情形，视同提供应税服务：

①向其他单位或者个人无偿提供交通运输业和部分现代服务业服务，但以公益活动为目的或者以社会公众为对象的除外；

②财政部和国家税务总局规定的其他情形。

（3）混合销售是指一项销售行为既涉及货物销售又涉及提供非增值税应税劳务的销售

行为。

（4）兼营非应税劳务是指纳税人的经营范围既包括销售货物和应税劳务，又包括提供非应税劳务。与混合销售行为不同的是，兼营非应税劳务是指销售货物或应税劳务与提供非应税劳务不同时发生在同一购买者身上，也不发生在同一项销售行为中。

（5）混业经营。纳税人兼有不同税率或者征收率的销售货物、提供加工修理修配劳务或者应税服务的，应当分别核算适用不同税率或征收率的销售额；未分别核算销售额的，从高适用税率或征收率。

（三）增值税的纳税人

增值税纳税人是指税法规定负有缴纳增值税义务的单位和个人。在我国境内销售、进口货物或者提供加工、修理修配劳务以及应税服务的单位和个人，为增值税纳税人。按照经营规模的大小和会计核算健全与否等标准，增值税纳税人可分为一般纳税人和小规模纳税人。

1. 增值税一般纳税人

增值税一般纳税人是指年应征增值税销售额（以下简称“年应税销售额”包括一个公历年度内的全部应税销售额）超过《增值税暂行条例实施细则》规定的小规模纳税人标准的企业和企业性单位。一般纳税人的特点是增值税进项税额可以抵扣销项税额。

下列纳税人不属于一般纳税人：

（1）年应税销售额未超过小规模纳税人标准的企业。

（2）除个体经营者以外的其他个人。

（3）非企业性单位。

（4）不经常发生增值税应税行为的企业。

2. 小规模纳税人

小规模纳税人是指年销售额在规定标准以下，并且会计核算不健全，不能按规定报送有关税务资料的增值税纳税人。小规模纳税人的认定标准是：

（1）从事货物生产或者提供应税劳务的纳税人，以及以从事货物生产或者提供应税劳务为主，并兼营货物批发或者零售的纳税人，年应税销售额在五十万元以下（含本数，下同）的；“以从事货物生产或者提供应税劳务为主”是指纳税人的年货物生产或提供应税劳务的销售额占全年应税销售额的比重在50%以上。

（2）对上述规定以外的纳税人，年应税销售额在八十万元以下的。

（3）对提供应税服务的，年应税服务销售额在五百万元以下的。

（4）年应税销售额超过小规模纳税人标准的其他个人、非企业性单位、不经常发生应税行为的企业可选择按小规模纳税人纳税。小规模纳税人会计核算健全，能够提供准确税务资料的，可以向主管税务机关申请一般纳税人资格认定，成为一般纳税人。除国家税务总局另有规定外，一经认定为一般纳税人后，不得转为小规模纳税人。

（四）增值税税率和征收率

1. 基本税率

纳税人销售或者进口货物，除列举的外，税率均为 17%；提供加工、修理修配劳务和应税服务，除适用低税率范围外，税率也为 17%。这一税率就是通常所说的基本税率。

2. 低税率

除基本税率以外，下列货物按照低税率征收增值税：

（1）下列应税货物按照 13% 的低税率征收增值税：

①粮食、食用植物油；

②自来水、暖气、冷气、热水、煤气、石油液化气、天然气、沼气、居民用煤炭制品；

③图书、报纸、杂志；

④饲料、化肥、农药、农机（不包括农机零部件）、农膜；

⑤国务院规定的其他货物。

（2）提供交通运输业服务、邮政、基础电信、建筑、不动产租赁服务，销售不动产，转让土地使用权，税率为 11%。

（3）提供现代服务业服务（不动产租赁除外）、增值电信服务、金融服务、生活服务、销售无形资产（转让土地使用权除外），税率为 6%。

3. 零税率

出口货物、劳务或者境内单位和个人发生的跨境应税行为，税率为零。具体范围由财政部和国家税务总局另行规定。

4. 征收率

自 2009 年 1 月 1 日起，小规模纳税人增值税征收率调整为 3%。

纳税人提供适用不同税率或者征收率的应税服务，应当分别核算适用不同税率或者征收率的销售额；未分别核算的，从高适用税率。

（五）增值税一般纳税人应纳税额的计算

增值税一般纳税人采取税款抵扣的办法，间接计算增值税应纳税额。用公式表示一般纳税人应纳税额的计算为：

$$应纳税额 = 当期销项税额 - 当期进项税额$$

或

应纳税额 = 当期销售额 × 增值税税率 − 当期进项税额

如果当期销项税额小于进项税额时，其不足抵扣的部分可以结转到下期继续抵扣。

1. 销售额

销售额指的是纳税人销售货物，向购买方收取的全部价款和价外费用，但不包括向购买方收取的销项税额，这表明增值税是一种价外税。

价外费用包括价外向购买方收取的手续费、补贴、基金、集资费、返还利润、奖励费、违约金、滞纳金、延期付款利息、赔偿金、代收款项、代垫款项、包装费、包装物租金、储备费、优质费、运输装卸费以及其他各种性质的价外收费。

销售额不包括向购买方收取的销项税额，但在实际生活中，常常出现纳税人将销售货物的销售额和销项税额合并定价，成为含税的销售额。遇到这种情况，在计税时先要将含税销售额换算为不含税销售额，其换算公式为：

不含税销售额 = 含税销售额 ÷（1+ 税率）

2. 销项税额

销项税额是纳税人销售货物或者提供应税劳务，按照销售额和规定的税率计算并向购买方收取的增值税额。纳税人因销货退回或折让而退还给购买方的增值税额，应从发生销货退回或折让当期的销项税额中冲减。销项税额的计算公式为：

销项税额 = 销售额 × 税率

需要强调的是，公式中的“销售额”必须是不包括收取的销项税额的销售额。

重点提示

价外费用包括价外向购买方收取的手续费、补贴、基金、集资费、返还利润、奖励费、违约金、滞纳金、延期付款利息、赔偿金、代收款项、代垫款项、包装费、包装物租金、储备费、优质费、运输装卸费以及其他各种性质的价外收费。

【例 3-8】某电视机的生产厂商，某月销售电视机 1 000 台，每台含税销售价为 1 170 元，该厂商适用的增值税税率为 17%。则该厂商这个月的销项税额为（　　）元。

A.1 000 000　　B.170 000　　C.1 700 000　　D.120 000

【答案与解析】B　不含税销售额 = 含税销售额 ÷（1+ 税率）=（1 000×1 170）÷（1+17%）=1 000 000（元）；销项税额 =1 000 000×17% =170 000（元），或 =（1 000×1 170）−1 000 000 =170 000（元）。

3. 进项税额

纳税人购进货物或者接受应税劳务（以下简称购进货物或者应税劳务）支付或者负担的增值税额为进项税额。

（1）下列进项税额准予从销项税额中抵扣：

①从销售方取得的增值税专用发票上注明的增值税额；

②从海关取得的海关进口增值税专用缴款书上注明的增值税额；

③购进农产品，除取得增值税专用发票或者海关进口增值税专用缴款书外，按照农产品收购发票上注明的农产品买价和 13% 的扣除率计算的进项税额；进项税额计算公式为：

进项税额 = 买价 × 扣除率

④从境外单位或者个人购进服务、无形资产或者不动产，自税务机关或者扣缴义务人取得的解缴税款的完税凭证上注明的增值税额。

（2）下列项目的进项税额不得从进项税额中抵扣：

①用于简易计税方法计税项目、免征增值税项目、集体福利或者个人消费的购进货物、加工修理修配劳务、服务、无形资产和不动产；

②非正常损失的购进货物，以及相关的加工修理修配劳务和交通运输服务；

③非正常损失的在产品、产成品所耗用的购进货物（不包括固定资产）、加工修理修配劳务和交通运输服务；

④非正常损失的不动产，以及该不动产所耗用的购进货物、设计服务和建筑服务；

⑤非正常损失的不动产在建工程所耗用的购进货物、设计服务和建筑服务（纳税人新建、改建、扩建、修缮、装饰不动产，均属于不动产在建工程）；

⑥购进的旅客运输服务、贷款服务、餐饮服务、居民日常服务和娱乐服务；

⑦财政部和国家税务总局规定的其他情形。

【例 3-9】甲企业为增值税一般纳税人，2016 年 11 月生产销售一批货物，不含税价款为 200 万元，另外以折扣销售方式销售货物，取得不含税价款 126 万元（已经扣除折扣额 4 万元，在同一张发票中反映），销售的货物均已发出。当月购进一批材料，取得增值税专用发票上注明价款为 100 万元，增值税进项税额为 17 万元，发票已通过认证。则当月甲企业应纳增值税额为（　　）万元。

A.38.42　　B.55.42　　C.17　　D.34

【答案与解析】A　应纳增值税额 =（200+126）× 17% −17 = 38.42（万元）。

（六）增值税小规模纳税人

1. 小规模纳税人的认定标准

小规模纳税人是指年销售额在规定标准以下，并且会计核算不健全，不能按规定报送有关税务资料的增值税纳税人。会计核算不健全是指不能正确核算增值税的销项税额、进项税额和应纳税额。

根据《增值税暂行条例》及其实施细则和《营业税改征增值税试点实施办法》（财税〔2016〕36 号）及相关文件规定，小规模纳税人的标准是：

（1）一般规定：

①从事货物生产或提供应税劳务的纳税人，以及以从事货物生产或提供应税劳务为主，并兼营货物批发或零售的纳税人，年应税销售额在五十万元（含）以下的；

②其他纳税人，年应税销售额在八十万元（含）以下的；

③以从事货物生产或者提供应税劳务为主，是指纳税人的年货物生产或者提供应税劳务的销售额占年应税销售额的比重在 50% 以上的；

④营业税改征增值税应税行为的年应征增值税销售额标准为五百万元（含本数）以下的。

（2）特殊规定：

①年应税销售额超过小规模纳税人标准的其他个人按小规模纳税人纳税；年应税销售额超过规定标准但不经常发生应税行为的单位和个体工商户，以及非企业性单位、不经常发生应税行为的企业，可选择按照小规模纳税人纳税。

②旅店业和饮食业纳税人销售非现场消费的食品，属于不经常发生增值税应税行为，自 2013 年 5 月 1 日起，可以选择按小规模纳税人缴纳增值税。

③兼有销售货物、提供加工修理修配劳务以及应税服务，且不经常发生应税行为的单位和个体工商户，可选择按小规模纳税人纳税。

④小规模纳税人的标准由国务院财政、税务主管部门规定。

2. 小规模纳税人的应纳税额的计算

与一般纳税人相比，小规模纳税人应纳税额的计算要简单得多。小规模纳税人销售货物或应税劳务，按不含税销售额和规定的征收率计算应纳税额，不得抵扣进项税额。其计算公式为：

$$\text{应纳税额} = \text{销售额} \times \text{征收率}$$

与一般纳税人相同的是，计算公式中的销售额也不包含增值税税额。当小规模纳税人采取价税合一方式销售货物或提供应税劳务时，应将含税销售额换算为不含税销售额。其换算公式为：

$$\text{销售额} = \text{含税销售额} \div (1+\text{征收率})$$

需要注意两点：一是小规模纳税人不得抵扣进项税额；二是小规模纳税人取得的销售额与一般纳税人一样，都是销售货物或提供应税劳务向购买方收取的全部价款和价外费用，不包括收取的增值税税额。

重点提示

小规模纳税人的认定标准是：①从事货物生产或提供应税劳务的纳税人以及以从事货物生产或提供应税劳务为主，并兼营货物批发或零售的纳税人，年应税销售额在五十万元以下的；②其他纳税人，年应税销售额在八十万元以下的；③年应税销售额超过小规模纳税人标准的个人、非企业性单位、不经常发生应税行为的企业，视同小规模纳税人纳税。

【例 3-10】某个体户，11 月取得零售收入总额 19.57 万元，则该商店 11 月应缴纳的增值税税额为（　　）万元。

A. 0.58　　B. 3.32　　C. 0.57　　D. 3.23

【答案与解析】C　11 月取得的不含税销售额 =19.57 ÷（1+3%）=19（万元）。因此，11 月应缴纳增值税税额 =19 × 3%=0.57（万元）。

（七）增值税的征收管理

1. 纳税义务发生的时间

（1）采用直接收款方式销售货物，不论货物是否发出，均为收到销售款或者取得索取销售款凭证的当天；先开具发票的，为开具发票的当天。纳税人提供应税服务的，为收讫销售款或者取得销售款项凭据的当天；先开具发票的，为开具发票的当天。

收讫销售款项是指纳税人提供应税服务过程中或者完成后收到的款项。

取得索取销售款项凭证的当天，是指书面合同确定的付款日期；未签订书面合同或者书面合同未确定付款日期的，为应税服务完成的当天。

（2）纳税人发生销售服务、无形资产或者不动产行为的，为收讫销售款或者索取销售款项凭据的当天；先开具发票的，为开具发票的当天。

（3）采取托收承付和委托银行收款方式销售货物，为发出货物并办妥托收手续的当天。

（4）采取赊销和分期收款方式销售货物，为书面合同约定的收款当天，无书面合同或者书面合同没有约定收款日期的，为货物发出的当天。

（5）采取预收货款方式销售货物，为货物发出的当天；但生产销售生产工期超过 12 个月的大型机械设备、船舶、飞机等货物，为收到预收款或者书面合同约定的收款日期的当天。纳税人提供有形动产租赁服务采取预收款方式的，其纳税义务发生时间为收到预收款的当天。

（6）委托其他纳税人代销货物，为收到代销单位的代销清单或者收到全部或者部分货款的当天。未收到代销清单及货款的，为发出代销货物满 180 天的当天。

（7）纳税人从事金融商品转让的，为金融商品所有权转移的当天。

（8）纳税人发生视同销售货物行为，为货物移送的当天。纳税人发生视同提供应税服务行为的，其纳税义务发生时间为应税服务完成的当天。

（9）纳税人进口货物，纳税义务发生时间为报关进口的当天。

（10）增值税扣缴义务发生时间为纳税人增值税纳税义务发生的当天。

2. 纳税期限

增值税的纳税期限分别为 1 日、3 日、5 日、10 日、15 日、1 个月或者 1 个季度。纳税人的具体纳税期限，由主管税务机关根据纳税人应纳税额的大小分别核定；不能按照固定期限纳税的，可以按次纳税。

纳税人以 1 个月或者 1 个季度为 1 个纳税期的，自期满之日起 15 日内申报纳税；以 1 日、3 日、5 日、10 日或者 15 日为 1 个纳税期的，自期满之日起 5 日内预缴税款，于次月 1 日起 15 日内申报纳税并结清上月应纳税款。

纳税人进口货物，应当自海关填发海关进口增值税专用缴款书之日起 15 日内缴纳税款。

3. 纳税地点

纳税人在发生纳税义务后，一般应在其所在地缴纳增值税。由于纳税人情况不同，为有利于加强核算和征管，具体规定为：

（1）固定业户应当向其机构所在地的主管税务机关申报纳税。总机构和分支机构不在同一县（市）的，应当分别向各自所在地的主管税务机关申报纳税；经国务院财政、税务主管部门或者其授权的财政、税务机关批准，可以由总机构汇总向总机构所在地的主管税务机关申报纳税。

（2）固定业户到外县（市）销售货物或者提供应税劳务，应当向其机构所在地的主管税务机关申请开具外出经营活动税收管理证明，并向其机构所在地的主管税务机关申报纳税；未开具证明的，应当向销售地或者劳务发生地的主管税务机关申报纳税；未向销售地或者劳务发生地的主管税务机关申报纳税的，由其机构所在地的主管税务机关补征税款。

（3）非固定业户销售货物或者提供应税劳务，应当向销售地或者劳务发生地的主管税务机关申报纳税；未向销售地或者劳务发生地的主管税务机关申报纳税的，由其机构所在地或者居住地的主管税务机关补征税款。

（4）进口货物，应当向报关地海关申报纳税。

二、消费税

（一）消费税的概念

消费税是对在我国境内从事生产、委托加工和进口应税消费品的单位和个人征收的一种流转税，是对特定的消费品和消费行为在特定的环节征收的一种流转税。

（二）消费税的征税范围

1. 生产应税消费品

生产应税消费品在生产销售环节征税。纳税人将生产的应税消费品换取生产资料、消费资料、投资入股、偿还债务，以及用于继续生产应税消费品以外的其他方面都应缴纳消费税。

2. 委托加工应税消费品

委托加工应税消费品是指委托方提供原料和主要材料，受托方只收取加工费和代垫部分辅助材料加工的应税消费品。由受托方提供原材料或其他情形的一律不能视同加工应税消费品。

委托加工的应税消费品，除受托方为个人外，由受托方在向委托方交货时代收代缴税款；委托个人加工的应税消费品，由委托方收回后缴纳消费税。

委托加工的应税消费品，委托方用于连续生产应税消费品的，所纳税款准予按规定抵扣；直接出售的，不再缴纳消费税。

委托方将收回的应税消费品，以不高于受托方的计税价格出售的，为直接出售，不再缴纳消费税；委托方以高于受托方的计税价格出售的，不属于直接出售，需按照规定申报缴纳消费税，在计税时准予扣除受托方已代收代缴的消费税。

3. 进口应税消费品

单位和个人进口应税消费品，于报关进口时由海关代征消费税。

4. 批发、零售应税消费品

经国务院批准，自 1995 年 1 月 1 日起，金银首饰消费税由生产销售环节征收改为零售环节征收。改在零售环节征收消费税的金银首饰仅限于金基、银基合金首饰以及金、银和金基、银基合金的镶嵌首饰，适用税率为 5%，其计税依据是不含增值税的销售额。

对既销售金银首饰，又销售非金银首饰的生产、经营单位，应将两类商品划分清楚，分别核算销售额。凡划分不清楚或不能分别核算的，在生产环节销售的，一律从高适用税率征收消费税；在零售环节销售的，一律按金银首饰征收消费税。金银首饰与其他产品组成成套消费品销售的，应按销售额全额征收消费税。

金银首饰连同包装物一起销售的，无论包装物是否单独计价，也无论会计上如何核算，均应并入金银首饰的销售额，计征消费税。

带料加工的金银首饰，应按受托方销售的同类金银首饰的销售价格确定计税依据征收消费税。没有同类金银首饰销售价格的，按照组成计税价格计算纳税。

纳税人采用以旧换新（含翻新改制）方式销售的金银首饰，应按实际收取的不含增值税的全部价款确定计税依据征收消费税。

（三）消费税纳税人

消费税纳税人是指在中华人民共和国境内（起运地或者所在地在境内）生产、委托加工和进口《消费税暂行条例》规定的消费品的单位和个人，以及国务院确定的销售《消费税暂行条例》规定的消费品的其他单位和个人。

具体来说，消费税的纳税人包括：

（1）生产销售（包括自用）的应税消费品，以生产销售单位和个人为纳税人，由生产者直接缴纳。这里的销售是指有偿转让应税消费品的所有权；有偿是指从购买方取得货币、货物或者其他经济利益。

（2）委托加工的应税消费品，以委托的单位和个人为纳税人，由受托方代扣代缴消费税款。这里的委托加工的应税消费品是指由委托方提供原料和主要材料，受托方只收取加工费和代垫部分辅助材料加工的应税消费品。委托加工的应税消费品直接出售的，不再缴纳消费税。

（3）进口的应税消费品，以进口的单位和个人为纳税人，由海关代为征收。

重点提示

委托加工的应税消费品，以委托的单位和个人为纳税人，由受托方代扣代缴消费税款。委托加工的应税消费品直接出售的，不再缴纳消费税。

（四）消费税的税目与税率

1. 消费税税目

我国消费税的税目共有十五个，分别是：①烟；②酒；③化妆品；④贵重首饰及珠宝玉石；⑤鞭炮、焰火；⑥成品油；⑦摩托车；⑧小汽车；⑨高尔夫球及球具；⑩高档手表；⑪游艇；⑫木制一次性筷子；⑬实木地板；⑭电池；⑮涂料。其中，有些还包括若干子目。

2. 消费税税率

消费税的税率包括比例税率和定额税率两类。

（五）消费税应纳税额

1. 从价定率征收

从价定率征收，即根据不同的应税消费品确定不同的比例税率。其公式为：

应纳税额＝应税消费品的销售额 × 比例税率

2. 从量定额征收

从量定额征收，即根据不同的应税消费品确定不同的单位税额。其公式为：

应纳税额＝应税消费品的销售数量 × 单位税额

3. 从价定率和从量定额复合征收

从价定率和从量定额复合征收，即以两种方法计算的应纳税额之和为该应税消费品的应纳税额。我国目前只对卷烟和白酒采用复合征收方法。公式为：

应纳税额＝应税消费品的销售额 × 比例税率＋应税消费品的销售数量 × 单位税额

4. 应税消费品已纳税款的扣除

应税消费品若是用外购已缴纳消费税的应税消费品连续生产出来的，在对这些连续生产出来的应税消费品征税时，按当期生产领用数量计算准予扣除的外购应税消费品已缴纳的消费税税款。

5. 自产自用应税消费品应纳税额

纳税人自产自用应税消费品用于连续生产应税消费品的，不纳税；凡用于其他方面的，应按照纳税人生产的同类消费品的销售价格计算纳税，没有同类消费品销售价格的，按照组成计税价格计算纳税。

实行从价定率办法计算纳税的组成计税价格计算公式为：

组成计税价格 =（成本 + 利润）÷（1− 比例税率）

实行复合计税办法计算纳税的组成计税价格计算公式：

组成计税价格 =（成本 + 利润 + 自产自用数量 × 定额税率）÷（1− 比例税率）

6. 委托加工应税消费品应纳税额

委托加工的应税消费品，按照受托方的同类消费品的销售价格计算纳税；没有同类消费品销售价格的，按照组成计税价格计算纳税。

实行从价定率办法计算纳税的组成计税价格计算公式：

组成计税价格 =（材料成本 + 加工费）÷（1－比例税率）

实行复合计税办法计算纳税的组成计税价格计算公式：

组成计税价格 =（材料成本 + 加工费 + 委托加工数量 × 定额税率）÷（1－比例税率）

（六）消费税征收管理

1. 纳税义务发生的时间

纳税人生产的应税消费品于销售时纳税，进口消费品应当于应税消费品报关进口环节纳税，但金银首饰、钻石及钻石饰品在零售环节纳税。消费税纳税义务发生的时间，以货款结算方式或行为发生时间分别确定。

重点提示

消费税纳税义务发生的时间，以货款结算方式或行为发生时间分别确定。

（1）纳税人销售应税消费品，其纳税义务的发生时间为：

①纳税人采取赊销和分期收款结算方式的，为书面合同约定的收款日期的当天，书面合同没有约定收款日期或者无书面合同的，为发出应税消费品的当天；

②纳税人采取预收货款结算方式的，其纳税义务的发生时间为发出应税消费品的当天；

③纳税人采取托收承付和委托银行付款方式销售应税消费品的，其纳税义务的发生时间为发出应税消费品并办妥手续的当天；

④纳税人采取其他方式结算的，其纳税义务的发生时间为收讫销售款或者取得索取销售凭证的当天。

（2）纳税人自产自用的应税消费品，其纳税义务发生时间为移送使用的当天。

（3）纳税人委托加工的应税消费品，其纳税义务的发生时间为纳税人提货的当天。

（4）纳税人进口的应税消费品，其纳税义务的发生时间为消费品报关进口的当天。

2. 纳税期限

消费税纳税期限分别为 1 日、3 日、5 日、10 日、15 日、1 个月或者 1 个季度。纳税人的具体纳税期限，由主管税务机关根据纳税人应纳税额的大小分别核定，不能按照固定期限纳税的，可以按次纳税。

纳税人以 1 个月或者 1 个季度为一期纳税的，自期满之日起 15 日内申报纳税；纳税人以 1 日、3 日、5 日、10 日、15 日为一期的，自期满之日起 5 日内预缴税款，于次月 1 日起 15 日内申报纳税并结清上月应纳税款。

进口货物自海关填发税收专用缴款书之日起 15 日内缴纳。

3. 纳税地点

（1）纳税人销售的应税消费品，以及自产自用的应税消费品，除国务院财政、税务主管部门另有规定外，应当向纳税人机构所在地或者居住地的主管税务机关申报纳税。

（2）委托加工的应税消费品，除受托方为个人外，由受托方向机构所在地或居住地主管税务机关解缴消费税税款；委托个人加工的应税消费品，由委托方向其机构所在地或者居住地主管税务机关申报纳税。

（3）进口的应税消费品，由进口人或者其代理人向报关地海关申报纳税。

（4）纳税人到外县（市）销售或者委托外县（市）代销自产应税消费品的，于应税消费品销售后，向机构所在地或居住地主管税务机关申报纳税。

（5）纳税销售的应税消费品，如因质量等原因，由买者退回时，经由所在地主管税务机关审核批准后，可退还已征收的消费税税款，但不能自行直接抵减应纳税税款。

重点提示

纳税人生产的应税消费品于销售时纳税，进口消费品应当于应税消费品报关进口环节纳税，但金银首饰、钻石及钻石饰品在零售环节纳税。

三、企业所得税

（一）企业所得税的概念

企业所得税是对在我国境内的企业和其他取得收入的组织所取得的生产经营所得和其他所得所征收的一种税。它是国家参与企业利润分配的重要手段。

（二）企业所得税征税对象

企业所得税的征税对象是指企业的生产经营所得、其他所得和清算所得。

1. 居民企业的征税对象

居民企业应就来源于中国境内、境外的所得作为征税对象。所得，包括销售货物所得、提供劳务所得、转让财产所得、股息红利等权益性投资所得，以及利息所得、租金所得、特许权使用费所得、接受捐赠所得和其他所得。

2. 非居民企业的征税对象

非居民企业在中国境内设立机构、场所的，应当就其所设机构、场所取得的来源于中国境内的所得，以及发生在中国境外但与其所设机构、场所有实际联系的所得缴纳企业所得税。非居民企业在中国境内未设立机构、场所的，或者虽设立机构、场所但取得的所得与其所设机构、场所没有实际联系的，应当就其来源于中国境内的所得缴纳企业所得税。

上述所称实际联系，指的是非居民企业在中国境内设立的机构、场所拥有的据以取得所得的股权、债权，以及拥有、管理、控制据以取得所得的财产。

重点提示

区别居民和非居民企业的征税对象。居民企业应就来源于中国境内、境外的所得作为征税对象。非居民企业在中国境内设立机构、场所的，应当就其所设机构、场所取得的来源于中国境内的所得，以及发生在中国境外但与其所设机构、场所有实际联系的所得，缴纳企业所得税；非居民企业在中国境内未设立机构、场所的，或者虽设立机构、场所但取得的所得与其所设机构、场所没有实际联系的，应当就其来源于中国境内的所得缴纳企业所得税。

（三）企业所得税税率

企业所得税实行比例税率。比例税率简便易行，透明度高，不会因征税而改变企业间收入分配比例，有利于促进效率的提高。现行税率有：

（1）基本税率为25%。适用于居民企业和在中国境内设有机构、场所且所得与机构、场所有关联的非居民企业。

（2）优惠税率为20%或15%。对符合条件的小型微利企业，减按20%的税率征收企业所得税；对国家需要重点扶持的高新技术企业，减按15%的税率征收企业所得税。

（四）企业所得税应纳税所得额

1. 收入总额

收入总额是指企业以货币形式和非货币形式从各种来源取得的收入。

（1）货币形式的收入。企业取得收入的货币形式，包括现金、存款、应收账款、应收票据、准备持有至到期的债券投资以及债务的豁免等。

（2）非货币形式的收入。企业取得收入的非货币形式，包括固定资产、生物资产、无形资产、股权投资、存货、不准备持有至到期的债券投资、劳务以及有关权益等。

2. 不征税收入

在收入总额中的以下收入为不征税收入：

（1）财政拨款是指各级人民政府对纳入预算管理的事业单位、社会团体等组织拨付的财政资金，但国务院和国务院财政、税务主管部门另有规定的除外。

（2）依法收取并纳入财政管理的行政事业性收费、政府性基金，指的是依照法律法规等有关规定，按照国务院规定程序批准，在实施社会公共管理以及在向公民、法人或者其他组织提供特定公共服务过程中，向特定对象收取并纳入财政管理的费用。

（3）国务院规定的其他不征税收入，指的是企业取得的，由国务院财政、税务主管部门规定了专项用途并经国务院批准的财政性资金。

（4）《实施条例》第二十五条规定，企业内部处置资产，除将资产转移至境外以外，不视同销售收入，相关资产的历史成本延续计算。

3. 免税收入

（1）国债利息收入，指的是企业持有国务院财政部门发行的国债取得的利息收入。

（2）符合条件的居民企业之间的股息、红利等权益性投资收益，指的是居民企业直接投资于其他居民企业取得的投资收益，不包括连续持有居民企业公开发行并上市流通的股票不足 12 个月取得的投资收益。

（3）在中国境内设立机构、场所的非居民企业从居民企业取得与该机构、场所有实际联系的股息、红利等权益性投资收益，不包括连续持有居民企业公开发行并上市流通的股票不足 12 个月取得的投资收益。

（4）符合条件的非营利组织的收入。

（5）企业政策性搬迁收入是指因当地政府城市规划、基础设施建设等原因，搬迁企业按规定标准从政府取得的搬迁补偿收入以及搬迁企业通过市场取得的土地转让收入。对于企业取得的政策性搬迁收入应当按照《财政部国家税务总局关于企业政策性搬迁收入有关企业所得税处理问题的通知》（财税 [2007] 61 号）办理。

重点提示

企业所得税法所称符合条件的非营利组织的收入，不包括非营利组织从事营利性活动取得的收入，但国务院财政、税务主管部门另有规定的除外。

【例 3–11】（多选题）根据企业所得税法律制度的规定，下列各项中，属于免税收入的有（　　）。

A. 国债利息收入

B. 财政拨款

C. 符合规定条件的居民企业之间的股息、红利等权益性投资收益

D. 接受捐赠的收入

【答案与解析】AC　本题考核企业所得税免税收入的规定。《企业所得税法》规定，收入总额中的下列收入为免税收入：①国债利息收入；②符合规定条件的居

民企业之间的股息、红利等权益性投资收益；③在中国境内设立机构、场所的非居民企业从居民企业取得的与该机构、场所有实际联系的股息、红利等权益性投资收益；④符合规定条件的非营利组织的收入。B 选项属于不征税收入；D 选项属于应征税的收入。

4. 准予扣除的项目

（1）成本：是指企业在生产经营活动中发生的销售成本、销货成本、业务支出以及其他耗费。

（2）费用：是指企业在生产经营活动中发生的销售费用、管理费用和财务费用，已经计入成本的有关费用扣除。

（3）税金：是指企业发生的除企业所得税和允许抵扣的增值税以外的各项税金及其附加。国家税务总局制定的《企业所得税税前扣除办法》第五十一条规定，纳税人缴纳的消费税、营业税、资源税、关税和城市维护建设费、教育费附加等产品销售税金及附加，以及发生的房产税、车船使用税、土地使用税、印花税等可以扣除。

（4）损失：是指企业在生产经营活动中发生的固定资产和存货的盘亏、毁损、报废损失，转让财产损失，呆账损失，坏账损失，自然灾害等不可抗力因素造成的损失以及其他损失。

5. 不得扣除的项目

以下支出在计算应纳税所得额时不得扣除：

（1）向投资者支付的股息、红利等权益性投资收益款项。

（2）企业所得税税款。

（3）税收滞纳金。

（4）罚金、罚款和被没收财物的损失。

（5）企业发生的公益性捐赠支出以外的捐赠支出。

（6）赞助支出，指的是企业发生的与生产经营活动无关的各项非广告性质支出。

（7）未经核定的准备金支出，指的是不符合国务院财政、税务主管部门规定的各项资产减值准备、风险准备等准备金支出。

（8）与取得收入无关的其他支出。

【例 3–12】（计算题）假定某企业为居民企业，2016 年经营业务如下：

（1）取得销售收入 2 500 万元。

（2）销售成本 1 100 万元。

（3）发生销售费用 670 万元（其中广告费 450 万元）；管理费用 480 万元（其中

业务招待费 15 万元）；财务费用 60 万元。

（4）销售税金 160 万元（含增值税 120 万元）。

（5）营业外收入 70 万元，营业外支出 50 万元（含通过公益性社会团体向贫困山区捐款 30 万元，支付税收滞纳金 6 万元）。

（6）计入成本、费用中的实发工资总额 150 万元、拨缴职工工会经费 3 万元、支出职工福利费和职工教育经费 29 万元。

则该企业 2016 年度实际应纳的企业所得税为（　　）万元。

A. 67.71　　B. 75　　C. 84.2　　D. 93

【答案与解析】A

（1）会计利润总额 =2 500+70–1 100–670–480–60–40–50=170（万元）。

（2）广告费和业务宣传费调增所得额 =450–2 500 × 15%=450–375=75（万元）。

（3）业务招待费调增所得额 =15–15 × 60%=15–9=6（万元）；2 500×5‰=12.5（万元）>15×60%=9（万元）。

（4）捐赠支出应调增所得额 =30–170 × 12%=9.6（万元）。

（5）“三费”应调增所得额 =3+29–150 × 18.5%=4.25（万元）。

（6）应纳税所得额 =170+75+6+9.6+6+4.25=270.85（万元）。

（7）2016 年应缴企业所得税 =270.85×25%=67.71（万元）。

6. 职工福利费、工会经费和职工教育经费支出的税前扣除

（1）企业发生的职工福利费支出，不超过工资薪金总额 14% 的部分，准予扣除。

（2）企业拨缴的工会经费，不超过工资薪金总额 2% 的部分，准予扣除。

（3）除国务院财政、税务主管部门另有规定外，企业发生的职工教育经费支出，不超过工资薪金总额 2.5% 的部分，准予扣除；超过部分，准予在以后纳税年度结转扣除。

7. 业务招待费、广告费和业务宣传费的税前扣除

（1）企业发生的与生产经营活动有关的业务招待费支出，按照发生额的 60% 扣除，但最高不得超过当年销售（营业）收入的 5‰。

（2）企业发生的符合条件的广告费和业务宣传费支出，除国务院财政、税务主管部门另有规定外，不超过当年销售（营业）收入 15% 的部分，准予扣除；超过部分，准予在以后纳税年度结转扣除。

8. 亏损弥补

企业纳税年度发生的亏损，准予向以后年度结转，用以后年度的所得弥补，但结转年限最长不得超过五年。

（五）企业所得税征收管理

1. 纳税地点

（1）除税收法律、行政法规另有规定外，居民企业以企业登记注册地为纳税地点；但登记注册地在境外的，以实际管理机构所在地为纳税地点。企业注册登记地，指的是企业依照国家有关规定登记注册的住所地。

（2）居民企业在中国境内设立不具有法人资格的营业机构的，应当汇总计算并缴纳企业所得税。企业汇总计算并缴纳企业所得税时，应当统一核算应纳税所得额，具体办法由国务院财政、税务主管部门另行制定。

（3）非居民企业在中国境内设立机构、场所的，应当就其所设机构、场所取得的来源于中国境内的所得，以及发生在中国境外但与其所设机构、场所有实际联系的所得，以机构、场所所在地为纳税地点。非居民企业在中国境内设立两个或者两个以上机构、场所的，经税务机关审核批准，可以选择由其主要机构、场所汇总缴纳企业所得税。非居民企业经批准汇总缴纳企业所得税后，需要增设、合并、迁移、关闭机构、场所或者停止机构、场所业务的，应当事先由负责汇总申报缴纳企业所得税的主要机构、场所向其所在地税务机关报告；需要变更汇总缴纳企业所得税的主要机构、场所的，依照前款规定办理。

（4）非居民企业在中国境内未设立机构、场所的，或者虽设立机构、场所但取得的所得与其所设机构、场所没有实际联系的所得，以扣缴义务人所在地为纳税地点。

（5）除国务院另有规定外，企业之间不得合并缴纳企业所得税。

2. 纳税期限

企业所得税按年计征，分月或者分季预交，年终汇算清缴，多退少补。

企业所得税按纳税年度计算。纳税年度自公历 1 月 1 日起至 12 月 31 日止。企业在一个纳税年度中间开业，或者终止经营活动，使该纳税年度的实际经营期不足 12 个月的，应当以其实际经营期为一个纳税年度。企业依法清算时，应当以清算期间作为一个纳税年度。

企业应当自年度终了之日起 5 个月内，向税务机关报送年度企业所得税纳税申报表，并汇算清缴，结清应缴应退税款。

企业在年度中间终止经营活动的，应当自实际经营终止之日起 60 日内，向税务机关办理当期企业所得税汇算清缴。

3. 纳税申报

企业应当自月份或者季度终了之日起 15 日内，向税务机关报送预缴企业所得税纳税申报表，预缴税款。

企业在报送企业所得税纳税申报表时，应当按照规定附送财务会计报告和其他有关资料。

企业应当在办理注销登记前，就其清算所得向税务机关申报并依法缴纳企业所得税。

依照《企业所得税法》缴纳的企业所得税，以人民币计算。所得以人民币以外的货币计算的，应当折合成人民币计算并缴纳税款。

企业在纳税年度内无论盈利或者亏损，都应当依照税法规定的期限向税务机关报送预缴企业所得税纳税申报表、年度企业所得税纳税申报表、财务会计报告和税务机关规定应当报送的其他有关资料。

【例 3–13】（单选题）飞腾公司 2016 年度实现利润总额为 320 万元，无其他纳税调整事项。经税务机关核实的 2015 年度亏损额为 300 万元。该公司 2016 年度应缴纳的企业所得税税额为（　　）万元。

A. 105.6　　B. 5　　C. 5.4　　D. 3.6

【答案与解析】B　本题考核企业所得税的计算。2016 年应缴纳的企业所得税税额＝（320–300）×25%＝5（万元）。

四、个人所得税

（一）概念

个人所得税是对个人（即自然人）的劳务和非劳务所得征收的一种税。它最早于 1799 年在英国创立，目前世界上已有 140 多个国家开征了这一税种。

（二）纳税义务人

个人所得税以所得人为纳税义务人，以支付所得的单位或个人为扣缴义务人，具体来讲，指的是中国境内有住所，或者虽无住所但在中国境内居住满一年以及无住所又不居住或居住不满一年但有从中国境内取得所得的个人，包括中国公民、个体工商户、外籍个人，中国香港、中国澳门、台湾同胞及个人独资企业和合伙企业等。上述纳税义务人依据住所和居住时间两个标准，区分为居民和非居民，分别承担不同的纳税义务。

1. 居民纳税义务人

居民纳税义务人负有无限纳税义务。其所取得的应纳税所得，无论是来源于中国境内还是中国境外任何地方，都要在中国缴纳个人所得税。根据《个人所得税法》的规定，居民纳税义务人指的是在中国境内有住所，或者无住所而在中国境内居住满一年的个人。

2. 非居民纳税义务人

非居民纳税义务人是指不符合居民纳税义务人判定标准（条件）的纳税义务人。非居民纳税义务人承担有限纳税义务，即仅就其来源于中国境内的所得，向中国缴纳个人所得税。《个人所得税法》规定，非居民纳税义务人是“在中国境内无住所又不居住或者无住所而在境内居住不满一年的个人”。也就是说，非居民纳税义务人是指习惯性居住地不在中国境内，而且不在中国居住，或者在一个纳税年度内，在中国境内居住不满一年的个人。

重点提示

区别居民和非居民纳税义务人。居民纳税义务人指的是在中国境内有住所，或者无住所而在中国境内居住满一年的个人，其所取得的应纳税所得，无论是来源于中国境内还是中国境外任何地方，都要在中国缴纳个人所得税；非居民纳税义务人是在中国境内无住所又不居住或者无住所而在境内居住不满一年的个人，仅就其来源于中国境内的所得，向中国缴纳个人所得税。

【例 3-14】（单选题）下列各项中，属于个人所得税居民纳税人的是（　　）。

A. 在中国境内无住所，居住也不满一年的个人

B. 在中国境内无住所且不居住的个人

C. 在中国境内无住所，而在境内居住超过六个月不满一年的个人

D. 在中国境内有住所的个人

【答案与解析】D　本题考核个人所得税居民纳税人的认定。根据规定，居民纳税人的判定标准有两个：一是在中国境内有住所；二是无住所，但在中国境内居住满一个纳税年度，两个标准只要符合其中之一，即为居民纳税人。

（三）个人所得税的应税项目和税率

1. 个人所得税的应税项目

现行个人所得税共有十一个应税项目：①工资、薪金所得；②个体工商户的生产、经营所得；③企事业单位的承包经营、承租经营所得；④劳务报酬所得；⑤稿酬所得；⑥特许权使用费所得；⑦利息、股息、红利所得；⑧财产租赁所得；⑨财产转让所得；⑩偶然所得；⑪经国务院财政部门确定征税的其他所得。

2. 个人所得税税率

所得项目不同个人所得税的税率也不同。

（1）工资、薪金所得适用税率。工资、薪金所得适用3% ~ 45%的超额累进税率，如表3-1所示。

表 3-1　工资、薪金所得使用税率

级　数	月应纳税所得额	税率（%）	速算扣除数
1	不超过 1 500 元的	3	0
2	超过 1 500 元至 4 500 元的部分	10	105
3	超过 4 500 元至 9 000 元的部分	20	555
4	超过 9 000 元至 35 000 元的部分	25	1 005
5	超过 35 000 元至 55 000 元的部分	30	2 755
6	超过 55 000 元至 80 000 元的部分	35	5 505
7	超过 80 000 元的部分	45	13 505

注：本表所称全月应纳税所得额指的是依照税法的规定以每月收入额减除费用 3 500 元后的余额或者减除附加减除费用后的余额。

【例 3-15】（单选题）我国个人所得税中的工资薪金所得采取的税率形式属于（　　）。

A. 比例税率　B. 全额累进税率　C. 超率累进税率　D. 超额累进税率

【答案与解析】D　目前我国个人所得税中工资薪金的税率采取七级超额累进税率形式。

（2）个体工商户生产、经营所得和企事业单位承包经营、承租经营所得适用税率。个体工商户的生产、经营所得和对企事业单位的承包经营、承租经营所得，适用 5% ~ 35% 的超额累进税率，如表 3-2 所示。

表 3-2　个体工商户生产、经营所得和企事业单位承包经营、承租经营所得适用税率

级数	全年应纳税所得额		税率（%）	速算扣除数
	含税级距	不含税级距		
1	不超过 15 000 元的	不超过 14 250 元的	5	0
2	超过 15 000 元至 30 000 元的部分	超过 14 250 元至 27 750 元的部分	10	750
3	超过 30 000 元至 60 000 元的部分	超过 27 750 元至 51 750 元的部分	20	3 750
4	超过 60 000 元至 100 000 元的部分	超过 51 750 元至 79 750 元的部分	30	9 750
5	超过 100 000 元的部分	超过 79 750 元的部分	35	14 750

注：本表所称全年应纳税所得额，对个体工商户的生产、经营所得来源，指的是以每一纳税年度的收入总额，减除成本、费用以及损失后的余额；对企事业单位的承包经营、承租经营所得来源，指的是以每一纳税年度的收入总额减除必要费用后的余额。

个人独资企业和合伙企业的生产经营所得，也适用 5% ~ 35% 的五级超额累进税率。

（3）稿酬所得适用税率。稿酬所得适用比例税率，税率为 20%，并按应纳税额减征 30%，即只征收 70% 的税额，其实际税率为 14%。

（4）劳务报酬所得适用税率。劳务报酬所得适用比例税率，税率为 20%。对劳务报酬所得一次收入畸高的，可以实行加成征收。加成征税采取超额累进办法，即个人取得劳务报酬收入的应纳税所得额一次超过 20 000 ~ 50 000 元的部分，按照税法规定计算应纳税额后，再按照应纳税额加征五成；超过 50 000 元的部分，加征十成，如表 3–3 所示。

表 3–3　劳动报酬所得适用税率

级　数	每次应纳税所得额	税率（%）	速算扣除数
1	不超过 20 000 元的	20	0
2	超过 20 000 元至 50 000 元的部分	30	2 000
3	超过 50 000 元的部分	40	7 000

注：本表所称每次应纳税所得额，指的是每次收入额减除费用 800 元（每次收入额不超过 4 000 元时）或者减除 20% 的费用（每次收入额超过 4 000 元时）后的余额。

（5）特许权使用费所得，利息、股息、红利所得，财产转让所得，偶然所得和其他所得适用税率。特许权使用费所得，利息、股息、红利所得，财产转让所得，偶然所得和其他所得，适用比例税率，税率为 20%。

自 2008 年 10 月 9 日（含）起，暂免征收储蓄存款利息所得的个人所得税。

自 2008 年 3 月 1 日（含）起，对个人出租住房取得的所得暂减按 10% 的税率征收个人所得税。

（四）应纳税所得额

1. 工资、薪金所得

工资、薪金所得，以每月收入额减除费用 3 500 元后的余额，为应纳税所得额。

应纳税额 = 应纳税所得额 × 适用税率 − 速算扣除数
= （每月收入额 −3 500 元）× 适用税率 − 速算扣除数

2. 个体工商户的生产经营所得

个体工商户的生产、经营所得，以每一纳税年度的收入总额，扣减税法允许扣除的成本、费用和损失后的余额，为应纳税所得额。

应纳税额 = 应纳税所得额 × 适用税率 − 速算扣除数
= （收入总额 − 成本、费用以及损失等）× 适用税率 − 速算扣除数

3. 对企事业单位的承包经营、承租经营所得

对企事业单位的承包经营、承租经营所得，以每一纳税年度的收入总额，减除必要费用后的余额，为应纳税所得额。

应纳税额＝应纳税所得额 × 适用税率－速算扣除数

＝（纳税年度收入总额－必要费用）× 适用税率－速算扣除数

4. 劳务报酬所得

劳务报酬所得每次收入不超过 4 000 元的，减除费用 800 元；4 000 元以上的，减除 20% 的费用，其余额为应纳税所得额。

（1）每次收入不足 4 000 元的，应纳税额＝（每次收入额 −800）× 20%。

（2）每次收入超过 4 000 元的，应纳税额＝每次收入额 ×（1−20%）× 20%。

（3）每次收入的应纳税所得额超过 20 000 元的，应纳税额＝每次收入额 ×（1−20%）× 适用税率－速算扣除数。

【例 3−16】（单选题）某计算机专业教授在 2016 年 10 月获得如下收入：给某软件公司进行技术指导获得 3 000 元；给某期刊翻译论文获得 900 元；指导其他学校学生论文获得 5 000 元。则该教授 10 月的应纳税所得额为（　　）元。

A. 6 700　　B. 6 300　　C. 6 000　　D. 7 200

【答案与解析】B　由于该教授获得的劳务报酬分属不同的项目，应分别计算应纳税所得额。

技术指导应纳税所得额 =3 000−800 =2 200（元）；

翻译论文应纳税所得额 = 900−800=100（元）；

指导论文应纳税所得额 =5 000×（1−20%）=4 000（元）；

该教授 10 月份应纳税所得额 =2 200+100+4 000=6 300（元）。

【例 3−17】（单选题）歌星刘某一次取得表演收入 40 000 元，扣除 20% 的费用后，应纳税所得额为 32 000 元，其应纳个人所得税税额为（　　）元。

A. 5 800　　B. 6 250　　C. 6 900　　D. 7 600

【答案与解析】D　应纳税额＝每次收入额 ×（1−20%）× 适用税率－速算扣除数 =40 000×（1−20%）×30%−2 000=7 600（元）。

5. 稿酬所得

稿酬所得每次收入不超过 4 000 元的，减除费用 800 元；4 000 元以上的，减除 20% 的费用，其余额为应纳税所得额。

（1）每次收入不足4 000元的，应纳税额 =（每次收入额 -800）×20%×（1-30%）。

（2）每次收入在4 000元以上的，应纳税额 = 每次收入额 ×（1-20%）×20%×（1-30%）。

重点提示

稿酬所得适用比例税率，税率为20%，并按应纳税额减征30%，其实际税率为14%。在两处或两处以上出版、发表或再版同一作品而取得稿酬所得，则可分别各处取得的所得或再版所得按分次所得计征个人所得税。个人的同一作品在报刊上连载，应合并其因连载而取得的所有稿酬所得为一次，按税法规定计征个人所得税。在其连载之后又出书取得稿酬所得，或先出书后连载取得稿酬所得，应视同再版稿酬分次计征个人所得税。

【例3-18】（单选题）某作家2016年1月份出版一本书，取得稿酬8 000元。该书2月至3月被某报连载，2月份取得稿费2 000元，3月份取得稿费3 000元。因该书畅销，4月份出版社增加印数，又取得追加稿酬5 000元。该作家稿酬所得的应纳税所得额为（　　）元。

A. 10 400　　B. 4 200　　C. 14 400　　D. 12 800

【答案与解析】C　1月份出版获得收入与增加印数追加稿酬合并作为一次，在报纸上连载2个月获得收入合并为一次。

出版和增加印数稿酬应纳税所得额 =（8 000 +5 000）×（1-20%）=10 400（元）；

报纸上连载稿酬应纳税所得额 =（2 000+3 000）×（1-20%）=4 000（元）；

该作家稿酬所得的应纳税所得额 =10 400+4 000=14 400（元）。

6. 财产转让所得

应纳税额 = 应纳税所得额 × 适用税率 =（收入总额 - 财产原值 - 合理税费）×20%

7. 利息、股息、红利所得

利息、股息、红利所得，以支付利息、股息、红利时取得的收入为一次。

应纳税额 = 应纳税所得额 × 适用税率 = 每次收入额 ×20%

（五）征收管理

1. 自行申报

自行申报是由纳税人自行在税法规定的纳税期限内，向税务机关申报取得的应税所得项目和数额，如实填写个人所得税纳税申报表，并按照税法规定计算应纳税额，据此缴纳个人所得税的一种方法。

下列人员为自行申报纳税的纳税义务人：

（1）年所得十二万元以上的。

（2）从中国境内两处或者两处以上取得工资、薪金所得的。

（3）从中国境外取得所得的。

（4）取得应纳税所得，没有扣缴义务人的。

（5）国务院规定的其他情形。

2. 代扣代缴

代扣代缴是指按照税法规定负有扣缴税款义务的单位或个人，在向个人支付应纳税所得时，应计算应纳税额，从其所得中扣除并缴入国库，同时向税务机关报送扣缴个人所得税报告表。凡支付个人应纳税所得的企业、事业单位、社会团体、军队、驻华机构（不含依法享有外交特权和豁免的驻华使领馆、联合国及其国际组织驻华机构）、个体户等单位或者个人，为个人所得税的扣缴义务人。

第三节 税收征收管理

一、税务登记

税务登记是税务机关依据税法规定，对纳税人的生产、经营活动进行登记管理的一项法定制度，也是纳税人依法履行纳税义务的法定手续。税务登记是整个税收征收管理的起点。

（一）开业登记

开业登记指的是纳税人依法成立并经工商行政管理机关登记后，为确认其纳税人的身份，纳入国家税务管理体系而到税务机关进行的登记。

1. 办理设立税务登记的地点

企业、企业在外地设立的分支机构和从事生产、经营的场所，个体工商户和从事生产、经营的事业单位（以下统称从事生产、经营的纳税人），向生产、经营所在地税务机关申报办理税务登记。

税务机关对纳税人税务登记地点发生争议的，由其共同的上级税务机关指定管辖。

【例 3-19】（多选题）可不办理税务登记的有（ ）。

A. 从事生产经营的事业单位

B. 负有扣缴税款义务的扣缴义务人

C. 无固定生产经营场所的流动性农村小商贩

D. 国家机关

【答案与解析】CD 企业、企业设立的分支机构和从事生产经营的场所、个体工商户、从事生产经营的事业单位均应当办理税务登记。A 选项不应入选。国家机关、个人和无固定生产经营场所的流动性农村小商贩以外的其他纳税人也应当办理税务登记。CD 两项为应选项。扣缴义务人应当在发生扣缴义务时，到税务机关申报登记，领取扣缴税款凭证。B 选项不应入选。

2. 申报办理税务登记的时限要求

（1）从事生产、经营的纳税人领取工商营业执照（含临时工商营业执照）的，应当自领取工商营业执照之日起 30 日内申报办理税务登记，税务机关核发税务登记证及副本（纳税人领取临时工商营业执照的，税务机关核发临时税务登记证及副本）。

（2）从事生产、经营的纳税人未办理工商营业执照但经有关部门批准设立的，应当自有关部门批准设立之日起 30 日内申报办理税务登记，税务机关核发税务登记证及副本。

（3）从事生产、经营的纳税人未办理工商营业执照也未经有关部门批准设立的，应当自纳税义务发生之日起 30 日内申报办理税务登记，税务机关核发临时税务登记证及副本。

（4）有独立的生产经营权、在财务上独立核算并定期向发包人或者出租人上交承包费或租金的承包承租人，应当自承包承租合同签订之日起 30 日内，向其承包承租业务发生地税务机关申报办理税务登记，税务机关核发临时税务登记证及副本。

（5）从事生产、经营的纳税人外出经营，自其在同一县（市）实际经营或提供劳务之日起，在连续的 12 个月内累计超过 180 天的，应当自期满之日起 30 日内，向生产、经营所在地税务机关申报办理税务登记，税务机关核发临时税务登记证及副本。

（6）境外企业在中国境内承包建筑、安装、装配、勘探工程和提供劳务的，应当自项目合同或协议签订之日起 30 日内，向项目所在地税务机关申报办理税务登记，税务机关核发临时税务登记证及副本。

（7）非从事生产经营但依照规定负有纳税义务的单位和个人，除国家机关、个人和无固定生产、经营场所的流动性农村小商贩外，均应当自纳税义务发生之日起 30 日内，向纳税义务发生地税务机关申报办理税务登记，税务机关核发税务登记证及副本。

3. 申报办理税务登记需提供的证件和资料

纳税人在申报办理税务登记时，应当根据不同情况向税务机关如实提供以下证件和资料：

（1）工商营业执照或其他核准执业证件。

（2）有关合同、章程、协议书。

（3）组织机构统一代码证书。

（4）法定代表人或负责人或业主的居民身份证、护照或者其他合法证件。

其他需要提供的有关证件、资料，由省、自治区、直辖市税务机关确定。

纳税人在申报办理税务登记时，应当如实填写税务登记表。

税务登记表的主要内容包括：

（1）单位名称、法定代表人或者业主姓名及其居民身份证、护照或者其他合法证件的号码。

（2）住所、经营地点。

（3）登记类型。

（4）核算方式。

（5）生产经营方式。

（6）生产经营范围。

（7）注册资金（资本）、投资总额。

（8）生产经营期限。

（9）财务负责人、联系电话。

（10）国家税务总局确定的其他有关事项。

企业在外地的分支机构或者从事生产、经营的场所，还应当登记总机构名称、地址、法人代表、主要业务范围、财务负责人。

【例 3-20】（判断题）某税务所在 2016 年 8 月 15 日实施检查中，发现星星商店（个体）2016 年 7 月 20 日领取营业执照后，未申请办理税务登记，据此责令星星商店必须在 2016 年 8 月 20 日前办理税务登记，逾期不办理的，将处以罚款。（　　）

【答案与解析】× 根据我国税法的有关规定，从事生产、经营的纳税人应自领取营业执照之日起 30 日内，持有关证件向税务机关申报办理税务登记，税务机关审核后发给税务登记证。星星商店自 2016 年 7 月 20 日领取营业执照到 2016 年 8 月 15 日还不到 30 日，尚未违反上述规定，因此，税务所对其做出责令限期改正的处理决定是错误的。

（二）变更登记

变更税务登记指的是纳税人办理设立税务登记后，因登记内容发生变化，需要对原有登记内容进行更改，而向主管税务机关申请办理的税务登记。变更税务登记的主要目的在于及时掌握纳税人的生产经营情况，减少税款的流失。

纳税人已在工商行政管理机关办理变更登记的，应当自工商行政管理机关变更登记之日起 30 日内，向原税务登记机关如实提供以下有关证件、资料，申报办理变更税务登记：

（1）工商登记变更表及工商营业执照。

（2）纳税人变更登记内容的有关证明文件。

（3）税务机关发放的原税务登记证件（登记证正、副本和登记表等）。

（4）其他有关资料。

纳税人按照规定不需要在工商行政管理机关办理变更登记，或者其变更登记的内容与工商登记内容无关的，应当自税务登记内容实际发生变化之日起 30 日内，或者自有关机关批准或者宣布变更之日起 30 日内，持以下有关证件到原税务登记机关申报办理变更税务登记。

（1）纳税人变更登记内容的有关证明文件。

（2）税务机关发放的原税务登记证件（登记证正、副本和税务登记表等）。

（3）其他有关资料。

纳税人提交的有关变更登记的证件、资料齐全的，应如实填写税务登记变更表，经税务机关审核，符合规定的，税务机关应予以受理；不符合规定的，税务机关应通知其补正。

税务机关应当自受理之日起 30 日内，审核办理变更税务登记。纳税人税务登记表和税务登记证中的内容都发生变更的，税务机关按变更后的内容重新核发税务登记证件。纳税人税务登记表的内容发生变更而税务登记证中的内容未发生变更的，税务机关不重新核发税务登记证件。

【例 3-21】（判断题）根据城市规划的统一安排，某加油站由原经营地新华大街 33 号搬迁到 38 号，因此，该加油站的财务人员将税务登记证件中的地址 33 号直接改为 38 号。（　　）

【答案与解析】× 根据我国税法的有关规定，纳税人办理设立税务登记后，因登记内容发生变化，需要对原有登记内容进行更改，应向主管税务机关申请办理变更税务登记；而税务登记表的主要内容包括经营地点，因此，该加油站财务人员擅自涂改税务登记证件的做法是错误的，应接受税务机关相应的处理。

重点提示

注意开业登记和变更登记的时间都是自某时间点起 30 日内。

（三）停业、复业登记

从事生产经营的纳税人，经确定实行定期定额征收方式的，其在营业执照核准的经营期限内需要停业的，应当在停业前向税务机关申报办理停业登记。纳税人的停业期限不得超过一年。

纳税人在申报办理停业登记时，应如实填写停业申请登记表，说明停业理由、停业期限、停业前的纳税情况和发票的领、用、存情况，并结清应纳税款、滞纳金、罚款。税务机关应收存其税务登记证件及副本、发票领购簿、未使用完的发票和其他税务证件。

纳税人应当于恢复生产经营之前，向税务机关申报办理复业登记，如实填写《停、复业报告书》，领回并启用税务登记证件、发票领购簿及其停业前领购的发票。

纳税人停业期满不能及时恢复生产经营的，应当在停业期满前向税务机关提出延长停业登记申请，并如实填写《停、复业报告书》。

纳税人在停业期间发生纳税义务的，应当按照税收法律、行政法规的规定申报缴纳税款。

【例 3-22】（判断题）申请停业的纳税人应当于恢复生产经营后向税务机关申请办理复业登记。（　　）

【答案与解析】× 根据我国税法的有关规定，纳税人应当于恢复生产经营之前，向税务机关申报办理复业登记，如实填写《停、复业报告书》，领回并启用税务登记证件、发票领购簿及其停业前领购的发票。

（四）注销登记

注销税务登记指的是纳税人由于法定的原因终止纳税义务时，向原税务机关申请办理的取消税务登记的手续。办理注销税务登记后，该当事人不再接受原税务机关的管理。

1. 注销登记的适用范围及时间要求

（1）适用范围：纳税人因经营期限届满而自动解散，企业由于改组、分立、合并等原因而被撤销，企业资不抵债而破产，纳税人住所、经营地址迁移而涉及改变原主管税务机关的，纳税人被工商行政管理部门吊销营业执照，以及纳税人依法终止履行纳税义务的其他情形。

（2）时间要求：纳税人发生解散、破产、撤销以及其他情形，依法终止纳税义务的，应当在向工商行政管理机关办理注销登记前，持有关证件向原税务登记管理机关申报办理注销税务登记；按照规定不需要在工商管理机关办理注销登记的，应当自有关机关批准或者宣告终止之日起 15 日内，持有关证件向原税务登记管理机关申报办理注销税务登记。

纳税人因住所、生产、经营场所变动而涉及改变主管税务登记机关的，应当在向工商行政管理机关申请办理变更或注销登记前，或者住所、生产、经营场所变动前，向原税务登记机关申报办理注销税务登记，并在30日内向迁达地主管税务登记机关申报办理税务登记。

纳税人被工商行政管理机关吊销营业执照的，应当自营业执照被吊销之日起15日内，向原税务登记机关申报办理注销税务登记。

2. 注销税务登记的程序、方法

（1）纳税人办理注销税务登记时，应向原税务登记机关领取《注销税务登记申请审批表》，如实填写注销登记事项内容及原因。

（2）提供有关证件、资料。纳税人如实填写《注销税务登记申请审批表》，连同以下资料、证件报税务机关：

①注销税务登记申请书；

②主管部门批文或董事会、职代会的决议及其他有关证明文件；

③营业执照被吊销的应提交工商机关发放的注销决定；

④主管税务机关原发放的税务登记证件（税务登记证正、副本及登记表等）；

⑤其他有关资料。

（3）注销税务登记申请审批表的内容。由纳税人填写的项目主要包括纳税人名称（含分支机构名称）、注销原因、批准机关名称、批准文号及日期。

由税务机关填写的项目主要包括纳税人实际经营期限、纳税人已享受税收优惠、发票缴销情况、税款清缴情况、税务登记证件收回情况。

（4）受理。税务机关受理纳税人填写完毕的表格，审阅其填报内容是否符合要求，所附资料是否齐全后，督促纳税人做好以下事宜：

①纳税人持《注销税务登记申请审批表》、未经税务机关查验的发票和《发票领购簿》到发票管理环节申请办理发票缴销；发票管理环节按规定清票后，在《注销税务登记申请审批表》上签署发票缴销情况，同时将审批表返还纳税人。

②纳税人向征收环节清缴税款。征收环节在纳税人缴纳税款后，在《注销税务登记申请审批表》上签署意见，同时将审批表返还纳税人，

（5）核实。纳税人持由上述两个环节签署意见后的审批表交登记管理环节；登记管理环节审核确认后，制发《税务文书领取通知书》给纳税人，同时填制《税务文书传递单》，并附《注销税务登记申请审批表》送稽查环节。

若稽查环节确定需对申请注销的纳税人进行实地稽查的，应在《税务文书传递单》上注明批复期限内稽查完毕，在《注销税务登记申请审批表》上签署税款清算情况，及时将《税务文书传递单》和《注销税务登记申请审批表》返还税务登记环节，登记部门在纳税人结清税款（包括滞纳金、罚款）后据以办理注销税务登记手续。

纳税人因生产、经营场所发生变化需改变主管税务登记机关的，在办理注销税务登记时，原税务登记机关在对其注销税务登记的同时，应向迁达地税务登记机关递交《纳税人迁移通知书》，并附有《纳税人档案资料移交清单》由迁达地税务登记机关重新办理税务登记。如遇纳税人已经或正在享受税收优惠待遇的，迁出地税务登记机关应当在《纳税人迁移通知书》上注明。

重点提示

纳税人的停业期限不得超过一年。注销登记一般自某时间点起15日之内办理，而纳税人因住所、生产、经营场所变动而涉及改变主管税务登记机关的，应当在向工商行政管理机关申请办理变更或注销登记前，或者住所、生产、经营场所变动前，向原税务登记机关申报办理注销税务登记，并在30日内向迁达地主管税务登记机关申报办理税务登记。

（五）外出经营报验登记

（1）纳税人到外县（市）临时从事生产经营活动的，应当在外出生产经营以前，持税务登记证向主管税务机关申请开具《外出经营活动税收管理证明》（以下简称《外管证》）。

（2）税务机关按照一地一证的原则，核发《外管证》，《外管证》的有效期限一般为30日，最长不得超过180天。

（3）纳税人应当在《外管证》注明地进行生产经营前向当地税务机关报验登记，并提交以下证件、资料：

①税务登记证件副本；

②《外管证》。

纳税人在《外管证》注明地销售货物的，除提交以上证件、资料外，应如实填写《外出经营货物报验单》，申报查验货物。

（4）纳税人外出经营活动结束，应当向经营地税务机关填报《外出经营活动情况申报表》，并结清税款、缴销发票。

（5）纳税人应当在《外管证》有效期届满后10日内，持《外管证》回原税务登记地税务机关办理《外管证》缴销手续。

重点提示

税务机关按照一地一证的原则，核发《外管证》，《外管证》的有效期限一般为30日，最长不得超过180天。纳税人应当在《外管证》有效期届满后10日内，持《外管证》回原税务登记地税务机关办理《外管证》缴销手续。

（六）纳税人税种登记

1. 税种登记的范围

税种登记的范围包括：对已登记的各类企业、事业单位和建账的个体户并申报征收的纳税户。

2. 登记申报所需的资料

登记申报所需的资料：纳税人申报的税种登记表和纳税户基本情况表。

3. 登记的流程

（1）根据纳税人申报的税种登记表和纳税户基本情况表的内容，按其经营范围、经营方式、房产原值、土地占用面积、车辆数量、核算形式、扣缴义务范围等所涉及的内容，在计算机中登记其应纳税种、税目、计税依据、申报纳税期限等。

（2）根据纳税人报送的银行基本存款账号和其他存款账号报告，报送会计制度、会计处理办法、会计核算软件等信息，在计算机程序中录入企业的基本存款账号和其他存款账号，采用软盘或者数码相机，或者扫描导入财务会计制度、会计处理办法、会计核算软件等信息。

（3）纳税人税务登记或基本情况、账号、会计制度、办法、软件内容变更后，纳税人重新申报税种登记表，报送有关账号、制度、办法、软件等信息，税务机关及时在程序中修改。

（4）对纳税人提供的各项资料扫描或者用数码相机导入计算机程序。

（七）扣缴义务人扣缴税款登记

1. 登记范围

已办理税务登记的扣缴义务人应当在扣缴义务发生后向税务登记地税务机关申报办理扣缴税款登记。税务机关在其税务登记证件上登记扣缴税款事项，税务机关不再发给扣缴税款登记证件。根据税收法律、行政法规的规定可不办理税务登记的扣缴义务人，应当在扣缴义务发生后向机构所在地税务机关申报办理扣缴税款登记，税务机关核发扣缴税款登记证件。

2. 登记申报所需的资料

纳税人应提供《扣缴义务人登记表》《税务登记证》（副本）原件（已办理税务登记的）、组织机构代码证书（未办理税务登记的）、受托加工应税消费品的相关协议、合同原件及复印件（发生本项代扣代缴义务的）。

3. 纳税人办理业务的时限要求

已办理税务登记的扣缴义务人应当自扣缴义务发生之日起 30 日内，向税务登记地税务机关申报办理扣缴税款登记。

根据税收法律、行政法规的规定可不办理税务登记的扣缴义务人，应当自扣缴义务发生之日起 30 日内，向机构所在地税务机关申报办理扣缴税款登记。

二、发票开具与管理

发票指的是在购销商品、提供或者接受服务以及从事其他经营活动中，开具、收取的收付款的书面证明。它是确定经营收支行为发生的法定凭证，是会计核算的原始依据，也是税务稽查的重要依据。

（一）发票的种类

发票种类的划分，由省级以上税务机关确定。在全国范围内统一式样的发票，由国家税务总局确定，如增值税专用发票。在省、自治区、直辖市范围内统一式样的发票，由省级税务机关确定。

发票的基本联次为三联，第一联为存根联，开票方留存备查；第二联为发票联，收执方作为付款或收款原始凭证；第三联为记账联，开票方作为记账原始凭证。普通发票一般有三联，分别是存根联、发票联、记账联，而增值税专用发票一般有发票联、记账联和税款抵扣联，收执方将抵扣联作为抵扣税款的凭证，而从 2004 年起新印制的增值税专用发票取消了存根联。除增值税专用发票外，县（市）以上税务机关根据需要可适当增减联次并确定其用途。

1. 增值税专用发票

增值税专用发票指的是专门用于结算销售货物和提供加工、修理修配劳务使用的一种发票。增值税专用发票只限于增值税一般纳税人领购使用，增值税小规模纳税人不得领购使用。一般纳税人如有法定情形的，不得领购使用增值税专用发票。

2. 普通发票

增值税一般纳税人在不能开具专用发票的情况下也可使用普通发票。普通发票由行业发票和专用发票组成。前者适用于某个行业的经营业务，如商业零售统一发票、商业批发统一发票、工业企业产品销售统一发票等；后者仅适用于某一经营项目，如广告费用结算发票、商品房销售发票等。

3. 专业发票

专业发票指的是国有金融、保险企业的存贷、汇兑、转账凭证、保险凭证；国有邮政、电信企业的邮票、邮单、话务、电报收据；国有铁路、国有航空企业和交通部门、国有公路、水上运输企业的客票、货票等。

【例 3-23】（多选题）下列属于普通发票的有（　　）。

A. 增值税专用发票　　B. 商业零售统一发票

C. 商品房销售发票　　D. 邮票

【答案与解析】 BC　普通发票由行业发票和专用发票组成。前者如商业零售统一发票、商业批发统一发票、工业企业产品销售统一发票等；后者如广告费用结算发票、商品房销售发票等。邮票不属于发票的范围。

（二）发票的开具要求

（1）单位和个人应在发生经营业务、确认营业收入时，才能开具发票。

（2）单位和个人开具发票时应按号码顺序填开，填写项目齐全、内容真实、字迹清楚、全部联次一次性复写或打印，内容完全一致，并在发票联和抵扣联加盖单位财务印章或者发票专用章。

（3）填写发票应当使用中文。民族自治地区可以同时使用当地通用的一种民族文字；外商投资企业和外资企业可以同时使用一种外国文字。

（4）使用电子计算机开具发票必须报主管税务机关批准，并使用税务机关统一监制的机打发票。

（5）开具发票时限、地点应符合规定。

（6）任何单位和个人不得转借、转让、代开发票；未经税务机关批准，不得拆本使用发票；不得自行扩大专业发票适用范围。

开具发票的单位和个人应当建立发票使用登记制度，设置发票登记簿，并定期向主管税务机关报告发票使用情况。开具发票的单位和个人应当按照税务机关的规定妥善存放和保管发票，不得丢失。已开具的发票存根联和发票登记簿应当保存五年，保存期满，报经税务机关查验后销毁。发票丢失，应于丢失当日书面报告主管税务机关，并在报刊和电视等传播媒介上公告声明作废。

重点提示

发票可分为增值税专用发票、普通发票和专业发票三类，已开具的发票存根联和发票登记簿应当保存五年。

三、纳税申报

纳税申报指的是纳税人、扣缴义务人按照法律、行政法规的规定，在申报期限内就纳税事项向税务机关书面申报的一种法定手续。纳税申报是纳税人履行纳税义务、界定法律责任的主要依据。

纳税人必须依照法律、行政法规规定或者税务机关依照法律、行政法规的规定确定的申报期限、申报内容如实办理纳税申报，报送纳税申报表、财务会计报表以及税务机关根据实际需要要求纳税人报送的其他纳税资料。

扣缴义务人必须依照法律、行政法规规定或者税务机关依照法律、行政法规的规定确定的申报期限、申报内容如实报送代扣代缴、代收代缴税款报告表以及税务机关根据实际需要要求扣缴义务人报送的其他有关资料。

（一）直接申报

直接申报指的是纳税人、扣缴义务人按照规定的期限自行直接到主管税务机关（报税大厅）办理纳税申报手续。这是目前最主要的纳税申报方式。

（二）邮寄申报

邮寄申报指的是经税务机关批准的纳税人使用统一规定的纳税申报特快专递专用信封，通过邮政部门办理交寄手续，并向邮政部门索取收据作为申报凭据的方式。

纳税人采取邮寄方式办理纳税申报的，应当使用统一的纳税申报专用信封，并以邮政部门收据作为申报凭据。邮寄申报以寄出的邮戳日期为实际申报日期。

（三）数据电文申报

数据电文指的是经税务机关确定的电话语音、电子数据交换和网络传输等电子方式。例如目前纳税人的网上申报，就是数据电文申报方式的一种形式。

纳税人采取电子方式办理纳税申报的，应当按照税务机关规定的期限和要求保存有关资料，并定期书面报送主管税务机关。纳税人、扣缴义务人采取数据电文方式办理纳税申报的，其申报日期以税务机关计算机网络系统收到该数据电文的时间为准。

（四）简易申报

这里的简易申报，就是由实行定期定额征收方式的个体工商户（或个人独资企业）在税务机关规定的期限内按照法律、行政法规规定缴清应纳税款，当期（纳税期）可以不办理申报手续。在定额执行期结束后，再将每月实际发生的经营额、所得额一并向税务机关申报。这种方法既节省了时间、降低了纳税成本，也符合及时、足额征收税款的原则。

【例 3-24】（多选题）纳税人在进行纳税申报时，可以采用（　　）。

A. 自行申报　B. 邮寄申报　C. 数据电文申报　D. 口头申报

【答案与解析】ABC　纳税申报的方式主要包括：自行申报、邮寄申报、数据电文申报和简易申报等。

（五）其他方式

《税收征管法》及《实施细则》规定，实行定期定额缴纳税款的纳税人可以采用简并征期的申报纳税方式。

这里的简并征期是将实行定期定额征收方式的个体工商户（或个人独资企业）若干纳税期的应纳税额集中在一个纳税期限内缴纳。简并征期最大限度地简化了税款征收程序。适用于实行定期定额征收方式的个体工商户（或个人独资企业）经营地点偏远、缴纳税款数额较小，或者税务机关征收税款有困难的情况。简并征期相当于延长了纳税期限，本身并不是一种纳税申报方式。

除上述方式以外，纳税人、扣缴义务人还可以委托注册税务师等有税务代理资质的中介机构或者他人代理申报纳税。

重点提示

纳税申报方式包括：直接申报、邮寄申报、数据电文申报、简易申报和简并征期。其中简易申报是由实行定期定额征收方式的个体工商户（或个人独资企业）在税务机关规定的期限内缴清应纳税款，当期（纳税期）可以不办理申报手续。在定额执行期结束后，再将每月实际发生的经营额、所得额一并向税务机关申报。而简并征期是将实行定期定额征收方式的个体工商户（或个人独资企业）若干纳税期的应纳税额集中在一个纳税期限内缴纳，适用于实行定期定额征收方式的个体工商户（或个人独资企业）经营地点偏远、缴纳税款数额较小，或者税务机关征收税款有困难的情况，本身并不是一种纳税申报方式。

四、税款征收

税款征收是税务机关依照税收法律、法规的规定将纳税人应当缴纳的税款组织入库的一系列活动的总称。它是税收征收管理工作的中心环节，在整个税收征收管理工作中占有极其重要的地位。

（一）查账征收

查账征收指的是税务机关对财务健全的纳税人，依据其报送的纳税申报表、财务会计报表和其他有关纳税资料，计算应纳税款，填写缴款书或完税证，由纳税人到银行划解税款的征收方式。这种税款征收方式较为规范，适合于经营规模较大、财务制度健全、能够如实核算和提供生产经营状况、正确计算应纳税款的纳税人。税务机关的努力方向就是要扩大查账征收纳税人的范围。

（二）查定征收

查定征收指的是对账务资料不全，但能控制其材料、产量或进销货物的纳税单位或个人，由税务机关依据正常条件下的生产能力对其生产的应税产品查定产量、销售额，然后依照税法规定的税率征收的一种税款征收方式。这种征收方式适用于生产经营规模较小、产品零星、税源分散、会计账册不健全的小型厂矿和作坊。

（三）查验征收

查验征收指的是税务机关对纳税人的应税商品、产品，通过查验数量，按市场一般销售单价计算其销售收入，并据以计算应纳税款的一种征收方式。这种征收方式适用于纳税人财务制度不健全，生产经营不固定，零星分散、流动性大的税源。

（四） 核定征收

核定征收是税务机关对不能完整、准确提供纳税资料的纳税人采用特定方式确定其应纳税收入或应纳税额，纳税人据以缴纳税款的一种方式。

（五）定期定额征收

定期定额征收指的是对小型个体工商户在一定经营地点、一定经营时期、一定经营范围内的应纳税经营额（包括经营数量）或所得额（简称定额）进行核定，并以此为计税依据，确定其应纳税额的一种征收方式。这种征收方式适用于经主管税务机关认定和县以上税务机关（含县级）批准的生产、经营规模小，达不到《个体工商户建账管理暂行办法》规定的设置账簿标准，难以查账征收，不能准确计算计税依据的个体工商户（包括个人独资企业，简称定期定额户）。

（六）代扣代缴

代扣代缴指的是按照税法规定，负有扣缴税款的单位和个人，负责对纳税人应纳的税款进行代扣代缴的一种方式。即由支付人在向纳税人支付款项时，从所支付的款项中直接扣收税款的方式。其目的是对零星分散、不易控制的税源实行源泉控制。

（七）代收代缴

代收代缴指的是按照税法规定，负有收缴税款的法定义务人，负责对纳税人应纳的税款进行代收代缴。即由与纳税人有经济业务往来的单位和个人在向纳税人收取款项时依法收取税款。这种方式一般指的是税收网络覆盖不到或者很难控管的领域，如消费税中的委托加工由受托方代收加工产品的税款。

重点提示

代扣代缴和代收代缴的区别：代扣代缴义务人直接持有纳税人的收入从中直接扣除纳税人的应纳税款；代收代缴义务人在与纳税人的经济往来中收取纳税人的应纳税款并代为缴纳。

（八）委托征收

委托征收指的是受托单位按照税务机关核发的代征证书的要求，以税务机关的名义向纳税人征收一些零散税款的一种税款征收方式。这种方式的适当使用有利于控制税源，方便征纳双方，降低征收成本。

（九）其他方式

除上述之外，还有自核自缴等方式。自核自缴也称“三自纳税”，指的是纳税人按照税务机关的要求，在规定的缴款期限内，根据其财务会计情况，依照税法规定，自行计算税款，自行填写纳税缴款书，自行向开户银行缴纳税款，税务机关对纳税单位进行定期或不定期检查的一种税款征收方式。

重点提示

税款征收方式包括：查账征收（适合于经营规模较大、财务制度健全、能够如实核算和提供生产经营状况、正确计算应纳税款的纳税人）、查定征收（适用于生产经营规模较小、产品零星、税源分散、会计账册不健全的小型厂矿和作坊）、查验征收（适用于纳税人财务制度不健全，生产经营不固定，零星分散、流动性大的税源）、定期定额征收（适用于经主管税务机关认定和县以上税务机关（含县级）批准的生产、经营规模小，达不到《个体工商户建账管理暂行办法》规定的设置账簿标准，难以查账征收，不能准确计算计税依据的个体工商户）、代扣代缴（代扣代缴义务人直接持有纳税人的收入从中直接扣除纳税人的应纳税款）、代收代缴（代收代缴义务人在与纳税人的经济往来中收取纳税人的应纳税款并代为缴纳）、委托征收（有利于控制税源，方便征纳双方，降低征收成本）和自核自缴，明确各自的定义和适用范围。

五、税务代理

（一）税务代理的概念

税务代理指的是税务代理人在规定的代理范围内，受纳税人、扣缴义务人的委托，代为办理纳税事宜的民事代理行为。税务代理是以税收业务知识开展社会化服务的行业，属于社会中介服务性业务。

税务代理人指的是具有丰富的税收实务工作经验，较高的税收、会计专业理论知识以及法律基础知识，经国家税务总局及其省、自治区、直辖市国家税务局批准，从事税务代理的专门人员及其工作机构。税务代理属于有偿服务，县以上国税局、地税局负责对税务代理人进行监督、指导。

（二）税务代理的特点

1. 中介性

税务代理是一种社会中介服务，税务代理人介于纳税人、扣缴义务人和税务机关之间。税务代理机构与国家行政机关、纳税人或扣缴义务人等没有行政隶属关系，既不受税务行政部门的干预，又不受纳税人、扣缴义务人所左右，独立代办税务事宜。从西方发达国家的经验看，税务师事务所是税企之间的桥梁，也是和谐征纳关系的润滑剂和调解员。借助注册税务师的力量，发挥税务中介机构的作用，明确征纳职责，促进征纳和谐，全面提高税收征管质量，已成为发达国家的惯用做法。

2. 法定性

法律、法规是任何活动都要遵守的行为准则，开展税务代理首先必须维护国家税收法律、法规的尊严，在税务代理的过程中应严格按照法律、法规的有关规定全面履行职责，不能超越代理范围和代理权限。只有这样才能既保证国家的税收利益，维护税收法律、法规的严肃性，又保护纳税人的合法权益，同时使其代理成果被税务机关所认可。因此，依法代理是税务代理业生存和发展的基本前提。

3. 自愿性

税务代理的选择一般有单向选择和双向选择，无论哪种选择都是建立在双方自愿的基础上的。也就是说，税务代理人实施税务代理行为，应当以纳税人、扣缴义务人自愿委托和自愿选择为前提。

4. 公正性

税法规定了征收机关与纳税人的权利与义务，而税务代理人作为税收征收机关与纳税人的中介，与征纳双方没有任何利益冲突。税务代理人站在客观、公正的立场上，以税法为准绳，以服务为宗旨，既为维护纳税人的合法权益服务，又为维护国家税法的尊严服务。因此，公正性是税务代理的固有特性，离开公正性，税务代理就无法存在。

重点提示

税务代理的特点：中介性、法定性、自愿性和公正性。

（三）税务代理的法定业务范围

税务代理的范围指的是按照国家有关法律的规定，允许税务代理人从事的业务内容。尽管世界各国所规定的业务不尽相同，但其基本原则是大致一样的，即税务代理的业务范围主要是纳税人、扣缴义务人所委托的各项涉税事宜。

《税务代理业务规程》规定，代理人可以接受纳税人、扣缴义务人的委托，从事以下范围内的业务代理：

（1）办理税务登记、变更税务登记和注销税务登记手续。

（2）办理除增值税专用发票外的发票领购手续。

（3）办理纳税申报或扣缴税款报告。

（4）办理缴纳税款和申请退税手续。

（5）制作涉税文书。

（6）审查纳税情况。

（7）建账建制，办理账务。

（8）税务咨询、受聘税务顾问。

（9）税务行政复议手续。

（10）国家税务总局规定的其他业务。

纳税人、扣缴义务人可以根据需要委托税务代理人进行全面代理、单项代理或临时代理、常年代理。但是，税务代理人不能代理应由税务机关行使的行政职权，税务机关按照法律、行政法规规定委托其代理的除外。

六、税务检查

税务检查是指税务机关依照税收法律、行政法规的规定对纳税人、扣缴义务人履行纳税义务和扣缴义务的情况所进行的检查和处理工作的总称。是税收征管的重要环节，是对税收日常征管工作的补充。

（一）税收保全措施

1. 税收保全措施适用情形

税务机关有根据认为从事生产、经营的纳税人有逃避纳税义务行为的，可以在规定的纳税期之前，责令限期缴纳应纳税款；在限期内发现纳税人有明显的转移、隐匿其应纳税的商品、货物以及其他财产或者应纳税收入迹象的，税务机关可以责成纳税人提供纳税担保；如果纳税人不能提供纳税担保，经县以上税务局局长批准可以采取税收保全措施。

2. 税收保全的措施

（1）书面通知纳税人开户银行或者其他金融机构冻结纳税人的金额相当于应纳税款的存款。

（2）扣押、查封纳税人的价值相当于应纳税款的商品、货物或者其他财产。“其他财产”是指纳税人的房地产、现金、有价证券等不动产和动产。

3. 税收保全的解除

纳税人在税务机关采取税收保全措施后，按照税务机关规定的期限缴纳税款的，税务机关应当自收到税款或者银行转回的完税凭证之日起 1 日内解除税收保全。

4. 不适用税收保全的财产

个人及其所抚养家属维持生活必需品的住房和用品，不在税收保全措施的范围之内。

（二）税收强制执行

1. 税收强制执行的适用情形

从事生产、经营的纳税人未按照规定的期限缴纳或者解缴税款，纳税担保人未按照规定的期限缴纳所担保的税款，由税务机关责令限期缴纳，逾期仍未缴纳的，经县以上税务局（分局）局长批准，税务机关可以采取强制措施。

2. 税收强制执行措施的形式

（1）书面通知其开户银行或者其他金融机构从其存款中扣缴税款。

（2）依法拍卖或者变卖其价值相当于应纳税款的商品、货物或者其他财产，以拍卖或者变卖所得抵缴税款。

税务机关采取强制执行措施时，对纳税人、扣缴义务人、纳税担保人未缴纳的滞纳金同时强制执行。个人及其所扶养家属维持生活必需的住房和用品，不在强制执行措施的范围之内。

（三）税款的退还与追征

1. 税款的退还

纳税人多缴纳的税款，税务机关发现后应当立即退还；纳税人自结算缴纳税款之日起三年内发现的，可以向税务机关要求退还多缴的税款并加算银行同期存款利息，税务机关及时查实后应当立即退还。纳税人在结清缴纳税款之日起三年后向税务机关提出退还多缴税款要求的，税务机关不予受理。

2. 税款的追征

（1）因税务机关的责任，致使纳税人、扣缴义务人未缴或者少缴税款的，税务机关在三年内可以要求纳税人、扣缴义务人补缴税款，但是不得加收滞纳金。

（2）因纳税人、扣缴义务人计算错误等失误，未缴或者少缴税款的，税务机关在三年内可以追征税款，并加收滞纳金；有特殊情况的（即数额在十万元以上的），追征期可以延长到五年。

（3）对因纳税人、扣缴义务人和其他当事人偷税、抗税、骗税等原因而造成未缴或者少缴的税款，或骗取的退税款，税务机关可以无限期追征。

七、税收法律责任

税收法律责任是税收法律关系主体违反税收法律制度的行为所引起的不利法律后果。税收法律责任的确认必须依照税法规定来进行，追究税收法律责任应以税收违法行为的存在为基本前提，必须按照法定的程序进行。

（一）税收违法的行政处罚

税收违法的行政处罚形式主要有责令限期改正、罚款、没收财产、收缴未用发票和暂停发票和停止出口退税权等。

（二）税收违法的刑事处罚

税收违法的刑事处罚形式主要有拘役、判处徒刑、罚金和没收财产等。

八、税务行政复议

税务行政复议是指当事人（纳税人、扣缴义务人、纳税担保人等）不服税务机关及其工作人员做出的具体行政行为，依法向上一级税务机关（复议机关）提出申请，复议机关经审理对原税务机关具体行政行为依法做出维持、变更、撤销等决定的活动。

（一）复议范围

（1）征税行为。

（2）行政许可、行政审批行为。

（3）发票管理行为，包括发售、收缴、代开发票等。

（4）税收保全措施、强制执行措施。

（5）行政处罚行为：罚款；没收财物和违法所得；停止出口退税权。

（6）不依法履行下列职责的行为：颁发税务登记；开具、出具完税凭证、外出经营活动税收管理证明；行政赔偿；行政奖励；其他不依法履行职责的行为。

（7）资格认定行为。

（8）不依法确认纳税担保行为。

（9）政府信息公开工作中的具体行政行为。

（10）纳税信用等级评定行为。

（11）通知出入境管理机关阻止出境行为。

（12）其他具体行政行为。

申请人对上述第（1）项规定的行为不服的，应当先向复议机关申请行政复议，对复议决定不服的，可以再向人民法院提起行政诉讼。

申请人对上述第（1）项规定以外的其他具体行为不服的，可以申请行政复议，也可以直接向人民法院提起行政诉讼。

（二）复议管辖

对省级以下各级地方税务局做出的税务具体行政行为不服的，向上一级机关申请复议；对省级地方税务局做出的具体行政行为不服的，向国家税务总局或省级人民政府申请复议。

（三）行政复议决定

1. 行政复议的决定做出

行政复议机关应当自受理申请之日起60日内作出行政复议决定。

2. 行政复议决定的种类

（1）具体行政行为认定事实清楚，证据确凿，适用依据正确，程序合法，内容适当的，决定维持。

（2）被申请人不履行法定职责的，决定其在一定期限内履行。

（3）具体行政行为有下列情形之一的，复议机关应决定撤销、变更或者确认该具体行政行为违法：主要事实不清、证据不足的；适用依据错误的；违反法定程序的；超越职权或者滥用职权的；具体行政行为明显不当的。

（4）申请人在申请行政复议时可以一并提出行政赔偿请求，复议机关对符合国家赔偿法的规定应当赔偿的，在决定撤销、变更具体行政行为或者确认具体行政行为违法时，应当同时决定被申请人依法给予赔偿。

3. 行政复议决定的效力

行政复议决定书一经送达，即发生法律效力。

同步自测

一、单项选择题

1. 因纳税人计算错误等失误，未缴或少缴税款的，税务机关在三年内可以追征税款、滞纳金；有特殊情况的，追征期可以延长到（　　）年。

A. 1　　B. 2　　C. 3　　D. 5

2. 纳税人偷税的，由税务机关追缴其不缴或者少缴的税款、滞纳金，并处不缴或者少缴税款（　　）的罚款。

A. 50% 以上　　B. 50% 以上 5 倍以下

C. 1 倍以上 5 倍以下　　D. 5 倍以下

3. 纳税人、扣缴义务人阻挠税务机关检查的，由税务机关责令改正，可以处 10 000 元以下的罚款；情节严重的，处（　　）的罚款。

A. 10 000 元以上 20 000 元以下　　B. 10 000 元以上 30 000 元以下

C. 10 000 元以上 50 000 元以下　　D. 10 000 元以上 100 000 元以下

4.《税收征收管理法》规定，税务机关可以采取的税收保全措施适用于（　　）。

A. 从事生产经营的纳税人　　B. 扣缴义务人

C. 纳税担保人　　D. 纳税人

5. 下列属于价外税的是（　　）。

A. 个人所得税　　B. 消费税

C. 城市维护建设税　　D. 增值税

6. 下列属于一般纳税人应当开具增值税专用发票的情形是（　　）。

A. 向消费者销售应税项目　　B. 加工货物

C. 销售增值税免税项目　　D. 销售专利权

7. 税务机关行使代位权适用于欠缴税款的纳税人（　　）的情形。

A. 放弃到期债权　　B. 无偿转让财产

C. 怠于行使到期债权　　D. 以明显不合理的低价转让财产

8. 已开具的发票存根联和发票登记簿，应该保存（　　）。

A. 3 年　　B. 5 年　　C. 10 年　　D. 永久

9. 发票的管理机关是（　　）。

A. 工商机关　　B. 审计机关　　C. 税务机关　　D. 金融机关

10. 纳税人因有特殊困难，不得按期缴纳税款的，经县级以上税务机关核准，可延期申报，但最长不得超过（　　）。

A. 1 个月　　B. 2 个月　　C. 3 个月　　D. 4 个月

11. 纳税人通过税务机关确定的电话语音、电子数据和网络传输方式办理申报纳税，该种申报方式被称为（　　）方式。

A. 直接申报　　B. 邮寄申报　　C. 数据电文　　D. 其他申报

二、多项选择

1. 下列属于税务登记的有（　　）。

A. 开业登记　　B. 变更登记　　C. 注销登记　　D. 停业、复业登记

2. 增值税属于（　　）。

A. 价外税　　B. 价内税　　C. 共享税　　D. 地方税

3. 企业应当办理税务登记的情形一般包括（　　）。

A. 开业　　B. 增加银行账号　　C. 停业　　D. 复业

4. 纳税人必须持有税务登记证，才能办理的事项包括（　　）。

A. 工商登记　　B. 开立银行账户

C. 领购发票　　D. 申请减税

5. 下列属于纳税人权利的有（　　）。

A. 要求回避权　　B. 陈述权

C. 控告检举权　　D. 保密权

6. 下列税收中，属于财产税的有（　　）。

A. 车船税　　B. 房产税　　C. 消费税　　D. 增值税

7. 下列属于税务机关应当核定纳税人应纳税额的情形有（　　）。

A. 依法可以不设账簿的

B. 申报的计税依据明显偏低，又无正当理由的

C. 擅自销毁账簿的

D. 依法应当设置但未设置账簿的

8. 现行所得税税种有（　　）。

A. 个人所得税　　B. 外商投资企业和外国企业所得税

C. 企业所得税　　D. 农业税

9. 税收的主要作用包括（　　）。

A. 税收是国家组织财政收入的主要形式和工具

B. 税收是国家调控经济的重要杠杆之一

C. 税收具有维护国家政权的作用

D. 税收是国际经济交往中维护国家利益的可靠保证

10. 下列各项中，属于税法构成要素的包括（　　）。

A. 纳税人　　B. 税目　　C. 税率　　D. 法律责任

三、判断题

1. 一个注册税务师可以在多个税务代理机构兼职。（　　）
2. 工商税类主要包括增值税、消费税、资源税、企业所得税、个人所得税等税种。（　　）
3. 国务院制定的税法为税收行政法规，财政部、税务总局制定的税法为税收部门规章。（　　）
4. 全国人大及其常委会授权国务院制定的税收暂行条例属于税收法律，全国人大授权地方人大制定的税法为税收部门规章。（　　）
5. 当货物为应税消费品时，对其征收增值税的同时也应对其征收消费税。（　　）

答案与解析

一、单项选择题

1. D　因纳税人、扣缴义务人计算错误等失误，未缴或者少缴税款的，税务机关在三年内可以追征税款、滞纳金；有特殊情况的，追征期可以延长到五年。

2. B　扣缴义务人采取前款所列手段，不缴或者少缴已扣、已收税款，由税务机关追缴其不缴或者少缴的税款、滞纳金，并处不缴或者少缴的税款百分之五十以上五倍以下的罚款；构成犯罪的，依法追究刑事责任。

3. C　根据条款规定，C 选项正确。

4. A　税收保全措施仅适用于从事生产、经营的纳税人，不适用于扣缴义务人和纳税担保人，也不适用于非从事生产经营的纳税人。

5. D　ABC 都属于价内税，D 选项属于价外税。

6. B　增值税是对销售货物或者提供加工、修理修配劳务以及进口货物的单位和个人就其实现的增值额征收的一个税种。根据增值税的计税对象可知，B 选项正确。

7. C　欠缴税款的纳税人怠于行使到期债权，对国家税收造成损失的，税务机关可以行使代位权。

8. B　已开具的发票存根联和发票登记簿，应当保存五年。保存期满，报经税务机关查验后销毁。

9. C　税务发票的管理机关是税收机关。

10. C　纳税人因有特殊困难，不能按期缴纳税款的，经省、自治区、直辖市国家税务局、地方税务局批准，可以延期缴纳税款，但是最长不得超过 3 个月。

11. C　目前，纳税申报的形式主要有直接申报、邮寄申报、数据电文三种方式。数据电文是指经税务机关确定的电话语音、电子数据交换和网络传输等电子方式。故 C 选项正确。

二、多项选择题

1. ABCD　税务登记包括：①开业登记；②变更登记；③停业、复业登记；④注销登记；⑤外出经营报验登记；⑥纳税人税种登记；⑦扣缴义务人扣缴税款登记。

2. AC　按照税收征收权限和收入支配权限分类，可分为中央税、地方税和中央地方共享税。中央与地方共享税是指税收的管理权和使用权属中央政府和地方政府共同拥有的一类税。如我国现行的增值税、印花税、资源税等。增值税销项税额 =

销售额 × 税率。销售额是指纳税人销售货物，向购买方收取的全部价款和价外费用，但不包括向购买方收取的销项税额，这表明增值税是一种价外税。

3. AB　CD 选项不属于税务登记事项，但是属于税务办理业务。

4. BCD　持有工商登记证才能办理税务登记。

5. ABCD　本题考察考生对纳税人权利的了解，选项内容均为纳税人权利，全选。

6. AB　财产税主要是对某些财产和行为发挥调节作用，主要包括房产税、车船税、契税。

7. ABCD　《税收征管法》第三十五条规定，纳税人有下列情形之一的，税务机关有权核定其应纳税额：

①依照法律、行政法规的规定可以不设置账簿的；

②依照法律、行政法规的规定应当设置但未设置账簿的；

③擅自销毁账簿或者拒不提供纳税资料的；

④虽设置账簿，但账目混乱或者成本资料、收入凭证、费用凭证残缺不全，难以查账的；

⑤发生纳税义务，未按照规定的期限办理纳税申报，经税务机关责令限期申报，逾期仍不申报的；

⑥纳税人申报的计税依据明显偏低，又无正当理由的。

8. AC　我国现行所得税分为两类：个人所得税和企业所得税。故 AC 选项正确。

9. ABCD　税收的作用是税收职能在一定经济条件下的外在表现。在不同的历史阶段，税收职能发挥着不同的作用。在现阶段，税收的作用主要表现在以下几个方面：①税收是国家组织财政收入的主要形式和工具；②税收是国家调控经济的重要杠杆之一；③税收具有维护国家政权的作用；④税收是国际经济交往中维护国家利益的可靠保证。

10. ABC　税法的构成要素有：征税人、纳税义务人、征税对象、税目、税率。

三、判断题

1. ×　执业税务师不得在两个以上代理机构同时兼职。

2. √　略。

3. √　税收行政法规是指国务院制定的有关税收方面的行政法规和规范性文件。税收规章和税收规范性文件是指国务院财税主管部门，主要是财政部、国家税务总局、海关总署和国务院关税税则委员会根据法律和国务院行政法规或者规范性文件的要求，在本部门权限范围内发布的有关税收事项的规章和规范性文件，包括命令、通知、公告、通告、批复、意见、函等文件形式。

4. ×　税收法律是指全国人民代表大会及其常务委员会制定的法律。税收规章和税收规范性文件是指国务院财税主管部门，主要是财政部、国家税务总局、海关总署和国务院关税税则委员会根据法律和国务院行政法规或者规范性文件的要求，在本部门权限范围内发布的有关税收事项的规章和规范性文件，包括命令、通知、公告、通告、批复、意见、函等文件形式。

5. √ 当货物为应税消费品时，对其征收增值税的同时也应对其征收消费税。

第四章 财政法律制度

大纲纵览

- 了解预算法律制度的构成
- 了解国库集中支付制度的概念
- 了解政府采购法律制度的构成和原则
- 掌握国家预算的级次划分和构成、预算管理的职权、预算组织的程序以及预决算的监督
- 掌握政府采购的执行模式和方式
- 掌握国库单一账户体系的构成及财政收支的方式

第一节 预算法律制度

一、预算法律制度的构成

预算是经法定程序审核批准的国家年度集中性财政收支计划。它规定国家财政收入的来源和数量、财政支出的各项用途和数量，反映着整个国家政策、政府活动的范围和方向。预算法律制度是指国家经过法定程序制定的，用以调整国家预算关系的法律、行政法规和相关规章制度。我国预算法律制度由《预算法》《预算法实施条例》以及有关国家预算管理的其他法规制度构成。

二、国家预算概述

（一）国家预算的概念

国家预算也可以称为政府预算或公共预算，是指经法定程序审核批准的具有法律效力的政府年度财政收支计划，是国家有计划地筹集、分配和管理财政资金的重要工具，也是国家宏观调控的重要经济杠杆。

从形式上看，国家预算是按照一定标准将财政收入和财政支出分门别类地列入特定的表格，使人们清楚地了解政府的财政活动，其功能首先是反映政府的财政收支状况。但从实际内容来看，国家预算的编制是政府对财政收支的计划安排，预算的执行是财政收支的筹措和使用过程，国家决算则是国家预算执行的总结。因此，国家预算是实现财政职能的基本手段，反映国家的施政方针和社会经济政策，规定政府活动的范围和方向。

（二）国家预算的作用

国家预算的作用是国家预算职能在经济生活中的具体体现，它主要包括以下三个方面:

（1）财力保证作用。通过预算的编制，事先进行预测，能够掌握一定期间内筹集到的收入，并根据财力的多少和支出的需要确定支出，也就是常说的要量入为出。

（2）调节制约作用。国家预算是政府对财政收支计划的安排，是国家财政实行宏观调控的主要依据和手段，是调节社会经济生活的主要财政机制，居于国家财政管理的主导环节。国家通过预算的收支规模调节社会总需求和总供给的平衡，对国民经济和社会发展具有直接的制约作用。

（3）反映监督作用。国家预算反映政府活动的范围、方向和国家政策，是国民经济的综合反映。预算收入反映国民经济发展规模和经济效益水平，预算支出反映各项建设事业发展的基本情况。同时，国家预算要经过国家权力机构的审批后方能生效。因而又是国家重要的法律文件，体现国家权力机构和全体公民对政府活动的制约和监督。

【例 4–1】（单选题）国家预算的作用不包括（　　）。

A. 财力保证作用　　B. 反映监督作用

C. 调节制约作用　　D. 刺激经济作用

【答案与解析】D　国家预算的作用是国家预算职能在经济生活中的具体体现，它主要包括以下三个方面：①财力保证作用；②调节制约作用；③反映监督作用。

（三）国家预算级次的划分

预算级次是指根据国家财政实行分级管理的要求，将预算收入按各级政府划分归属的名称。一般来说，有一级财政就要建立一级预算。

我国国家预算组成体系按照一级政权设立一级预算的原则建立。根据我国宪法的规定，国家结构由全国人民代表大会、国务院、地方各级人民代表大会和各级人民政府组成。与政权结构相适应，并同时结合我国的行政区域划分，我国预算法明确规定，国家实行一级政府一级预算，政府分为中央、省（自治区、直辖市）、设区的市（自治州）、县（自治县、不设区的市、市辖区、旗）、乡（民族乡、镇）五个级次，国家预算也相应地分为五级，具体包括：①中央预算；②省级（包括省、自治区、直辖市）预算；③地市级（设区的市、自治州）预算；④县市级（县、自治县、不设区的市、市辖区、旗）预算；⑤乡（民族乡、镇）预算。

这五个级次的预算，除中央预算外，其他四个级次的预算又称为地方预算。其中，不具备设立预算条件的乡、民族乡、镇，经省、自治区、直辖市政府确定，可以暂不设立预算。

【例 4–2】（判断题）我国国家预算组成体系按照一级政权设立一级预算的原则建立。一般来说，有一级财政就要建立一级预算。不具备设立预算条件的乡、民族乡、镇，经省、自治区、直辖市政府确定，可以暂不设立预算。（　　）

【答案与解析】√　上述说法符合我国《预算法》的规定。

（四）国家预算的构成

国家预算按照政府级次可分为中央预算和地方预算，按照收支管理范围可分为总预算和部门单位预算。按照预算收支的内容可分为一般公共预算、政府性基金预算、国有资本经营预算、社会保险基金预算。

1. 中央预算

中央预算是国家预算的重要组成部分。我国的中央预算由国务院直属中央各部委的部门预算及其所属的单位预算组成，包括地方向中央上解的收入数额和中央对地方返还或者给予补助的数额。

中央预算是中央政府的财政收支计划，中央政府担负全国宏观经济调控的重任，在经济上支配和调控地方政府的行为，负责国防、外交、科技文化、国家重点建设、社会福利等全国性公共需要方面的开支。另外，中央政府要通过中央预算平衡各地区的经济发展，特别是要对经济落后地区进行财政补助等，都需要中央预算能够筹集一定规模的资金。

【例 4-3】（多选题）下列关于对中央预算的表述中，正确的有（　　）。

A. 由中央各部门（含直属单位）的预算组成

B. 中央预算包括地方向中央上解的收入数额

C. 中央预算包括中央对地方返还或者给予补助的数额

D. 中央预算不包括军队和党政机关组织的预算

【答案与解析】ABC　我国的中央预算由国务院直属中央各部委的部门预算及其所属的单位预算组成。中央预算包括：①中央预算包括地方向中央上解的收入数额；②中央预算包括中央对地方返还或者给予补助的数额。

2. 地方预算

地方预算的构成与其政权构成相一致，我国地方预算由省（自治区、直辖市）、省辖市（自治州、直辖市辖区）、县（自治县、市、旗）、乡（镇）4 级组成。地方各级政府预算由本级各部门（含直属单位，下同）的预算组成。地方各级政府预算包括下级政府向上级政府上缴的收入数额和上级政府对下级政府返还或者给予补助的数额。地方预算是地方政府的财政收支计划，是政府预算活动的基本环节，在国家预算中占有重要地位。

国家预算收入的大部分要依靠地方组织征收，中央预算安排的支出资金，关系到地方经济、文化和行政管理的支出项目要通过地方预算的合理安排来实现。随着财政管理体制的调整，地方预算拥有较大的自主权和独立性，掌握的财力相对增加，其活动对于地方经济的发展具有不容忽视的作用。

【例 4-4】（多选题）下列关于对地方各级政府预算的表述中，正确的有（　　）。

A. 本级各部门（含直属单位，下同）的预算

B. 下级政府向上级政府上缴的收入数额

C. 上级政府对下级政府返还或者给予补助的数额

D. 地方预算由各省、自治区、直辖市总预算组成

【答案与解析】ABCD　以上四项都是地方预算的内容。

3. 总预算

总预算是指各级政府将本级政府和下级政府的年度财政收支计划汇总编成的预算，又称财政总预算。总预算是各级政府本级及下级政府的年度收支经审核后汇编的预算，它一般包括两个不同的部分：一部分是各级政府所属职能部门的单位预算总和，习惯上称为本级预算；另一部分是本级政府行政隶属的下一级政府的总预算。地方各级政府预算由本级各部门（含直属单位，下同）的预算组成。地方各级政府预算包括下级政府向上级政府上缴的收入数额和上级政府对下级政府返还或者给予补助的数额。

【例 4-5】（多选题）下列关于总预算的表述中，正确的有（　　）。

A. 各级政府总预算由本级政府预算和汇总的下一级政府总预算组成，由财政部门负责编制

B. 下一级政府只有本级预算的，则下一级政府总预算即指下一级政府的本级预算

C. 没有下一级预算的，总预算即指本级预算

D. 我国地方政府总预算一般编制到乡镇一级

【答案与解析】ABC　各级政府总预算由本级政府预算和汇总的下一级政府总预算组成，由财政部门负责编制；下一级政府只有本级预算的，则下一级政府总预算即指下一级政府的本级预算；没有下一级政府预算的，总预算即指本级预算。

4. 部门单位预算

政府各部门预算由本部门所属各单位预算组成。单位预算指的是列入部门预算的国家机关、社会团体和其他单位的收支预算。部门预算以各级政府职能部门为载体，汇集所属的单位预算，形成各级政府的预算计划，由财政部门审核，经各级人民代表大会审议通过。部门预算是一个综合预算，它反映各部门内各类预算单位所有的收入和支出，既包括行政单位预算，又包括其下属的事业单位预算；既包括一般预算收支计划，又包括政府基金预算收支计划；既包括正常经费预算，又包括专项支出预算；既包括财政预算内拨款收支计划，又包括财政预算外核拨资金收支计划和部门其他收支计划。单位预算是各级政府的部门或职能机构就其本身及其隶属的行政事业单位年度经费收支所编制实施的预算，它是各

级公共机构行使职能的财力保证。编制单位预算，并接受财政拨款的相关部门和单位，被称作预算单位。

三、预算管理的职权

（一）各级人民代表大会及其常务委员会的职权

根据法律规定，全国和地方各级人民代表大会对预算管理的权力主要有审查权、批准权、改变和撤销权等；全国和地方各级人民代表大会常务委员会对预算管理的权力主要有监督权、审查和批准权、撤销权等。

1. 全国人民代表大会及其常务委员会的职权

（1）全国人民代表大会审查中央和地方预算草案及中央和地方预算执行情况的报告；批准中央预算和中央预算执行情况的报告；改变或者撤销全国人民代表大会常务委员会关于预算、决算的不适当的决议。

（2）全国人民代表大会常务委员会监督中央和地方预算的执行；审查和批准中央预算的调整方案以及审查和批准中央决算；撤销国务院制定的同宪法、法律相抵触的关于预算、决算的行政法规、法令和命令；撤销省、自治区、直辖市人民代表大会及其常务委员会制定的同宪法、法律和行政法规相抵触的关于预算、决算的地方性法规和决议。

2. 县级以上地方各级人民代表大会及其常务委员会的职权

（1）县级以上地方各级人民代表大会审查本级总预算草案及本级总预算执行情况的报告；批准本级预算和本级预算执行情况的报告；改变或者撤销本级人民代表大会常务委员会关于预算、决算的不适当的决议；撤销本级政府关于预算、决算的不适当的决定和命令。

（2）县级以上地方各级人民代表大会常务委员会监督本级总预算的执行；审查和批准本级预算的调整方案；审查和批准本级政府决算（以下简称本级决算）；撤销本级政府和下一级人民代表大会及其常务委员会关于预算、决算的不适当的决定、命令和决议。

【例 4-6】（多选题）根据《预算法》的规定，下列各项中，属于县级以上地方各级人民代表大会的职权的有（　　）。

A. 审查本级总预算草案及本级总预算执行情况的报告

B. 批准本级预算和本级预算执行情况的报告

C. 改变或者撤销本级人民代表大会常务委员会关于预算、决算的不适当的决议

D. 撤销本级政府关于预算、决算的不适当的决定和命令

【答案与解析】ABCD　以上四项都属于县级以上地方各级人民代表大会的职权。

3. 乡、民族乡、镇的人民代表大会的职权

设立预算的乡、民族乡、镇的人民代表大会审查和批准本级预算和本级预算执行情况的报告；监督本级预算的执行；审查和批准本级预算的调整方案；审查和批准本级决算；撤销本级政府关于预算、决算的不适当的决定和命令。

（二）各级人民政府的职权

1. 国务院的职权

国务院编制中央预算、决算草案；向全国人民代表大会作关于中央和地方预算草案的报告；将省、自治区、直辖市政府报送备案的预算汇总后报全国人民代表大会常务委员会备案；组织中央和地方预算的执行；决定中央预算预备费的动用；编制中央预算调整方案；监督中央各部门和地方政府的预算执行；改变或者撤销中央各部门和地方政府关于预算、决算的不适当的决定、命令；向全国人民代表大会、全国人民代表大会常务委员会报告中央和地方预算的执行情况。

2. 县级以上地方各级政府的职权

县级以上地方各级政府编制本级预算、决算草案；向本级人民代表大会作关于本级总预算草案的报告；将下一级政府报送备案的预算汇总后报本级人民代表大会常务委员会备案；组织本级总预算的执行；决定本级预算预备费的动用；编制本级预算调整方案；监督本级各部门和下级政府的预算执行；改变或者撤销本级各部门和下级政府关于预算、决算的不适当的决定、命令；向本级人民代表大会、本级人民代表大会常务委员会报告本级总预算的执行情况。

3. 乡、民族乡、镇政府的职权

乡、民族乡、镇政府编制本级预算、决算草案；向本级人民代表大会作关于本级预算草案的报告；组织本级预算的执行；决定本级预算预备费的动用；编制本级预算调整方案；向本级人民代表大会报告本级预算的执行情况。

（三）各级财政部门的职权

各级财政部门的预算管理职权有：具体编制权、具体组织执行权、提出预算预备费动用方案权和定期报告权。

1. 国务院财政部门的职权

国务院财政部门具体编制中央预算、决算草案；具体组织中央和地方预算的执行；提出中央预算预备费动用方案；具体编制中央预算的调整方案；定期向国务院报告中央和地

方预算的执行情况。

【例 4-7】（单选题）下列各项中，不属于国务院财政部门的预算管理职权的是（　　）。

A. 具体编制中央预算、决算草案

B. 具体组织本级总预算的执行

C. 提出中央预算预备费动用方案

D. 具体编制中央预算的调整方案

【答案与解析】B　具体组织本级总预算的执行是地方各级政府财政部门的职权。

2. 地方各级政府财政部门的职权

地方各级政府财政部门具体编制本级预算、决算草案；具体组织本级总预算的执行；提出本级预算预备费动用方案；具体编制本级预算的调整方案；定期向本级政府和上一级政府财政部门报告本级总预算的执行情况。

（四）各部门、各单位的职权

1. 各部门的职权

各部门编制本部门预算、决算草案；组织和监督本部门预算的执行；定期向本级政府财政部门报告预算的执行情况。

2. 各单位的职权

各单位编制本单位预算、决算草案；按照国家规定上缴预算收入，安排预算支出，并接受国家有关部门的监督。

四、预算收入与预算支出

（一）预算收入

（1）按来源可分为税收收入、行政事业性收费收入、国有资源（资产）有偿使用收入、转移性收入和其他收入。

（2）按归属可分为中央预算收入、地方预算收入、中央和地方预算共享收入。

（二）预算支出

（1）按照功能分类，包括一般公共服务支出，外交、公共安全、国防支出，农业、环境保护支出，教育、科技、文会、卫生、体育支出，社会保障及就业支出和其他支出。

（2）按照其经济性质分类，包括工资福利支出、商品和服务支出、资本性支出和其他支出。

【例 4-8】（判断题）罚没收入属于预算收入。（ ）

【答案与解析】√ 罚没收入属于其他收入，应当属于预算收入。

五、预算组织程序

预算组织程序，即国家在预算管理方面依序进行的各个工作环节所构成的有秩序活动的总称。包括预算的编制、审批、执行和调整四个环节。

（一）预算的编制

各级预算应当根据年度经济社会发展目标、国家宏观调控总体要求和跨年度预算平衡的需要，参考上一年预算执行情况、有关支出绩效评价结果和本年度收支预测，按照规定程序征求各方面意见后，进行编制。

各级预算收入的编制，应当与经济社会发展水平相适应，与财政政策相衔接。各级政府、各部门、各单位应当依照本法规定，将所有政府收入全部列入预算，不得隐瞒、少列。

各级预算支出应当依照预算法规定，按其功能和经济性质分类编制。各级预算支出的编制，应当贯彻勤俭节约的原则，严格控制各部门、各单位的机关运行经费和楼堂管所等基本建设支出。

（二）预算审查

全国人民代表大会和地方各级人民代表大会对预算草案及其报告、预算执行情况的报告重点审查下列内容：上一年预算执行情况是否符合本级人民代表大会预算决议的要求；预算安排是否符合本法的规定；预算安排是否贯彻国民经济和社会发展的方针政策，收支政策是否切实可行；重点支出和重大投资项目的预算安排是否适当；预算的编制是否完整，是否细化；对下级政府的转移性支出预算是否规范、适当；预算安排举借的债务是否合法、合理，是否有偿还计划和稳定的偿还资金来源；与预算有关重要事项的说明是否清晰。

（三）预算的执行

各级预算由本级政府组织执行，具体工作由本级政府财政部门负责。各部门、各单位是本部门、本单位的预算执行主体，负责本部门、本单位的预算执行，并对执行结果负责。

预算收入征收部门和单位，必须依照法律、行政法规的规定，及时、足额征收应征的预算收入。不得违反法律、行政法规规定，多征、提前征收或者减征、免征、缓征应征的预算收入，不得截留、占用或者挪用预算收入。各级政府不得向预算收入征收部门和单位下达收入指标。

政府财政部门必须依照法律、行政法规和国务院财政部门的规定，及时、足额地拨付预算支出资金，加强对预算支出的管理和监督。各级政府、各部门、各单位的支出必须按照预算执行。

（四）预算的调整

预算调整是指经全国人民代表大会批准的中央预算和经地方各级人民代表大会批准的本级预算，在执行中因特殊情况需要增加支出或者减少收入，使原批准的收支平衡的预算的总支出超过总收入，或者使原批准的预算中举借债务的数额增加的部分变更。

1. 预算调整方案的审批

根据《预算法》第六十九条规定，国务院财政部门应当在全国人民代表大会常务委员会举行会议审查和批准预算调整方案的 30 日前，将预算调整初步方案送交全国人民代表大会财政经济委员会进行初步审查；省、自治区、直辖市政府财政部门应当在本级人民代表大会常务委员会举行会议审查和批准预算调整方案的 30 日前，将预算调整初步方案送交本级人民代表大会有关专门委员会进行初步审查；设区的市、自治州政府财政部门应当在本级人民代表大会常务委员会举行会议审查和批准预算调整方案 30 日前，将预算调整初步方案送交本级人民代表大会有关专门委员会进行初步审查，或者送交本级人民代表大会常务委员会有关工作机构征求意见；县、自治县、不设区的市、市辖区政府财政部门应当在本级人民代表大会常务委员会举行会议审查和批准预算调整方案的 30 日前，将预算调整初步方案送交本级人民代表大会常务委员会有关工作机构征求意见；中央预算的调整方案应当提请全国人民代表大会常务委员会审查和批准。县级以上地方各级预算的调整方案应当提请本级人民代表大会常务委员会审查和批准；乡、民族乡、镇预算的调整方案应当提请本级人民代表大会审查和批准。未经批准，不得调整预算。

根据《预算法》第七十条的规定，经批准的预算调整方案，各级政府应当严格执行。未经第六十九条规定的程序，各级政府不得做出预算调整的决定。对违反前款规定做出的决定，本级人民代表大会、本级人民代表大会常务委员会或者上级政府应当责令其改变或者撤销。

2. 预算调整方案的备案

根据《预算法》第七十三条规定，地方各级预算的调整方案经批准后，由本级政府报上一级政府备案。

3. 不属于预算调整的范围

根据《预算法》第七十一条规定，在预算执行中，地方各级政府因上级政府增加不需要本级政府提供配套资金的专项转移支付而引起的预算支出变化，不属于预算调整。接受增加专项转移支付的县级以上地方各级政府应当向本级人民代表大会常务委员会报告有关情况；接受增加专项转移支付的乡、民族乡、镇政府，应当向本级人民代表大会报告有关情况。

重点提示

预算组织程序包括预算的编制、审批、执行和调整四个环节。

六、决算

决算是指按照法定程序编制的，用以反映预算执行结果的会计报告。决算反映预算收支的最终结果，是政府的经济活动在财政上的集中体现，是整个预算程序的总结和终结。财政决算是预算管理的最终环节，是经法定程序批准的年度预算执行情况及结果总结性的书面文件，它包括决算报告和文字说明两部分。

（一）决算草案的编制

决算草案由各级政府、各部门、各单位，在每一预算年度终了后按照国务院规定的时间编制。编制决算草案的具体事项，由国务院财政部门部署。编制决算草案，必须符合法律、行政法规的规定，做到收支数额准确、内容完整、报送及时。各部门对所属各单位的决算草案，应当审核并汇总编制本部门的决算草案，在规定的期限内报本级政府财政部门审核。各级政府财政部门对本级各部门决算草案审核后发现有不符合法律、行政法规规定的，有权予以纠正。

（二）决算草案的审批、批复

国务院财政部门编制中央决算草案，报国务院审定后，由国务院提请全国人民代表大会常务委员会审查和批准；县级以上地方各级政府财政部门编制本级决算草案，报本级政府审定后，由本级政府提请本级人民代表大会常务委员会审查和批准；乡、民族乡、镇政府编制本级决算草案，提请本级人民代表大会审查和批准。

各级政府决算经批准后，财政部门应当向本级各部门批复决算。地方各级政府应当将经批准的决算，报上一级政府备案。国务院和县级以上地方各级政府对下一级政府依照规定报送备案的决算，认为有同法律、行政法规相抵触或者有其他不适当之处，需要撤销批准该项决算的决议的，应当提请本级人民代表大会常务委员会审议决定；经审议决定撤销的，该下级人民代表大会常务委员会应当责成本级政府依照本法规定重新编制决算草案，提请本级人民代表大会常务委员会审查和批准。

【例 4-9】（判断题）决算草案由各级政府、各部门、各单位在每一预算年度终了后按国务院规定的时间编制，具体事项由国务院部署。（　　）

【答案与解析】× 决算草案由各级政府、各部门、各单位，在每一预算年度终了后按照国务院规定的时间编制。编制决算草案的具体事项，由国务院财政部门部署。

七、预决算的监督

为了保证预算、决算的贯彻实施，各级国家权力机关、政府及财政审计部门应依法履行法律赋予的预算决算监督职责，保证预算工作顺利进行。

（一）各级国家权力机关的监督

根据《预算法》第八十三条规定，全国人民代表大会及其常务委员会对中央和地方预算、决算进行监督；县级以上地方各级人民代表大会及其常务委员会对本级和下级政府预算、决算进行监督；乡、民族乡、镇人民代表大会对本级预算、决算进行监督。

（二）各级政府部门的监督

《预算法》第八十七条规定：“各级政府监督下级政府的预算执行；下级政府应当定期向上一级政府报告预算执行情况。”

（三）各级政府财政部门的监督

《预算法》第八十八条规定：“各级政府财政部门负责监督检查本级各部门及其所属各单位预算的执行；并向本级政府和上一级政府财政部门报告预算执行情况。”

（四）各级政府审计部门的监督

《预算法》第八十九条规定，各级政府审计部门对本级各部门、各单位和下级政府的预算执行、决算实行审计监督。

【例 4–10】（多选题）下列有关预决算管理监督的表述中，正确的有（　　）。

A. 全国人民代表大会及其常务委员会对中央和地方预算、决算进行监督

B. 县级以上地方各级人民代表大会及其常务委员会对本级和下级政府预算、决算进行监督

C. 乡、民族乡、镇人民代表大会对本级预算、决算进行监督

D. 各级政府审计部门对本级各部门、各单位和下级政府预算的执行和决算实行审计监督

【答案与解析】ABCD　上述四项关于预决算管理监督的表述均正确。

第二节 政府采购法律制度

政府采购是指各级国家机关、事业单位和团体组织，使用财政性资金采购依法制定的集中采购目录以内的或者采购限额标准以上的货物、工程和服务的行为。政府采购不仅指的是具体的采购过程，而且是采购政策、采购程序、采购过程及采购管理的总称，是一种对公共采购管理的制度，是一种政府行为。

一、政府采购法律制度的构成

我国的政府采购制度由《中华人民共和国政府采购法》、国务院各部门特别是财政部颁布的一系列部门规章以及地方性法规和政府规章组成。

政府采购法律制度是一个完整的体系，即除了政府采购基本法外，还应有与之相配套的招标投标法、合同法、产品质量法、反不正当竞争法、有关政府采购的部门规章、地方性法规及地方政府规章等。

【例 4–11】（单选题）依据有关法律规定，下列各项中，适用《政府采购法》的是（　　）。

A. 某中外合资经营企业采购设备

B. 某国有独资公司采购基本建设项目设备

C. 某高等院校用教育经费拨款购买教学用计算机

D. 某上市公司承揽了国家重点建设项目而采购加工设备

【答案与解析】C　高等院校属于政府采购法规定的事业单位主体。

二、政府采购的概念与原则

（一）政府采购的概念

政府采购是指各级国家机关、事业单位和团体组织，使用财政性资金采购依法制定的集中采购目录以内或者采购限额标准以上的货物、工程和服务的行为。

实施政府采购意义重大，从微观方面看，一是降低采购成本，节约采购资金，提高财政资金的使用效率；二是规范具体单个采购人的行为，强化支出管理。从宏观方面看，政府可以通过政府采购政策的目的性和导向性，实现对社会生产和消费的宏观调控和示范作用。从社会方面看，一是加强系统的廉政建设；二是促进社会的持续发展；三是推动并实现政府消费行为市场化。

（二）政府采购的原则

1. 公开透明原则

公开透明要求做到政府采购的法规和规章制度、招标信息及中标、成交结果、开标活动、投诉处理结果、司法裁决决定等都要公开，使政府采购活动在完全透明的状态下运作，全面、广泛地接受监督。为了保证信息的公开，《政府采购法》第十一条规定，政府采购的信息应当在政府采购监督管理部门指定的媒体上及时向社会公开发布。第六十三条还规定，政府采购项目的采购标准应当公开。采购人在采购活动完成后，应当将采购结果予以公布。

2. 公平竞争原则

公平竞争要求在竞争的前提下公平地开展政府采购活动。在政府采购活动中，采购人员及相关人员与供应商有利害关系的应当回避；供应商认为采购人员及相关人员与其他供应商有利害关系的，可以申请回避。将竞争机制引入采购活动中，实行优胜劣汰，提高财政性资金的使用效益。在政府采购的竞争中，应当给每个参与政府采购的供应商平等机会和条件，不得以不合理的条件对供应商实行差别待遇和歧视待遇。

3. 公正原则

该原则要求政府采购应当按照法定的规则和程序进行。采购人及其委托的采购代理机构应当严格按照法律规定以及事先约定的相关标准和条件，确定中标和成交供应商。

4. 诚实信用原则

该原则要求政府采购当事人在政府采购活动中，应当依法履行各自的权利和义务，讲求信誉，兑现承诺，不得提供、散布虚假信息；不得有欺诈隐瞒行为；不得伪造、变造、隐匿、销毁需要依法保存的文件。

重点提示

政府采购的原则包括：公开透明原则、公平竞争原则、公正原则和诚实信用原则。

三、政府采购的功能与执行模式

（一）政府采购的功能

1. 节约财政支出，提高采购资金的使用效益

推行政府采购的初衷就是为了加强财政支出管理，提高财政资金的使用效益。实行统一集中的政府采购成本。与此同时，政府采购通过引入竞争激励机制，吸引多数供应商的参与，能有效节约资金的支出。通过政府采购能使政府财政资金得到最大限度的利用，并且易形成买方市场，进一步提高采购资金的使用效益。

2. 强化宏观调控

我国政府采购是顺应市场经济、为构建公共财政体系而实施的一种制度，它是公共财政的一个重要组成部分。政府采购在现代经济条件下，已不仅仅是一种简单的商品交易关系，更兼具政策导向和宏观调控功能。

政府作为一个国家最大的消费者，其政府采购额一般占国内生产总值的10%。由此可见，政府采购政策不仅影响供应商等生产和经销企业的生产和经营效益，而且影响整个国民经济的宏观运行。

通过政府采购宏观调控功能作用的发挥，一方面在经济过热时，政府可以减少采购规模，实行紧缩性的财政政策；另一方面在内需不足时，政府可以通过增加采购规模，刺激萧条的经济。即通过增加或减少采购数量，来刺激或抑制市场需求，从而调节经济总量的平衡。

3. 活跃市场经济

政府采购遵循的是公平竞争的原则，在竞标过程中执行严密、透明的“优胜劣汰”机制，这样会极大地调动供应商参与政府采购的积极性，并能够促使其不断提高产品和服务质量、降低生产成本、改进服务水平，以使自己能够在公平竞争中胜出而获得政府订单。

供应商竞争能力的提高又能够带动整个国内市场经济的活跃与繁荣。从国际竞争的角度看，政府采购有助于供应商走出国门、迈向国际市场，提高我国产品在国际市场上的竞争力，并早日进入国际政府采购市场。

4. 推进反腐倡廉

政府采购制度是财政监督机制的有机组成部分，是财政分配职能的延伸，通过财政部门、审计部门、供应商、社会公众等全方位的参与和监督，能有效制止幕后交易、权钱交易、暗箱操作等腐败现象，最终实现对政府支出使用的监督和管理。推行政府采购制度应当作为党风廉政建设的一项重要内容抓紧抓好，中纪委也提出了把推行政府采购制度作为从源头上、机制上预防和治理腐败的重要措施之一，这些都突出体现了政府采购的监管功能。

5. 保护民族产业

发挥政府采购对民族产业的保护功能是世界上许多国家通行的做法。民族产业是一国经济的基石，对其进行保护不仅是经济全球化对提高民族产业竞争力的要求，也是维护国家安全和民族利益的需要。在众多的非关税贸易壁垒中，政府采购是世界各国为保护民族产业所普遍采用的手段。根据我国《政府采购法》的规定，除极少数法定情形外，政府采购应当采购本国货物、工程和服务。这一规定就体现了国货优先原则，即政府采购保护民族产业的功能。

【例 4–12】（多选题）政府采购的原则包括（　　）。

A. 公开透明原则　　B. 公平竞争原则

C. 公正原则　　D. 诚实信用原则

【答案与解析】ABCD　政府采购的原则包括：①公开透明原则；②公平竞争原则；③公正原则；④诚实信用原则。

【例 4–13】（单选题）除极少数法定情形外，政府采购应当采购本国货物、工程和服务，这一规定体现了政府采购的（　　）功能。

A. 活跃市场经济　　B. 反腐倡廉

C. 保护民族产业　　D. 强化宏观调控

【答案与解析】C　保护民族产业，根据我国《政府采购法》的规定，除极少数法定情形外，政府采购应当采购本国货物、工程和服务，这一规定体现了国货优先原则，即政府采购保护民族产业的功能。

（二）政府采购的执行模式

《政府采购法》规定，政府采购实行集中采购和分散采购相结合。采购人采购纳入集中采购目录的政府采购项目，应当实行集中采购。

1. 集中采购

从国际上看，集中采购通常具有特定含义，即指集中采购机构开展的采购活动，但考虑到中国国情，集中采购的含义得到了拓展。根据《政府采购法》的规定，我国的集中采购分为政府集中采购和部门集中采购两种形式。开展部门集中采购，可以避免过度集中，发挥部门对专业项目的采购优势，调动各部门开展政府采购的积极性。

集中采购是指由政府设立的职能机构统一为其他政府机构提供采购服务的一种采购组织实施形式。按照政府采购法的规定，集中采购必须委托采购机构代理采购。设区的市、自治州以上的人民政府根据本级政府采购项目组织集中采购的需要设立集中采购机构。实行集中采购有利于取得规模效益，降低采购成本，保证采购质量，贯彻落实政府采购的政策导向，便于实施统一的管理和监督等。但是，集中采购周期长、程序复杂难以满足用户多样化的需求，特别是无法满足紧急情况的采购需要。

根据政府采购法的规定，属于中央预算的政府采购项目，其集中采购目录由国务院确定并公布；属于地方预算的政府采购项目，其集中采购目录由省、自治区、直辖市人民政府或者其授权的机构确定并公布。纳入集中采购目录的政府采购项目，应当实行集中采购。

例如，北京市政府制定了《北京市 2016-2017 年政府采购集中采购目录及标准》，具体内容如下：根据《中华人民共和国政府采购法》，结合北京市具体情况，现制定北京市 2016-2017 年政府采购集中采购目录及标准：

（1）集中采购目录，如表 4-1 所示。

表 4-1 集中采购目录

<table>
<tr><th>序号</th><th>目录项目</th><th>备注</th><th>采购类型</th></tr>
<tr><td>/</td><td>（一）货物类（A）</td><td></td><td></td></tr>
<tr><td>/</td><td>计算机设备及软件（A0201）</td><td></td><td></td></tr>
<tr><td>1</td><td>台式计算机（A02010104）</td><td rowspan="3"></td><td rowspan="3">单项或批量小于 50 万元为协议供货；50 万元以上（含 50 万元）为批量集中采购</td></tr>
<tr><td>2</td><td>便携式计算机（A02010105）</td></tr>
<tr><td>3</td><td>平板式微型电脑（A02010107）</td></tr>
<tr><td>4</td><td>移动存储设备（A02010508）</td><td rowspan="4"></td><td rowspan="8">单项或批量小于 200 万元为协议供货；200 万元以上（含 200 万元）为公开招标</td></tr>
<tr><td>5</td><td>显示设备 (A02010604)</td></tr>
<tr><td>6</td><td>碎纸机（A02021001）</td></tr>
<tr><td>7</td><td>传真通信设备（A02081001）</td></tr>
<tr><td>8</td><td>服务器（A02010103）</td><td>含零配件</td></tr>
<tr><td>9</td><td>计算机工作站（A02010109）</td><td></td></tr>
<tr><td>10</td><td>路由器（A02010201）</td><td></td></tr>
<tr><td>11</td><td>交换设备（A02010202）</td><td></td></tr>
</table>

（续表）

序号	目录项目	备注	采购类型
12	存储设备（A020105）	指磁盘机、磁盘阵列、网络存储设备等，移动存储设备除外	单项或批量小于200万元为协议供货；200万元以上（含200万元）为公开招标
13	打印设备（A02010601）	指喷墨、激光、针式、支票、标签及便携式打印机等	
14	KVM设备（A02010605）		
15	扫描仪（A0201060901）		
16	机柜（A02010701）		
17	计算机软件（A020108）	指计算机通用软件	
18	计算机设备零部件（A020109）	指硬盘保护卡	
/	**办公设备（A0202）**		
19	复印机（A020201）		
20	投影仪（A020202）	含投影幕	
21	多功能一体机（A020203）		
22	照相机及器材（A020204）		
23	电子白板（A020205）		
24	触控一体机（A020207）		
25	速印机（A02020901）		
26	条码打印机（A020211）		
27	保险柜（A060502）		
/	**车辆（A0203）**	**含新能源汽车**	
28	载货汽车（含自卸汽车）（A020301）		协议供货
29	乘用车（轿车）（A020305）	指包括驾驶员座位在内不超过（含）9个座位	
30	客车（A020306）	指除驾驶员座位外，座位数超过9座	

（续表）

序号	目录项目	备注	采购类型
/	**机械设备（A0205）**		单项或批量小于200万元为协议供货；200万元以上（含200万元）为公开招标
31	专用制冷、空调设备（A02052309）	指单元式、机房专用空调	
32	其他制冷空调设备（A02052399）	指多联机式空调	
/	**电气设备（A0206）**		
33	不间断电源（A02061504）		
34	空调机（A0206180203）	指分体壁挂式、分体柜机式空调	
35	雷达、无线电和卫星导航设备（A0207）	指卫星导航设备	
/	**通信设备（A0208）**		
36	视频会议系统设备（A020808）	含安装服务	
/	**广播、电视、电影设备（A0209）**		
37	专业摄像机和信号源设备（A02090504）		
38	普通电视设备（A02091001）		
39	通用摄像机（A02091102）	含零配件	
40	视频监控设备（A02091107）	含安装服务	
/	**政法、检测专用设备（A0325）**		
41	消防设备（A032501）	指灭火器	
42	家具用品（A06）	指单项或批量在5万元以上的办公家具	
/	**纸制文具及办公用品（A0901）**	指通用耗材	
43	复印纸（A090101）		
44	硒鼓、粉盒（A0902）		

（续表）

序号	目录项目	备注	采购类型
/	（二）服务类（C）		
45	车辆及其他运输机械租赁服务（C0403）	指轿车、客车等车辆租赁	单项或批量小于50万元为定点服务，50万元以上（含50万元）实行竞价
/	印刷和出版服务（C0814）		
46	印刷服务（C081401）	指单项或批量在2万元以上的，本单位不能承担的票据、证书、期刊、文件、公文用纸、资料汇编、信封等印刷业务	
/	保险服务（C1504）		
47	人寿保险服务（C150401）	指意外保险、定期寿险、健康医疗险以及其他人寿保险服务	
48	机动车保险服务		定点服务
49	基础电信服务（C030101）	指互联网接入服务	
/	车辆维修和保养服务（C0503）		
50	车辆维修和保养服务（C050301）		
51	车辆加油服务（C050302）		
52	会议服务（C0601）		
53	票务代理服务（C0816）	指航空机票的票务代理买售	
54	物业管理服务（C1204）	指办公场所及其他公用场所水电供应维护、设备运行、门窗保养维护、保洁、保安、园林绿化等的管理服务	
55	计算机设备租赁服务		单项或批量小于50万元为定点服务，50万元（含50万元）-200万采购人自行采用竞争性方式遴选服务商，200万元以上（含200万元）为公开招标
56	办公设备租赁服务（C0402）		
57	展览服务（C0602）		
58	法律服务（C0801）		
59	会计服务（C0802）		
60	审计服务（C0803）		
61	资产及其他评估服务（C0805）		

（2）政府采购限额标准。集中采购目录以外项目执行如下限额标准：

①货物类：单项或批量达到五十万元以上（含五十万元）；

②服务类：单项或批量达到五十万元以上（含五十万元）；

③工程类：单项或批量达到一百万元以上（含一百万元）。

（3）政府采购公开招标数额标准。

①货物或服务类：单项或批量采购金额一次达到一百万元以上（含一百万元）；

②工程类：按照北京市有关规定执行。

2. 分散采购

分散采购是指各预算单位自行开展采购活动的一种采购组织实施形式。政府采购法规定，采购未纳入集中采购目录的政府采购项目，可以自行采购，也可以委托采购代理机构在委托的范围内代理采购。

分散采购的特点是采购者与使用者、采购权与使用权的合一。与集中采购模式相比，其采购主体众多，采购权相对分散到各单位。自新中国成立以来，我国一直采取财政以货币形式向各预算单位供给经费，再由各预算单位分散采购所需物品及劳务，完成自我服务和供给的采购形式。这是一种较为典型的分散采购模式。

实行分散采购的优点是有灵活性、自主性强、手续简便、满足采购及时性和多样性的需求；缺点是失去了规模效益，加大了采购成本，会导致资产闲置及资金浪费，不利于国家宏观调控，容易滋生腐败。

重点提示

政府采购实行集中采购和分散采购相结合。集中采购必须委托采购机构代理采购，优点是有利于取得规模效益，降低采购成本，保证采购质量，贯彻落实政府采购的政策导向，便于实施统一的管理和监督等；缺点是采购周期长、程序复杂难以满足用户多样化的需求，特别是无法满足紧急情况的采购需要。分散采购的特点是采购者与使用者、采购权与使用权的合一，优点是有灵活性、自主性强、手续简便、满足采购及时性和多样性的需求；缺点是失去了规模效益，加大了采购成本，会导致资产闲置及资金浪费，不利于国家宏观调控，容易滋生腐败。

采购人采购纳入集中采购目录的政府采购项目，应当实行集中采购；采购未纳入集中采购目录的政府采购项目，可以自行采购，也可以委托采购代理机构在委托的范围内代理采购。

【例 4–14】（判断题）采购人纳入集中采纳目录的政府采购项目，应当采用集中采购的方式；未纳入集中采购目录的政府采购项目，也应当采用集中采购的方式。（　　）

【答案与解析】× 采购未纳入集中采购目录的政府采购项目，可以自行采购，也可以委托采购代理机构在委托的范围内代理采购。

四、政府采购当事人

政府采购当事人是指在政府采购活动中享有权利和承担义务的各类主体，包括采购人、供应商和采购代理机构等。

【例4-15】（多选题）政府采购的当事人包括（　　）。

A. 采购人　　B. 供应商

C. 采购代理机构　　D. 资产评估机构

【答案与解析】ABC 政府采购当事人是指在政府采购活动中享有权利和承担义务的各类主体，包括采购人、供应商和采购代理机构等。

五、政府采购方式

政府采购可以采用公开招标、邀请招标、竞争性谈判、单一来源、询价以及国务院政府采购监督管理部门认定的其他采购方式。其中，公开招标应作为政府采购的主要采购方式。

（一）公开招标

公开招标是指招标采购单位（即采购人及采购代理机构）依法以招标公告的方式邀请不特定的供应商参加投标，从中择优选择中标供应商的采购方式。货物、服务采购项目达到公开招标数额标准的，必须采用公开招标方式。《政府采购法》第二十八条规定，采购人不得将应当以公开招标方式采购的货物或者服务化整为零，或者以其他任何方式规避公开招标采购。

《政府采购法》第二十七条规定，采购人采购货物或者服务应当采用公开招标方式的，其具体数额标准，属于中央预算的政府采购项目，由国务院规定；属于地方预算的政府采购项目，由省、自治区、直辖市人民政府规定；因特殊情况需要采用公开招标以外的采购方式的，应当在采购活动开始前获得设区的市、自治州以上人民政府采购监督管理部门的批准。

采购人可以依法委托采购代理机构办理货物、服务招标事宜，也可以自行组织开展货物、服务招标活动。采购人自行组织招标的，必须符合以下条件：

（1）具有独立承担民事责任的能力。

（2）具有编制招标文件和组织招标能力，拥有与采购招标项目规模和复杂程度相适应的技术、经济等方面的采购和管理人员。

（3）采购人员经过省级以上人民政府财政部门组织的政府采购培训。

采购人委托采购代理机构招标的，应当与采购代理机构签订委托协议，确定委托代理的事项，约定双方的权利和义务。集中采购机构应当依法独立开展货物、服务招标活动。其他采购代理机构应当根据采购人的委托办理货物、服务招标事宜。

采用公开招标方式采购的，招标采购单位必须在财政部门指定的政府采购信息公布媒体上公布招标公告。采用公开招标方式采购的，自招标文件开始发出之日起至投标人提交投标文件截止之日止，不得少于 20 日。

（二）邀请招标

邀请招标方式是指招标采购单位依法从符合相应资格条件的供应商中随机邀请三家或三家以上供应商，并以投标邀请书的方式，邀请其参加投标的方式。《政府采购法》第二十九条规定，符合以下情形之一的货物或者服务，可以依照本法采用邀请招标方式采购：

（1）具有特殊性，只能从有限范围的供应商处采购的。

（2）采用公开招标方式的费用占政府采购项目总价值的比例过大的。

（三）竞争性谈判

竞争性谈判是指采购人或其委托的政府采购代理机构通过与多家供应商就采购事宜进行谈判，经分析比较后从中确定中标供应商的采购方式。符合以下情形之一的货物或者服务，可以采用竞争性谈判方式采购：

（1）招标后没有供应商投标或者没有合格标的或者重新招标未能成立的。

（2）技术复杂或者性质特殊，不能确定详细规格或者具体要求的。

（3）采用招标所需时间不能满足用户紧急需要的。

（4）不能事先计算出价格总额的。

【例 4–16】（多选题）符合（　　）情形之一的货物或者服务，可以采用竞争性谈判方式采购。

A. 招标后没有供应商投标或者没有合格标的或者重新招标未能成立的

B. 具有特殊性，只能从有限范围的供应商处采购的

C. 技术复杂或者性质特殊，不能确定详细规格或者具体要求的

D. 采用招标所需时间不能满足用户紧急需要的

【答案与解析】ACD 《政府采购法》规定，符合下列情形之一的货物或者服务，可以采用竞争性谈判方式采购：①招标后没有供应商投标或者没有合格标的或者重新招标未能成立的；②技术复杂或者性质特殊，不能确定详细规格或者具体要求的；③采用招标所需时间不能满足用户紧急需要的；④不能事先计算出价格总额的。

（四）单一来源

单一来源是指采购人采购不具备竞争条件的物品，只能向唯一的供应商取得采购货物或服务的情况下，直接向该供应商协商采购的采购方式。符合以下情形之一的货物或者服务，可以依照本法采用单一来源方式采购：

（1）只能从唯一供应商处采购的。

（2）发生了不可预见的紧急情况不能从其他供应商处采购的。

（3）必须保证原有采购项目一致性或者服务配套的要求，需要继续从原供应商处添购，且添购资金总额不超过原合同采购金额10%的。

（五）询价

询价方式是指只考虑价格因素，要求采购人向三家以上供应商发出询价单，对一次性报出的价格进行比较，最后按照符合采购需求、质量和服务且报价最低的原则，确定成交供应商的方式。《政府采购法》第三十二条规定，采购的货物规格、标准统一、现货货源充足且价格变化幅度小的政府采购项目，可以依照本法采用询价方式采购。

（六）其他采购方式

国务院政府采购监督管理部门认定的其他采购方式。这是弹性条款，政府采购的方式应当符合政府采购实践的要求。如《上海市政府采购管理办法》规定的定点采购，中央单位采用的协议供货制度，在实践中都取得了良好的效果。所以，授权国务院政府采购监督管理部门认定其他的采购方式是必要的，但新的政府采购方法在程序上应当由国务院政府采购监督管理部门认定。

《政府采购法》对上述各种政府采购方式的适用条件和情形作了明确规定，并规定了每种采购方式下的具体采购程序。

【例4-17】（单选题）政府采购的方式不包括（ ）。

A. 公开招标　　B. 邀请招标

C. 直接采购　　D. 竞争性谈判

【答案与解析】C 政府采购可以采用公开招标、邀请招标、竞争性谈判、单一来源、询价以及国务院政府采购监督管理部门认定的其他采购方式。

六、政府采购的监督检查

政府采购活动应受到政府采购监督管理部门和政府其他相关部门的监督检查，以及集中采购机构和采购人的内部监督。此外，任何单位和个人都有权控告、检举政府采购活动中的违法行为。

第三节 国库集中收付制度

一、国库集中收付制度的概念

国库集中收付制度一般也称为国库单一账户制度，包括国库集中支付制度和收入收缴管理制度，是指由财政部门代表政府设置国库单一账户体系，所有的财政性资金均纳入国库单一账户体系收缴、支付和管理的制度。

【例 4-18】（单选题）国库集中收付制度也称为（　　）。

A. 国库集中支付制度　　B. 国库收入收缴制度

C. 国库单一账户制度　　D. 国库集中管理制度

【答案与解析】C　国库集中收付制度一般也称为国库单一账户制度，是以国库单一账户体系为基础，将所有财政性资金都纳入国库单一账户体系管理，收入直接缴入国库和财政专户，支出通过国库单一账户体系支付到商品和劳务供应者或用款单位的一项国库管理制度。

二、国库单一账户体系

（一）国库单一账户体系的概念

国库单一账户体系是指以财政国库存款账户为核心的各类财政性资金账户的集合，所有财政性资金的收入、支付、存储及资金清算活动均在该账户体系进行。

（二）国库单一账户体系的构成

（1）财政部开设的国库存款账户（简称国库单一账户）。国库单一账户为国库存款账户，用于记录、核算和反映纳入预算管理的财政收入和支出活动，并用于与财政部门在商业银行开设的零余额账户进行清算，实现支付。

（2）财政部门的零余额账户，用于财政直接支付和与国库单一账户支出清算。该账户每日发生的支付，于当日营业终了前与国库单一账户清算；营业中每笔支付额五千万元人民币以上的（含五千万元），应当及时与国库单一账户清算。财政部门的零余额账户在国库会计中使用，行政单位和事业单位会计中不设置该账户。

（3）预算单位零余额账户，用于财政授权支付和清算。该账户可以办理转账、提取现金等结算业务，可以向本单位按账户管理规定保留的相应账户划拨工会经费、住房公积金及提租补贴以及经财政部门批准的特殊款项，不得违反规定向本单位其他账户和上级主管单位、所属下级单位账户划拨资金。预算单位零余额账户在行政单位和事业单位会计中使用。

（4）财政部门在商业银行开设的预算外资金财政专户，简称预算外资金专户。该专户用于记录、核算和反映预算外资金的收入和支出活动，并用于预算外资金日常收支清算。预算外资金专户在财政部门设立和使用。

（5）经国务院或国务院授权财政部门批准为预算单位在商业银行开设的特殊专户，简称特设专户。该专户用于记录、核算和反映预算单位的特殊专项支出活动，并用于与国库单一账户清算。特设专户在按规定申请设置了特设专户的预算单位使用。

财政部门是持有和管理国库单一账户体系的职能部门，任何单位不得擅自设立、变更或撤销国库单一账户体系中的各类银行账户。中国人民银行按照有关规定，对国库单一账户和代理银行进行管理和监督。这里所指的代理银行是指由财政部门确定的、具体办理财政性资金支付业务的商业银行。

重点提示

国库集中收付，亦称“国库单一账户”，是指政府在国库或国库指定的代理银行开设账户，集中收纳和支付所有的财政性资金。国库单一账户体系包括：财政部开设的国库存款账户、财政部门的零余额账户、预算单位零余额账户、财政部门在商业银行开设的预算外资金财政专户和经国务院或国务院授权财政部门批准为预算单位在商业银行开设的特殊专户。

【例 4-19】（单选题）根据国库集中收入制度的规定，用于财政直接支付和与国库单一账户支出清算的账户是（　　）。

A. 预算单位的零余额账户　　B. 财政部门的零余额账户

C. 预算外财政资金专户　　　　D. 特设过渡性专户

【答案与解析】B　用于财政直接支付和与国库单一账户支出清算的账户是财政部门的零余额账户。

三、财政收支的方式

（一）收缴方式

财政收入的收缴分为直接缴库和集中汇缴两种方式。

1. 直接缴库

直接缴库是由缴款单位或缴款人按有关法律法规规定，直接将应缴收入缴入国库单一账户或预算外资金财政专户。

2. 集中汇缴

集中汇缴是指由征收机关（有关法定单位）按有关法律法规规定，将所收的应缴收入汇总缴入国库单一账户或预算外资金财政专户。

（二）支付方式

财政性资金的支付实行财政直接支付和财政授权支付两种方式。

1. 财政直接支付

财政直接支付是指由财政部门开具支付令，通过国库单一账户体系，直接将财政资金支付到收款人（即商品和劳务的供应者，下同）或用款单位账户。实行财政直接支付的支出包括工资支出、购买支出以及转移支付等。

2. 财政授权支付

财政授权支付是指预算单位根据财政授权，自行开具支付令，通过国库单一账户体系将资金支付到收款人账户。实行财政授权支付的支出包括未实行财政直接支付的购买支出和零星支出。

【例 4-20】（多选题）财政支出支付方式主要有（　　）。

A. 财政授权支付　　　　B. 银行代理支付

C. 财政直接支付　　　　D. 银行集中支付

【答案与解析】AC　财政支出支付方式主要有：①财政直接支付；②财政授权支付。

同步自测

一、单项选择题

1. 我国国家预算实行一级政府一级预算，全国共分为（　　）预算。

A. 5 级　　B. 4 级　　C. 3 级　　D. 2 级

2. 在不可预见的紧急情况发生时，对于不能从其他供应商处采购的货物或服务，可以采用的采购方式是（　　）。

A. 公开招标　　B. 单一来源采购　　C. 竞争性谈判　　D. 邀请招标

3. 政府采购实行（　　）。

A. 集中采购　　B. 分散采购

C. 集中采购和分散采购相结合　　D. 组合采购

4. 预算单位或缴款人按规定直接将收入缴入国库单一账户，属预算外资金的，则直接缴入预算外资金财政专户，不再设立各类过渡性账户，这种财政收入的收缴方式称之为（　　）。

A. 直接缴库　　B. 集中汇缴　　C. 汇总缴库　　D. 分期缴库

5. 政府采购中集中采购的范围由（　　）公布的集中采购目录确定。

A. 省级以上人民政府　　B. 县级人民政府

C. 财政部　　D. 镇级以上人民政府

6. 规范化的政府采购可以避免暗箱操作，这体现的政府采购的功能是（　　）。

A. 强化宏观调控　　B. 活跃市场经济

C. 推进反腐倡廉　　D. 提高采购资金的使用效益

7. 下列体现政府采购中“诚实信用原则”的是（　　）。

A. 招标信息及中标或成交结果要公开，开标活动要公开

B. 竞争必须公平，不能设置妨碍充分竞争的不正当条件

C. 政府采购当事人不得散布虚假信息，不得有欺诈、串通、隐瞒等行为

D. 严格按照统一的评标标准评定中标或成交供应商，不得存在任何主观倾向

8. 某县政府年度支出预算 5 000 万元，根据《预算法》可设置预备费（　　）万元。

A. 400 ~ 500　　B. 300 ~ 400　　C. 200 ~ 300　　D. 50 ~ 150

二、多项选择题

1. 我国国家预算从纵向可以分为中央预算和地方预算，从横向可以分为（　　）。

A. 财政总预算　　B. 部门预算　　C. 单位预算　　D. 工程预算

2. 预算收入按预算级次划分为（ ）。

A. 国家预算收入　　B. 中央预算收入

C. 地方预算收入　　D. 中央和地方预算共享收入

3. 预算执行的内容主要有（ ）。

A. 积极组织财政收入

B. 严格审批预算

C. 合理安排预算支出

D. 严格预备费和周转金的管理

4. 预算监督的方式包括各级（ ）。

A. 人大及其常委会对预算、决算进行的监督

B. 政府对下一级政府预算执行的监督

C. 政府财政部门对部门预算的监督

D. 政府审计部门对预算的监督

5. 提交全国人民代表大会审查的预算草案包括（ ）。

A. 国家预算　　B. 中央级预算　　C. 部门预算　　D. 地方预算

6. 政府采购是指各级国家机关、事业单位和团体组织，使用财政性资金采购依法制定的集中采购目录以内的或者采购限额标准以上的（ ）的行为。

A. 技术　　B. 货物　　C. 工程　　D. 服务

7. 在国库集中支付制度下，财政资金的收款方式有（ ）。

A. 直接缴库　　B. 集中汇缴

C. 过款户上缴　　D. 单位层层上缴

8. 政府采购应当遵循的基本原则有（ ）。

A. 公开透明原则　　B. 公平竞争原则

C. 公正原则　　D. 诚实信用原则

9. 政府采购的资金是财政性资金，包括（ ）。

A. 财政预算资金　　B. 预算外资金

C. 单位自筹资金　　D. 救灾资金

三、判断题

1. 政府采购管理机关不参与和干涉采购中的具体商业活动。（ ）
2. 集中采购范围由县级以上人民政府确定。（ ）
3. 公开招标是指招标采购单位依法以招标公告的方式邀请特定的供应商参加投标。（ ）
4. 采用竞争性谈判方式进行政府采购不能事先计算出价格总额。（ ）
5. 集中采购机构是非营利事业法人，根据采购人的委托办理采购事宜。（ ）

6. 采购人可以将应当以公开招标方式采购的货物或者服务化整为零或者以其他任何方式规避公开招标采购。（　　）
7. 财政部门零余额账户在国库会计中使用，行政事业单位会计中不设置该账户。（　　）
8. 国有企业的采购，不属于政府采购范围。（　　）

答案与解析

一、单项选择题

1. A　我国国家预算实行一级政府一级预算，全国共分为五级预算，即中央预算，省级（含自治区、直辖市）预算，地市级（含设区的市、自治州）预算，县级（含自治县、不设区的市、市辖区）预算，乡级（含民族乡、镇）预算。

2. B　本题考核单一来源采购的方式。符合以下情形之一的货物或者服务，可以依照本法采用单一来源方式采购：只能从唯一供应商处采购的；发生了不可预见的紧急情况不能从其他供应商处采购的；必须保证原有采购项目一致性或者服务配套的要求，需要继续从原供应商处添购，且添购资金总额不超过原合同采购金额10%的。

3. C　《政府采购法》第七条规定，政府采购实行集中采购和分散采购相结合。

4. A　本题考核财政收入的收缴方式。直接缴库的税收收入由纳税人或税务代理人提出纳税申报，经征收计算审核无误后，由纳税人通过开户银行将税款缴入国库单一账户。

5. A　政府采购中集中采购的范围由省级以上人民政府公布的集中采购目录确定。

6. C　本题考核政府采购的功能：由于政府采购是置于全社会监督之下的，因而规范化的政府采购可以避免暗箱操作，可以促进廉政建设，提高政府形象。

7. C　本题考核政府采购的原则。公开招标活动信息及结果体现的是“公开透明原则”；不设置妨碍充分竞争的不正当条件体现的是“公平竞争原则”；按照统一的评标标准评定中标或成交供应商体现的是“公正原则”。

8. D　《预算法》第四十条规定：“各级一般公共预算应当按照本级一般公共预算支出额的百分之一至百分之三设置预备费，用于当年预算执行中的自然灾害等突发事件处理增加的支出及其他难以预见的开支。”

二、多项选择题

1. ABC　国家预算从横向可以分为财政总预算、部门单位预算。

2. BCD　预算收入按预算级次划分为中央预算收入、地方预算收入、中央和地方预算共享收入。

3. ACD　预算执行的内容主要有三个方面：一是积极组织财政收入；二是合理安排预算支出；三是严格预备费和周转金的管理。

4. BCD　按照监督主体划分，预算监督包括各级人大及其常委会对预算进行的监督，各级政府对下一级政府预算执行的监督，各级政府财政部门对部门预、决算的监督，各级政府审计部门对预、决算的监督。

5. ABD　提交全国人民代表大会审查的预算草案，包括国家预算、中央级预算和地方预算三部分。预算草案经全国人民代表大会通过以后，即为正式的国家预算，具有法律效力。

6. BCD　政府采购是指各级国家机关、事业单位和团体组织，使用财政性资金采购依法制定的集中采购目录以内的或者采购限额标准以上的货物、工程和服务的行为。

7. AB　国库集中收付制度改革中，规范了财政收入的收缴程序，取消收入过渡户，取消按财务隶属关系层层上缴收入的缴库方式，改为直接缴入财政专户或国库，并由财政部门为执收单位开立财政汇缴专户。财政汇缴专户只能用于财政资金的收入收缴，不得用于执收单位的支出。其中，收缴方式为：①直接缴库；②集中汇缴。

8. ABCD　政府采购应当遵循的四项基本原则是：公开透明原则、公平竞争原则、公正原则、诚实信用原则。

9. ABC　政府采购的资金范围是指财政性资金，包括财政预算资金、预算外资金和单位自筹资金。

三、判断题

1. √　略。

2. ×　集中采购范围由省级以上人民政府确定。

3. ×　公开招标是指招标人以招标公告的方式邀请不特定的法人或者其他组织投标。

4. √　略。

5. √　略。

6. ×　采购人不得将应当以公开招标方式采购的货物或者服务化整为零或者以其他任何方式规避公开招标采购。

7. √　财政部门零余额账户在国库会计中使用，行政事业单位会计中不设置该账户。

8. √　政府采购是指各级国家机关、事业单位和团体组织，使用财政性资金采购依法制定的集中采购目录以内或者采购限额标准以上的货物、工程和服务的行为。国有企业不属于政府采购的主体范围。

第五章 会计职业道德

大纲纵览

· 了解会计职业道德的功能

· 熟悉会计职业道德的含义

· 熟悉加强会计职业道德教育的途径

· 掌握会计职业道德规范的主要内容

第一节 会计职业道德概述

一、职业道德的特征与作用

（一）职业道德的概念

职业道德是指在一定职业活动中应遵循的、体现一定职业特征的、调整一定职业关系的职业行为准则和规范。

职业道德的概念可分为两类，即广义和狭义的职业道德。广义的职业道德是指从业人员在从事相应的职业活动时应当遵循的行为准则，涵盖了从业人员与服务对象、职业与职工、职业与职业之间的关系。狭义的职业道德是指在一定职业活动中应遵循的、具有相应职业特征的、调整一定职业关系的职业行为准则和规范。

【例 5-1】（单选题）在一定职业活动中应遵循的、体现一定职业特征的、调整一定职业关系的职业行为准则和规范，称为（　　）。

A. 广义的职业道德　　B. 狭义的职业道德

C. 会计职业道德　　D. 普遍的职业道德

【答案与解析】B　广义的职业道德是指从业人员在职业活动中应该遵循的行为准则，涵盖了从业人员与服务对象、职业与职工、职业与职业之间的关系。

（二）职业道德的特征

职业道德具有职业性（行业性）、实践性、继承性和多样性等特征。

职业道德是道德在职业实践活动中的具体体现，除了具有道德的一般特点之外，还具有以下特点。

1. 行业性

与社会道德不同，职业道德具有很强的行业性，其内容与职业活动紧密相连，特定的职业活动对从业人员的行为有特定的道德要求。特定的职业道德规范只适用于特定的职业活动领域，对于其他行业，其可能不完全适用，甚至完全不适用。

2. 实践性

由于职业活动都是具体的实践活动，而职业道德规范是根据职业实践经验概括出来的，因此具有较强的针对性、实践性，容易形成条文，它一般以行业公约、工作守则、行为须知、操作规程等具体的规章制度形式，来教育、约束本行业的从业人员，并且公之于众，便于行业内外人员的检查和监督。有的甚至被纳入法律规范，如《中国注册会计师职业道德基本准则》就是以财政部部门规范性文件的形式颁布的，可以直接指导、规范注册会计师的职业活动。

3. 继承性

职业道德作为社会意识形态的一种特殊形式，是受社会经济关系决定的，随着社会经济关系的变化而改变。但是职业道德又是与职业活动紧密结合的，所以，即使在不同的社会经济发展阶段，由于同样一种职业的职业责任和义务相对稳定，服务对象相对不变，职业道德要求的核心内容就被传承了下来。因此，职业道德具有较强的相对稳定性和历史承继性的特点。如医务界有“救死扶伤”，司法界有“秉公执法”，教育界有“为人师表”，等等。

重点提示

职业道德的特征包括：职业性（行业性）、实践性、继承性和多样性等。

（三）职业道德的作用

职业道德是社会道德体系的重要组成部分，是完善社会道德体系的重要方面。它一方面具有社会道德的一般作用，另一方面又具有自身的特殊作用。

1. 调节职业交往中从业人员内部以及从业人员与服务对象间的关系

职业道德的基本职能是调节职能。它一方面可以调节从业人员内部的关系，即运用职业道德规范约束职业内部人员的行为，促进职业内部人员的团结与合作。如职业道德规范要求各行各业的从业人员，都要团结、互助、爱岗、敬业、齐心协力地为发展本行业、本职业服务。另一方面，职业道德又可以调节从业人员和服务对象之间的关系。如职业道德规定了制造产品的工人要怎样对用户负责；营销人员怎样对顾客负责；医生怎样对病人负责；教师怎样对学生负责等。

2. 有助于维护和提高本行业的信誉

一个行业、一个企业的信誉，也就是它们的形象、信用和声誉，是指企业及其产品与服务在社会公众中的信任程度，提高企业的信誉主要靠产品的质量和服务质量，而从业人员职业道德水平的高低是产品质量和服务质量是否有效的保证。若从业人员职业道德水平不高，很难生产出优质的产品和提供优质的服务。

3. 促进本行业的发展

行业、企业的发展有赖于高的经济效益，而高的经济效益源于高的员工素质。员工素质主要包含知识、能力、责任心三个方面，其中责任心是最重要的。而职业道德水平高的从业人员其责任心是极强的，因此，职业道德能促进本行业的发展。

4. 有助于提高全社会的道德水平

职业道德是整个社会道德的主要内容。职业道德一方面涉及每个从业者如何对待职业，如何对待工作，同时也是一个从业人员的生活态度、价值观念的表现；是一个人的道德意识，道德行为发展的成熟阶段，具有较强的稳定性和连续性。另一方面，职业道德也是一个职业集体，甚至一个行业全体人员的行为表现，如果每个行业，每个职业集体都具备优良的道德，对整个社会道德水平的提高肯定会发挥重要作用。

【例 5-2】（多选题）下列关于职业道德作用的说法中，正确的有（　　）。

A. 调节职业交往中从业人员内部以及从业人员与服务对象间的关系

B. 有助于维护和提高本行业的信誉

C. 促进本行业的发展

D. 有助于提高全社会的道德水平

【答案与解析】ABCD　职业道德是社会道德体系的重要组成部分，是完善社会道德体系的重要方面。其作用具体表现在：①调节职业交往中从业人员内部以及从业人员与服务对象间的关系；②有助于维护和提高本行业的信誉；③促进本行业的发展；④有助于提高全社会的道德水平。

二、会计职业道德的概念与特征

（一）会计职业道德的概念

会计职业道德是职业道德在会计职业活动领域的具体化，是指在会计职业活动中应当遵循的、体现会计职业特征的、调整会计职业关系的职业行为准则和规范。

会计职业道德是调整会计职业活动中各种利益关系的手段，会计职业道德具有相对稳定性和广泛的社会性。

（二）会计职业道德的特征

作为社会经济活动中的一种特殊职业，会计职业道德除了具有职业道德的一般特征外，还具有以下特征。

1. 具有一定的强制性

众所周知，道德是不具有强制性的，它只是对人们的行为方式提出了一定的期许，而人们是否遵守却不在其管辖范围内。而法律却具有强制性，它要求人们必须按照法律的规定行事，但是在我国，与其他职业道德不同，会计职业道德的许多内容都直接纳入了相关法律体系，如《中华人民共和国会计法》《企业财务会计报告条例》《内部会计控制规范》等都对会计职业道德的内容和要求进行了相关规定。因此，会计职业道德是一种“思想立法”，它已经超过了道德要求的界限。如果不按照“守则”“准则”“条例”去做，就有可能触犯相关的法律规定，受到一定的经济或刑事制裁。会计工作在市场经济活动中的特殊地位决定了会计职业道德的这种独特的强制性。与此同时，会计职业道德也存在着许多非强制性内容，而且也在发挥着作用。如会计职业道德中的提高技能、强化服务、参与管理、奉献社会等内容虽然是非强制性要求，但其直接影响到专业胜任能力、会计信息质量和会计职业的声誉，也要求会计人员遵守。

2. 较多关注公众利益

会计职业的一个显著特征是会计职业活动与社会公众利益密切联系。在会计工作中，会计确认、计量、记录和报告的程序、标准和方法，在选择和运用上发生任何变化，都会引起与经济主体有关的各方经济利益受到直接的影响。由于会计人员自身的经济利益往往与其所处的经济主体的利益一致，当经济主体利益与国家利益和社会公众利益出现矛盾时，会计人员的利益指向如果偏向经济主体，那么国家和社会公众的利益就会受损，便产生了会计职业道德危机。因此，会计职业的特殊性，对会计职业道德提出了更高的要求，要求会计人员客观、公正、独立。在会计职业活动中，发生道德冲突时要坚持准则，把社会公众利益放在首位。

重点提示

会计职业道德除了具有职业道德的一般特征外，还具有以下特征：一定的强制性和较多关注公众利益。

三、会计职业道德的功能与作用

（一）会计职业道德的功能

会计职业道德的功能是指在揭示道德结构的基础上所展现出来的、对会计从业人员自身生存、发展和完善的功效及意义。

1. 指导功能

会计职业道德具有指导主体行为的功能。它指导会计从业人员在执业过程中遵循会计职业道德，尤其追求会计的“真”，即会计核算客观、正确，不做假账。在社会经济生活中，会计职业道德扮演着指导人们会计行为方向的角色。在会计职业道德的指导下，人们明确自己对国家，对本企业以及其他利益相关者应负的责任和应尽的义务。如正确核算企业的各项成本费用支出，为企业的成本控制提供真实的信息；正确核算企业的应纳税额，不偷逃税款，为国家的财政收入把好第一道关；正确核算企业职工的应得薪酬，保障职工的合法权益得到保障；注册会计师独立、客观、公正地进行外审，出具审计报告，为会计信息的可信度提供合理的保证。

2. 评价功能

道德的评价作用是一种巨大的社会力量和人们内在的意志力量。它通过表彰与批评、扬善与抑恶等评价功能来发挥道德的约束作用，使社会公众能够自觉地按照道德风尚的要求行事。会计职业道德作为道德的一种，同样具有通过评价方式来指导和纠正人们的行为、协调人际关系、维护社会秩序的功能。会计职业道德能够通过“评价—命令”方式，激发会计从业人员的内在积极性和主动性，促进会计从业人员自我约束、自我肯定、自我发展、自我完善，推动会计从业人员的会计行为向“应有行为”的转化，提高人们对于会计、会计学、会计工作、会计地位、会计人员等一系列重大会计问题正确认识的水平，从而达到调节会计职业活动领域各种会计关系的目标。另外，会计职业道德还是评价会计行业服务质量的“风向标”。会计工作尽职尽责，会计诚信度就高，人们就会更加倚重会计职业所提供的服务，会计职业就能获得较高的社会评价，从而取得广泛的社会认可和公众的敬重。如果会计从业人员屡屡失范，甚至出现违法现象，那么不仅会给某些企业利益相关者带来巨大损失，而且还会扰乱国家经济秩序，引发或激化社会矛盾。这将极大地损害会计整个行业的声誉，降低会计职业的社会地位，甚至遭人唾弃。在这种情况下，会计职业势必异化、萎缩甚至退出经济舞台，被其他职业所取代。

3. 教化功能

道德具有教化功能，辅之以舆论的赞扬或谴责，告诫人们应当做什么不应当做什么，唤起人们的道德自觉性和积极性，促使人们按照一定的道德原则和善恶观念来规范自己的行为。会计职业道德具有潜移默化的教化功能，通过理想人格、树立榜样等方式，将会计职业道德渗透到从业人员的精神世界中，提高人们的会计道德信念、会计道德理想和会计道德境界，塑造良好的会计职业心态，规范会计执业行为，培养人们践行会计职业道德的自觉性和主动性。

重点提示

会计职业道德功能包括指导功能、评价功能和教化功能。

（二）会计职业道德的作用

会计职业道德的作用，主要体 现在以下几个方面：

（1）会计职业道德是规范会计行为的基础。动机是行为的先导，有什么样的动机就有什么样的行为。会计职业道德对会计的行为动机提出了相应的要求，如诚实守信、客观公正等，引导、规范、约束会计人员树立正确的职业观念，建立良好的职业品行，从而达到规范会计行为的目的。

（2）会计职业道德是实现会计目标的重要保证。从会计职业关系角度讲，会计目标就是为会计职业关系中的各个服务对象提供真实、可靠的会计信息。由于会计职业活动既是技术性的处理过程，同时又涉及对多种经济利益关系的调整。会计目标能否顺利实现，既取决于会计从业者的专业技能水平，也取决于会计从业者能否严格履行职业行为准则。如果会计从业者故意或非故意地提供了不真实、不可靠的会计信息，就会导致服务对象的决策失误，甚至导致社会经济秩序混乱。因此，依靠会计职业道德规范约束会计从业者的职业行为，是实现会计目标的重要保证。

（3）会计职业道德是对会计法律制度的重要补充。在现实生活中，人们的很多行为很难由法律作出规定。例如，会计法律只能对会计人员不得违法的行为作出规定，不宜对他们如何爱岗敬业、诚实守信、提高技能等提出具体要求，但是，如果会计人员缺乏爱岗敬业的热情和态度，缺乏诚实守信的做人准则，没有必要的职业技能，则很难保证会计信息达到真实、完整的法定要求。很显然，会计职业道德是其他会计法律制度所不能替代的。会计职业道德是对会计法律规范的重要补充。

（4）会计职业道德是提高会计人员职业素养的内在要求。

重点提示

会计职业道德的作用体现在：①是规范会计行为的基础；②是实现会计目标的重要保证；③是对会计法律制度的重要补充；④是提高会计人员职业素养的内在要求。

【例 5-3】（单选题）（　　）是防范经济犯罪的思想基础。

A. 会计人员的自律　　　　B. 精神文明建设

C. 会计职业道德　　　　　D. 会计法律建设

【答案与解析】C　会计职业道德对会计人员的内在精神有一定约束作用，且具有一定的强制力，是防范经济犯罪的思想基础。

【例 5-4】（单选题）下列关于会计职业道德的调整对象是（　　）。

A. 会计职业关系

B. 会计职业中的经济利益关系

C. 会计职业内部从业人员之间关系

D. 与会计活动有关的所有关系

【答案与解析】B　会计职业道德是指在会计职业活动中应当遵循的、体现会计职业特征的、调整会计职业关系的职业行为准则和规范。会计工作的性质决定了在会计职业活动要处理方方面面的经济关系，包括单位与单位、单位与国家、单位与投资者、单位与债权人、单位与职工、单位内部各部门之间及单位与社会公众之间等经济关系，这些经济关系的实质是经济利益关系。会计职业道德配合国家法律制度，调整会计职业活动中形成的经济利益关系，维护正常的经济秩序。

四、会计职业道德与会计法律制度的关系

（一）会计职业道德与会计法律制度的联系

会计职业道德与会计法律制度有着共同的目标、相同的调整对象，承担着同样的职责，两者联系密切。主要表现在：

第一，两者在作用上相互补充、协调。在规范会计行为中，我们不可能完全依赖会计法律制度的强制功能而排斥会计职业道德的教化功能，会计行为不可能都由会计法律制度进行规范，不需要或不宜由会计法律制度进行规范的行为，可通过会计职业道德规范来实现。同样，那些基本的会计行为必须运用会计法律制度强制遵守。

第二，两者在内容上相互借鉴、相互吸收。会计法律制度中含有会计职业道德规范的内容，同时，会计职业道德规范中也包含会计法律制度的某些条款。

【例 5-5】（多选题）会计职业道德与会计法律制度的联系主要体现（　　）。

A. 在作用上相互补充　　B. 在内容上相互借鉴

C. 在内容上相互吸收　　D. 在实施过程中相互作用、相互促进

【答案与解析】ABC　会计职业道德与会计法律制度的联系主要体现在：①两者在作用上相互补充、协调；②两者在内容上相互借鉴、相互吸收。

（二）会计职业道德与会计法律制度的主要区别

会计职业道德与会计法律制度的主要区别表现在下列方面。

1. 性质不同

会计法律制度反映统治者的意志和愿望，因而在同一社会内，只允许存在一种会计法律制度，并通过国家机器强制执行，具有很强的他律性。而会计职业道德并不都代表统治

者的意志，大多来自于职业习惯和约定俗成。在同一社会里，会计职业道德不是唯一的。会计职业道德依靠会计从业人员的自觉性，自愿地执行，并依靠社会舆论和道德修养来实现，具有很强的自律性。

2. 作用范围不同

会计法律制度侧重于调整会计人员的外在行为和结果的合法化，具有较强的客观性。会计职业道德不仅要求调整会计人员的外在行为，还要调整会计人员内在的精神世界，其调节的范围远比法律广泛。会计人员某些错误的行为，只要它还不到触犯会计法律的地步，法律可以不予追究、制裁，但从道德方面来说，却要受到社会舆论的批评、谴责。可以这么说，受到会计职业道德谴责的，不一定受到会计法律的制裁；而受到会计法律制裁的，一般都会受到会计职业道德的谴责（某些过失犯罪除外）。

3. 表现形式不同

会计法律制度是通过一定的程序由国家立法部门或行政管理部门制定和颁布的，其表现形式是具体的、正式形成文字的成文条款。而会计职业道德源自会计人员的职业生活和职业实践，日积月累，约定俗成。其表现形式既有明确成文的规定，也有不成文的只存在于会计人员内心的意识和信念。即使是那些成文的会计职业道德，与会计法律制度相比，在表现形式上也缺乏具体性和准确性，通常只是指会计人员应当做或不应当做某种行为的一般原则和要求。

4. 实施保障机制不同

会计法律制度由国家强制力保障实施；会计职业道德既有国家法律的相应要求，又需要会计人员的自觉遵守。会计法律制度不仅仅是一种权利和义务的规定，而且为了达到有法必依、执法必严、违法必究的目的，还需要一套实施保障机制。

会计法律制度的这种保障机制不仅体现在其法律规范的内容中具有明确的制裁和处罚条款，而且体现在有与之相配合的权威的制裁和审判机关，由国家强制力保障实施。而当人们对会计职业道德上的权利与义务发生争议时，没有权威机构对其中的是非曲直明确做出裁定，只能依靠社会公众的监督和舆论的力量，缺乏权威机构保障对裁定的执行。

5. 两者的评价标准不同

两者涉及的是不同的范畴，会计职业道德更具体一些，评价标准也会更具体。

重点提示

会计职业道德与会计法律制度的关系体现在：两者在根本目标上一致，两者在作用上相互补充、相互依托，两者在内容上相互渗透、相互吸收。区别则表现在：性质不同、作用范围不同、表现形式不同、实施保障机制不同和两者的评价标准不同。

【例 5-6】（多选题）下列关于会计职业道德的说法中，不正确的有（　　）。

A. 会计职业道德涵盖了人与人、人与社会、人与自然之间的关系

B. 会计职业道德与会计法律制度两者在性质上一样

C. 会计职业道德规范的全部内容归纳起来就是廉洁自律与强化服务

D. 会计职业道德不调整会计人员的外在行为

【答案与解析】ABCD　会计职业道德涵盖了会计职业活动中方方面面的经济关系，包括单位与单位、单位与国家、单位与投资者、单位与债权人、单位与职工、单位内部各部门之间及单位与社会公众之间等经济关系，不调整人与自然之间的关系。会计职业道德与会计法律制度在性质上不同，会计法律制度反映统治者的意志和愿望，具有很强的他律性；会计职业道德并不都代表统治者的意志，具有很强的自律性。会计职业道德规范的内容包括：爱岗敬业、诚实守信、廉洁自律、参与管理、提高技能、强化服务、坚持准则和客观公正；会计职业道德不仅调整会计人员的精神世界，还调整会计人员的外在行为。本题有一定的综合性，请注意掌握。

第二节　会计职业道德规范的主要内容

一、爱岗敬业

（一）爱岗敬业的含义

爱岗敬业是会计职业道德的基础，它要求会计从业人员热爱自己的本职工作，恪尽职守地做好本职工作。敬业就是会计从业人员应该充分认识到自己的工作在社会经济活动中的地位和作用，认识到本职工作的社会意义和道德价值，具有会计职业的荣誉感和自豪感，在职业活动中具有高度的劳动热情和创造性，以强烈的事业心、责任感从事会计工作。只有爱岗敬业的人，才会在自己的工作岗位上勤勤恳恳，不断地钻研学习，一丝不苟，精益求精，才有可能为社会、为国家做出崇高而伟大的奉献。

爱岗和敬业互为前提，相互支持、相辅相成。“爱岗”是“敬业”的基石，“敬业”是“爱岗”的升华。如果会计人员对所从事的会计工作不热爱，工作中就难以做到兢兢业业，就不会主动刻苦钻研业务，更新专业知识，提高业务技能；不会珍惜会计这份工作所带来的荣誉，努力维护会计职业的声誉和形象；更谈不上坚持准则、客观公正、文明服务，

维护国家和集体的利益，为国家和企业承担责任。反之，会计人员虽有热爱会计职业的一腔热情，但如果没有勤奋踏实的工作作风和忠于职守的实际行动，敬业也就成为一句空话。

（二）爱岗敬业的基本要求

（1）正确认识会计职业，树立职业荣誉感。

（2）热爱会计工作，敬重会计职业。

（3）安心工作，任劳任怨。

（4）严肃认真，一丝不苟。

（5）忠于职守，尽职尽责。

【例 5–7】（多选题）下列各项中，体现会计职业道德中“爱岗敬业”要求的有（　　）。

A. 工作一丝不苟　　B. 工作尽职尽责

C. 工作精益求精　　D. 工作兢兢业业

【答案与解析】ABCD　爱岗敬业要求会计人员做到：正确认识会计职业，树立职业荣誉感；热爱会计工作，敬重会计职业；严肃认真，一丝不苟；安心工作，任劳任怨；忠于职守，尽职尽责。

二、诚实守信

（一）诚实守信的含义

诚实守信是做人的基本准则，是人们在古往今来的交往中产生出的最根本的道德规范，也是会计职业道德的精髓。诚实是指根据实际发生的经济业务事项，真实正确地记录，如实地反映单位经济业务活动情况。不被他人意志左右，也不因个人好恶而取舍，更不能为谋取个人或小集体私利而弄虚作假，编造假账。守信就是遵守自己所作出的承诺、重信用，信守诺言，依法保守单位秘密，形成“守信光荣，失信可耻”的氛围，以维护职业信誉。

在现代市场经济社会，“诚信”尤为重要。人无信不立，国无信不强。市场经济是“信用经济”“契约经济”。可以说，信用是维护市场经济步入良性发展轨道的前提和基础，是市场经济社会赖以生存的基石。

（二）诚实守信的基本要求

（1）做老实人，说老实话，办老实事，不搞虚假。

（2）保守秘密，不为利益所诱惑。

（3）执业谨慎，信誉至上。要求会计人员在工作中应保持谨慎态度，对客户和社会公众尽职尽责，形成“守信光荣，失信可耻”的氛围，以维护职业信誉。这一要求对注册会计师尤为重要。注册会计师在选择客户时要谨慎，不要一味地追求营业收入，迎合客户不正当要求，接受违背职业道德的附加条件。注意评估自身的业务能力，正确判断自身的知识、经验和专业能力能否胜任所承担的委托业务。

三、廉洁自律

（一）廉洁自律的含义

廉洁自律是中华民族的一种传统美德，也是会计职业道德规范的重要内容之一。在会计职业中，“廉洁”要求会计从业人员公私分明、不贪不占、遵纪守法，经得起金钱、权利、美色的考验，不贪污挪用、不监守自盗。保持廉洁主要靠会计人员的觉悟、良知和道德水准，而不是受制于外在的力量。“自律”是指会计人员按照一定的具体标准作为具体行为或言行的参照物，进行自我约束、自我控制，使具体的行为或言论达到至善至美的过程。自律包括两层意思：一是会计行业自律，这是会计职业组织对整个会计职业的会计行为进行自我约束、自我控制的过程；二是会计从业人员的自我约束，会计从业人员的自我约束是靠其科学的价值观和正确的人生观来实现的，如果每个会计从业人员的自律性很强，则整个会计行业的自律性也会很强。

会计工作的特点决定了会计人员必须两袖清风，不取不义之财，做到“理万金分文不沾”。会计人员只有首先做到自身廉洁，严格约束自己，才能要求别人廉洁，才能理直气壮地阻止或防止别人侵占集体利益，正确行使监督的会计职责，保证各项经济活动正常进行。

会计人员的廉洁是会计职业道德自律的基础，而自律是廉洁的保证。自律性不强就很难做到廉洁，不廉洁就谈不上自律。会计人员必须既廉洁又自律，两者不可偏废。廉洁自律是会计职业道德的前提和内在要求，是会计职业声誉的“试金石”，是会计人员必备的行为品德，是会计职业道德的灵魂。

（二）廉洁自律的基本要求

（1）树立正确的人生观和价值观。廉洁自律，首先要求会计人员必须加强世界观的改造，树立正确的人生观和价值观。人生观是人们对人生的目的和意义的总的观点和看法。正确的人生观指引人走人生的正道，用自己的劳动去创造人生业绩，成为一个有益于社会有益于人民的高尚的人。价值观是指人们对于价值的根本观点和看法，它是世界观的一个重要组成部分，包括对价值的本质、功能、创造、认识、实现等有关价值的一系列问题的基本观点和看法。能否树立正确的价值观和科学、合理的价值取向，对一个人的发展是至关重要的。会计人员应以马克思主义、毛泽东思想、邓小平理论、“三个代表”重要思想为指导，树立科学的人生观和价值观，坚决摒弃拜金主义思想，发扬廉洁自律的奉献精神，认真把会计工作做好、做扎实，为企业和社会做出贡献，并从中实现自我价值，创造幸福和谐的人生。

（2）公私分明，不贪不占。公私分明是指严格划分公与私的界线，公是公，私是私。如果公私分明，就能够廉洁奉公。反之，如果公私不分，就会出现以权谋私的腐败现象，甚至出现违法违纪行为。

廉洁自律的天敌就是“贪”“欲”。在会计工作中，由于大量的钱财要经过会计人员之手，因此，很容易诱发会计人员的“贪”“欲”。犯“贪”“欲”的根本原因是会计人员忽视了世界观的自我改造，放松了道德的自我修养，弱化了职业道德的自律。一些会计人员贪图金钱和物质上的享受，利用职务之便，自觉或不自觉地行“贪”。有的被动受贿，有的主动索贿，有的贪污、挪用公款，有的监守自盗，有的集体贪污。“千里之堤，溃于蚁穴”，会计人员必须加强道德修养，彻底抛弃“金钱至上、金钱万能”的“人生哲学”，在不义之财面前不动心，决不利用手中权力贪占便宜。

（3）遵纪守法，一身正气。即要求会计人员遵纪守法，正确处理会计职业权利与义务的关系，增强抵制行业不正之风的能力，勇于承担责任，履行义务。同时，要求会计人员不贪污，不损公肥私，做到一身正气，两袖清风。

【例5–8】（单选题）“常在河边走，就是不湿鞋”，这句话体现的会计职业道德是（ ）。

A. 参与管理　　B. 廉洁自律　　C. 提高技能　　D. 强化服务

【答案与解析】B　廉洁自律要求会计从业人员能够抵制住金钱、利益的诱惑，做到不贪污钱财，不收受贿赂，保持清白。

四、客观公正

（一）客观公正的含义

“客观公正”是指会计人员端正态度，依法办事，实事求是，如实反映，保持应有的独立性。客观是指按事物的本来面目去反映，不掺杂个人的主观意愿，也不为他人意见所左右。公正就是平等、公平、正直，没有偏失。但公正是相对的，世上没有绝对的公正。

客观公正是会计职业道德所追求的理想目标。

对于会计职业活动而言，客观主要包括两层含义：一是真实性，即以实际发生的经济活动为依据，对会计事项进行确认、计量、记录和报告；二是可靠性，即会计核算要准确，记录要可靠，凭证要合法。

（二）客观公正的基本要求

（1）依法办事。

（2）实事求是。

（3）如实反映。

【例 5-9】（多选题）下列有关会计职业道德“客观公正”的表述中，正确的有（　　）。

A. 会计活动的整个过程都需要保持独立

B. 扎实的理论功底和较高的专业技能是做到客观公正的重要前提条件

C. 在会计工作中客观是公正的基础，公正是客观的反映

D. 依法办事是会计工作保证客观公正的前提

【答案与解析】 ABCD　以上选项都是会计职业道德“客观公正”的表现。

五、坚持准则

（一）坚持准则的含义

“无规矩不成方圆”，会计职业活动同样也需要一些行业的准则去规范会计从业人员的行为。坚持准则是指会计人员在处理业务过程中，要严格按照会计法律制度办事，不为主观或他人意志左右。这里的“准则”不仅指会计准则，而且包括会计法律、法规、国家统一的会计制度以及与会计工作相关的法律制度。坚持准则是会计职业道德的核心。

（二）坚持准则的基本要求

（1）熟悉准则。

（2）遵循准则。

（3）敢于同违法行为做斗争。

【例5-10】（简答题）简述会计职业道德规范中“坚持准则”的含义，“坚持准则”有哪些基本要求？

【答案与解析】坚持准则是指会计人员在处理业务过程中，要严格按照会计法律制度办事，不为主观或他人意志所左右。“准则”不仅指会计准则，而且包括会计法律、法规、国家统一的会计制度以及与会计工作相关的法律制度。“坚持准则”的基本要求：①熟悉准则；②遵循准则；③敢于同违法行为做斗争。

六、提高技能

（一）提高技能的含义

会计是一门不断发展变化、专业性很强的学科，它与经济发展有着密切的联系。这就要求会计从业人员要有紧迫性，不断学习，提高业务水平。会计工作质量的好坏，一方面受会计人员职业技能水平的影响；另一方面受会计人员道德品行的影响。会计人员的道德品行是会计职业道德的根本和核心，会计人员的职业技能水平是会计人员职业道德水平的保证。会计工作是一门专业性和技术性很强的工作，从业人员必须具备“一定的会计专业知识和技能”，才能胜任会计工作。作为一名会计工作者必须不断地提高其职业技能，这既是会计人员的义务，也是在职业活动中做到客观公正、坚持准则的基础，是参与管理的前提。

职业技能，也可称为职业能力，是人们进行职业活动，承担职业责任的能力和手段。会计职业技能的内容主要包括：一是会计专业基础知识；二是会计理论、专业操作的创新能力；三是组织协调能力；四是主动更新知识的能力；五是提供会计信息的能力等。提高技能就是指会计人员通过学习、培训和实践等途径，持续提高上述职业技能，以达到和维持足够的专业胜任能力的目的。遵守会计职业道德客观上需要不断提高会计职业技能。

会计从业人员在对会计事项进行确认、计量、记录和报告以及对单位内部会计控制制度设计中等都需要有扎实的理论功底和丰富的实践经验；在进行具体业务处理时对会计处理方法的选择、会计估计的变更、会计信息电算化的处理等都是技术性很强的工作。特别是我国加入世界贸易组织以后，中国经济逐渐融入全球经济体系，要求会计准则、会计制度与国际会计惯例充分协调，需要会计人员不断地学习新的会计理论和新的准则制度，熟悉和掌握新的法律法规。只有不断地学习，会计人员才能保持持续的专业胜任能力、职业判断能力和交流沟通能力，不断地提高会计专业技能，以适应我国深化会计改革和走向国际化的要求。

【例 5-11】(多选题)下列各项中，属于会计职业技能的有(　　)。

A. 提供会计信息能力　　B. 会计实务操作能力

C. 职业判断能力　　D. 沟通交流能力

【答案与解析】ABCD　会计职业技能包括会计理论水平、会计实务操作能力、职业判断能力、自动更新知识能力、提供会计信息的能力、沟通交流能力以及职业经验等。

(二) 提高技能的基本要求

(1) 要有不断提高会计专业技能的意识和愿望。随着社会主义市场经济体制的建立，改革开放的不断深入，经济生活中出现了许多过去不曾遇到的新问题，使会计面临许多全新课题，会计理论、会计知识都以前所未有的速度更新。会计在经济发展中的作用越来越明显，对会计人才的要求也越来越高。会计人员要想生存和发展，就必须具有不断提高会计专业技能的意识，才能不断进取，使自身的专业技能不断提高，使自己的知识不断更新，从而掌握过硬的本领，使自己始终走在会计领域的前沿。

(2) 要有勤学苦练的精神和科学的学习方法。当前，会计理论不断创新，新的会计学科分支不断出现，如跨国公司会计、国际税收会计、金融工具及衍生工具会计、知识产权会计、社会责任会计、环境会计、人力资源会计、人本会计以及会计电算化和网络化的发展，都要求会计人员不断地进行学习与探索。专业技能的学习和提高不可能是一劳永逸之事，必须持之以恒，不间断地学习、充实和提高。只有锲而不舍的“勤学”精神，同时掌握科学的学习方法，并在实践中不断锤炼，才能不断地提高自己的业务水平，才能推动会计工作和会计职业的发展，以适应不断变化的新形势和新情况的需要。谦虚好学，锲而不舍，是练就高超的专业技术和过硬本领的唯一途径，也是衡量会计从业人员职业道德水准高低的重要标志之一。

【例 5-12】(多选题)根据会计职业道德的要求，下列各项中，有利于会计从业人员提高职业技能的有(　　)。

A. 参加财政部门组织的会计法规制度培训

B. 参加会计专业技术资格考试

C. 参加单位组织的业务比赛和经验交流

D. 参加会计国际研讨会

【答案与解析】ABCD　以上各项都是提高会计从业人员职业技能的途径。

七、参与管理

（一）参与管理的含义

参与管理，顾名思义就是参加管理活动，为管理者当参谋，为管理活动服务。会计管理活动在一个企业的发展过程中起着重要的作用，是企业管理的重要组成部分。但会计工作的性质决定了会计从业人员在企业管理活动中，更多的是从事间接管理活动。参与管理就是要求会计人员在做好本职工作的同时，努力钻研相关业务，全面熟悉本单位的经营活动和业务流程，主动提出合理化建议，协助领导决策，积极参与管理。如果没有会计人员的积极参与，企业的经营管理就会出现问题，决策就可能出现失误。会计人员特别是会计部门的负责人，不能消极被动地记账、算账和报账，必须强化自己参与管理、当好参谋的角色意识和责任意识。

（二）参与管理的基本要求

（1）努力钻研业务，熟悉财经法规和相关制度，提高业务技能，为参与管理打下坚实基础。业务娴熟，技能精湛，是会计人员参与管理的前提。会计人员只有努力钻研业务，不断提高业务技能，深刻领会财经法规和相关制度，才能有效地参与管理，为改善经营管理、提高经济效益服务。不学无术、鄙视专业技能，轻视会计业务，满足于一知半解或者似懂非懂、似通非通，连最基本的本职工作都无法做好，更不要说参与管理了。作为更进一步的要求，还要会预测、编制计划、分析及决策等，要具有较高的独立分析、处理实际问题的能力，能够透过现象看本质，抓住主要矛盾并妥善予以解决。运用各种管理分析方法，找出经营管理中的问题和薄弱环节，提出改进意见和措施，把管理运用在日常工作之中，从而使会计的事后反映变为事前的预测和事中的控制，真正起到当家理财的作用，成为决策层的参谋助手。

（2）熟悉服务对象的经营活动和业务流程，使管理活动更具针对性和有效性。会计人员应当熟悉本单位的生产经营、业务流程和管理情况，掌握单位的生产经营能力、技术设备条件、产品市场及资源状况等情况，结合财会工作的综合信息优势，积极参与预测。根据预测情况，运用专门的财务会计方法，从生产、销售、成本、利润等方面有针对性地拟定可行性方案，参与优化决策。对计划、预算的执行，要充分利用会计工作的优势，积极协助、参与监控，为改善单位内部管理、提高经济效益服务。

【例 5-13】（多选题）下列各项中，符合会计职业道德“参与管理”的行为有（　　）。

A. 对公司财务会计报告进行分析并提出可能存在的管理风险

B. 参加公司重大投资项目的可行性研究和投资效益论证

C. 分析坏账形成原因，提出加强授信管理、加快货款回收建议

D. 分析现金流量状况，提出合理的现金流量留存建议

【答案与解析】ABCD　参与管理就是要求会计人员积极主动地向单位领导反映本单位的财务、经营状况及存在的问题，主动提出合理化建议，积极地参与市场调研和预测，参与决策方案的制订和选择，参与决策的执行、检查和监督，为领导的经营管理和决策活动，当好助手和参谋。

八、强化服务

（一）强化服务的含义

强化服务就是要求会计人员要有文明的服务态度、强烈的服务意识和优良的服务质量。强化服务是现代经济社会对劳动者所从事职业的更高层次的要求，它表现为人们在参与对外工作交往和组织内部协调运作过程中，人与人之间人际关系的融洽程度和与之相对应的工作态度。在我们的社会生活中，各岗位上的就业者都处于服务他人和接受他人服务的地位。在服务他人的过程中，人们承担对他人责任和义务的同时，也接受着他人的服务。

会计工作涉及面广，往往需要服务对象和其他部门的协作及配合，而且会计工作的政策性又很强，在工作交往和处理业务过程中，容易同其他部门及服务对象发生利益冲突或意见分歧。这样会计人员待人处世的态度直接关系到工作能否顺利开展以及工作的成效。这就要求会计人员不仅要有热情、耐心、诚恳的工作态度，待人平等礼貌，而且遇到问题要以商量的口吻，充分尊重服务对象和其他部门的意见。做到大事讲原则，小事讲风格，沟通讲策略，用语讲准确，建议看场合。会计人员只有树立强烈的服务意识，才能将本职工作顺利完成，同时也维护了会计行业的社会地位。

（二）强化服务的基本要求

（1）强化服务意识。会计人员要树立强烈的服务意识，为管理者服务、为所有者服务、为社会公众服务、为人民服务。不论服务对象的地位高低，都要摆正自己的工作位置，管钱管账是自己的工作职责，参与管理是自己的义务。只有树立了强烈的服务意识，才能做好会计工作，履行会计职能，为单位和社会经济的发展做出应有的贡献。

（2）提高服务质量。强化服务的关键是提高服务质量。单位会计人员的服务质量表现在，是否真实地记录单位的经济活动，向有关方面提供可靠的会计信息；是否积极主动地向单位领导反映经营活动情况和存在的问题，提出合理化建议，协助领导决策，参与经营

管理活动。注册会计师的服务质量表现在，是否以客观、公正的态度正确评价委托单位的财务状况、经营成果，出具恰当的审计报告，为社会公众及信息使用者服务好。

需要注意的是，在会计工作中提供上乘的服务质量，并非是无原则地满足服务主体的需要，而是在坚持原则、坚持准则的基础上尽量满足用户或服务主体的需要。

【例 5–14】（多选题）小赵是某代理记账公司提供专业服务的会计人员，为了遵循会计职业道德强化服务的要求，他为客户提供的下列服务中，正确的有（　　）。

A. 向委托单位提出改进内部控制的建议和意见

B. 利用专业知识向委托单位提出税收筹划的建议

C. 为帮助委托单位负责人完成业绩考核任务，提出将银行借款利息挂账处理的建议

D. 在委托单位举办财会知识培训班，宣讲会计法律制度，帮助树立依法理财观念

【答案与解析】ABD　将银行借款利息挂账以达到完成业绩考核的任务，不是以客观、公正的态度正确评价委托单位的财务状况、经营成果，违背了强化服务的基本要求。

第三节 会计职业道德教育

一、会计职业道德教育的含义

会计职业道德教育是指根据会计工作的特点，有目的、有组织、有计划地对会计人员施加系统的会计职业道德影响，促使会计人员形成会计职业道德品质，履行会计职业道德义务的活动。

二、会计职业道德教育的形式

会计职业道德教育的形式有：①接受教育（外在教育）；②自我修养（内在教育）。

【例 5–15】（判断题）会计职业道德教育要取得成效，不能脱离自我教育。（　　）

【答案与解析】√　会计职业道德教育的主要形式包括接受教育和自我修养。其中，接受教育是一种被动学习、被动授受教育；自我修养是内在教育，把外在的职业道德的要求，逐步转变为会计从业人员内在的职业道德情感、职业道德意志和职业道德信念。

三、会计职业道德教育的内容

1. 职业道德观念教育

职业道德观念教育就是在社会上广泛宣传会计职业道德基本常识，使广大会计人员了解会计职业道德对社会经济秩序、会计信息质量的影响，以及违反会计职业道德将受到的惩戒和处罚。并利用广播电视、报纸杂志等媒介，表彰坚持原则、德才兼备的会计人员，鞭笞违法违纪的会计行为，形成遵守职业道德光荣，违反职业道德可耻的社会氛围，树立会计职业道德观念。从而提高会计职业道德水平，使会计职业健康发展。

2. 职业道德规范教育

会计职业道德规范教育是指对会计人员开展以会计职业道德规范为内容的教育。以爱岗敬业、诚实守信、廉洁自律、客观公正、坚持准则、提高技能、参与管理和强化服务为主要内容的会计职业道德规范是会计职业道德教育的核心内容，并贯穿于会计职业道德教育的始终。会计人员应牢记为人民服务的宗旨，端正为人民服务的态度，掌握为人民服务的本领，熟知为人民服务的内容，树立良好的为人民服务的精神，同时要有高度的自觉性，经常用会计职业道德规范来衡量自己在职业实践中的一切言行。

3. 职业道德警示教育

会计人员整天在与钱物打交道的同时，也在同法律法规打交道，因此遵纪守法是会计人员的基本职业道德。职业道德警示教育是指通过开展对违反会计职业道德行为和对违法会计行为典型案例的讨论和剖析，给会计人员以启发和警示，从而可以提高会计人员的法律意识和会计职业道德观念，提高会计人员辨别是非的能力。根据不同的教育对象，选择一些违反会计职业道德行为的典型案例，开展广泛深入的讨论，从而可以提高会计人员的法律意识和会计职业道德观念，提高会计人员辨别是非的能力。

【例 5-16】（单选题）（　　）是指通过对违反会计职业道德行为和对违法会计行为典型案例进行讨论和剖析，从中得到警示，增强法律意识，加强会计职业道德观念和辨别是非的能力。

A. 会计职业道德观念教育

B. 会计职业道德警示教育

C. 会计职业道德规范教育

D. 其他与会计职业道德相关的教育

【答案与解析】B　会计职业道德教育的内容包括：①会计职业道德观念教育，就是在社会上广泛宣传会计职业道德基本常识；②会计职业道德规范教育，就是指对会计人员开展以会计职业道德规范为内容的教育；③会计职业道德警示教育；④其他与会计职业道德相关的教育。

四、会计职业道德教育的途径

（一）接受教育的途径

1. 岗前职业道德教育

岗前职业道德教育是指对将要从事会计职业的人员进行的道德教育。通过会计学历教育进行会计职业道德教育要求会计人员在学习会计理论和技能的同时，学习会计职业道德规范内容，了解会计职业面临的道德风险，树立会计职业道德情感和观念，提高运用道德标准判断是非的能力。据统计，我国每年有10万左右的学生进入会计队伍的行列。为保证他们进入到会计队伍后都具有良好的职业道德观念，会计职业道德教育必须从会计学历教育抓起。在会计学历教育中开展会计职业道德教育，可以促使会计队伍预备人员将会计职业道德要求转化为内在的会计职业道德品质，把会计职业道德规范变成未来职业活动中遵循的信念和标准，从而对潜在的会计人员职业道德水准起着基础性作用。

会计学历教育不仅要对学生进行专业知识教育，学习会计理论和技能，而且还要对学生进行职业道德教育，使学生不断提高思想品质和道德情操，其具体目标主要包括：第一，使学生了解会计职业道德规范的主要内容，树立职业道德观念；第二，使学生了解会计职业面临的道德风险，为今后从事会计工作并在职业活动中保持恰当的价值观与行为模式奠定基础；第三，培养学生树立会计职业道德情感和观念，提高运用道德标准判断是非的能力。

【例 5-17】（多选题）会计职业道德教育的途径包括（　　）。

A. 会计学历教育　　B. 会计人员继续教育

C. 会计人员自我教育　　D. 会计专业技术资格考试

【答案与解析】ABC　会计职业道德教育的主要形式包括接受教育和自我修养，会计专业学历教育是岗前职业道德教育的重要途径。

2. 岗位职业道德继续教育

继续教育是指从业人员在完成某一阶段专业学习后，重新接受一定形式的、有组织的、知识更新的教育和培训活动。会计人员继续教育是强化会计职业道德教育的有效形式。岗位职业道德教育是维持和强化会计人员职业道德意识、提高其会计职业道德素养的必要手段。

会计职业道德教育应贯穿于整个会计人员继续教育的始终。在职业道德的继续教育中应体现出社会经济的发展变化对道德的要求，也就是说在不同的阶段，道德教育的内容和侧重点应有所不同。就现阶段而言，会计人员继续教育中的会计职业道德教育目标是适应新的市场经济形势的发展变化，在不断更新、补充、拓展会计人员业务能力的同时，使其政治素质、职业道德水平不断提高，具体包括以下内容：

（1）形势教育。教育的重点是要贯彻“以德治国”的重要思想和“诚信为本，操守为重，坚持准则，不做假账”的指示精神，进一步全面、系统地加强会计职业道德培训，提高广大会计人员的政治水平和思想道德意识。

（2）品德教育。教育的重点是引导会计人员自觉地用会计职业道德规范指导和约束自身的行为，提高职业道德自律能力，最终形成良好的、稳定的道德品行。

（3）法制教育。教育的重点是引导会计人员熟悉并了解不同历史时期的会计法律法规政策，学会运用法律的手段处理会计事务。

（二）自我修养的途径

1. 不断地进行“内省”（慎省慎微）

“内省”就是通过自我反思、自我解剖、自我总结而发扬长处、克服短处，不断地自我升华、自我超越，逐步树立起正确的道德观念，培养高尚的道德品质，提高自己的精神境界。

会计人员对自己所做的会计工作要进行自我批评、自我解剖，用会计职业道德这面镜子对照检查，认真找出自己的缺点、差距，并通过主观努力来加以改正，使自己的行为符合职业道德的规范和要求，用自我批评的方法来加强自身的职业道德修养。同时要虚心听取他人意见。对于他人的批评，要态度诚恳，虚心接受。

2. 要提倡“慎独”精神（慎独慎欲）

慎独就是在单独处事、无人监督的情况下，仍能坚持自觉地按照道德准则去办事，不做任何对国家、对社会、对他人不道德的事情。慎独，既是一种道德修养方法，又是一种很高的道德境界。慎独的前提是坚定的职业信念和职业良心，其基本特征是以高度自觉性为前提，通过自我约束、自我监督，可以更好地培养、锻炼坚强的职业道德信念和意志。会计职业道德修养讲“慎独”，就是要求会计人员严格要求自己，在履行职责时自律谨慎，不管财经法规、制度是否有漏洞，也不管是否有人监督，领导管理是否严格，都按照职业道德的要求去办，这是会计职业道德的最高境界。

3. 虚心向先进人物学习（自警自励）

榜样的力量是无穷的。在会计职业道德教育过程中，要树立榜样，大力宣传先进会计人员的事迹。对自觉遵守会计职业道德的先进人物进行表彰、宣传，不仅是对他们自身的一种奖励，同时还可以树立本行业的楷模、榜样，使会计职业道德原则和规范具体化、人格化，使广大会计工作者从这些富于感染性、可行性的道德榜样中获得启示、获得动力，在潜移默化中逐渐提高自身的职业道德修养。

与此同时，还要重视舆论作用，舆论可以对会计人员的道德行为起到扬抑作用。在会计领域，只有形成了扬正抑邪、褒善贬恶的社会舆论，才能净化会计职业道德建设的外部环境，也才能收到职业道德教育的良好效果。

重点提示

会计职业道德教育包括职业道德观念教育、职业道德规范教育和职业道德警示教育。会计职业道德教育途径包括岗前职业道德教育和岗位职业道德继续教育。

【例 5-18】（多选题）会计职业道德教育的途径，包括（　　）。

A. 岗前职业道德教育　　B. 岗位职业道德继续教育

C. 形势教育　　D. 法制教育

【答案与解析】AB　形势教育和法制教育属于岗位职业道德继续教育的内容。

【例 5-19】（判断题）某企业在讨论会计职业道德修养问题时，会计小陈认为会计职业道德修养是一种自我道德完善，与社会实践无关。（　　）

【答案与解析】×　小陈的观点不正确。会计职业道德修养，虽然是道德品质和思想素质方面的自我锻炼，但绝不是“闭门思过”，我们所说的修养，是在社会实践中的自我锻炼。在会计职业活动中，会计人员会遇到各种利益关系和人际关系的协调处理，这就需要加强意志的修养；在会计职业活动中，会计人员还会遇到现实的义利关系、理欲关系，要抵制社会各种不良风气和错误思潮的侵袭，就需要加强品质的修养；在会计职业活动中，会计人员为了更好地与职业对象打交道，还要注意自身形象的修养。总之，会计职业道德修养一刻也离不开社会实践，只有在社会实践中不断磨炼，才能逐步提高会计职业道德修养。

第四节　会计职业道德建设组织与实施

会计职业道德建设是一项复杂的系统工程，要抓好会计职业道德建设，关键在于加强和改善会计职业道德建设的组织和领导，并得到切实贯彻和实施。各级财政部门、会计职业团体、机关和企事业单位要充分认识到加强会计职业道德建设对于维护社会经济秩序、促进社会经济发展的重要意义，积极探索会计职业道德建设组织与实施的制度和机制，齐抓共管，确保会计职业道德建设的各项任务和要求落到实处。

一、财政部门的组织推动

经济越发展，会计越重要。会计信息是否真实、完整，直接影响着投资人、经营者和社会公众的利益，进而影响着整个社会经济秩序。因此，市场经济越发展，对会计工作的职业道德水准要求越高。各级财政部门要充分认识新形势下加强会计职业道德建设的重要意义，正确认识法治与德治的辩证关系，认识会计职业道德建设的重要意义及其紧迫性、艰巨性、长期性，把会计职业道德建设作为新时期会计管理工作的一项重要的内容，列入财政部门管理会计工作的重要议事日程，做到常抓不懈。

（一）采用多种形式开展会计职业道德宣传教育

各级财政部门应有计划、有步骤地开展会计职业道德的宣传教育工作，要结合本地区的实际情况，制定切实可行的宣传教育方案；采取灵活多样的宣传形式，要充分利用广播、电视、网络、报纸、杂志等媒体，广泛宣传遵守会计职业道德的先进典范，弘扬正气，树立诚实守信等会计新风尚，在全社会营造会计职业道德建设的良好氛围。通过举办会计职业道德演讲会、有奖知识竞赛、征文、论坛、专题研讨等活动，引导广大会计人员积极参与会计职业道德教育活动，营造会计职业道德建设的氛围。

（二）会计职业道德建设与会计从业资格证书注册登记管理相结合

会计从业资格证书注册登记制度是指取得会计从业资格的人员，被单位聘用从事会计工作时，应由本人或本人所在单位提出申请，按照会计从业资格管理部门规定的时间到会计从业资格管理部门进行注册登记。为了加强对会计人员职业道德情况的考核检查，应当将其作为会计从业资格证书注册登记管理的重要内容，并采取以下方式。

1. 明确考核评价方式

根据会计职业道德规范以及国家颁布的有关财会法规、制度的要求，将会计职业道德的行为表现分成若干部分，明确各个部分的评分标准，通过一定的组织形式和组织程序，对会计人员的道德行为进行考核评分。分数可以按照百分制记分，在形式上可采用自检、互检、明检、暗检等多种方式相结合的方法。自检，是由会计人员对照标准要求进行检查评分，即职业道德的自我评价；互检，是由会计人员所在的部门、单位组织进行互相检查，按标准评分；明检，是由会计职业团体或所在单位组织进行公开检查，对照标准评分；暗检，是由本单位领导和会计职业团体不定期地深入基层暗中检查，并按标准评分。在上述评分基础上，可以得出一个综合评分。

2. 建立持证人员诚信档案

目前，财政部门对会计从业资格证书档案实行电子计算机管理，为建立会计人员诚信档案创造了有利条件。可以结合会计从业资格证书注册登记管理工作，将会计人员执行会计法规制度和会计职业道德情况，以及受到的奖惩情况等，输入电子档案，形成会计人员的诚信档案，不仅作为财政部门监管会计人员的依据，也可以向用人单位和社会公众开放，从而督促、约束、激励会计人员严格自律，认真执行会计职业道德规范。

（三）会计职业道德建设与会计专业技术资格考评、聘用相结合

我国会计专业技术资格分为会计员、助理会计师、会计师和高级会计师四个级别，其中会计员、助理会计师为初级资格，会计师为中级资格。初级资格、中级资格需要通过全国专业技术资格考试才能取得。取得初级资格的，可聘任会计员职务，满足国家有关规定条件的可聘任助理会计师职务；取得中级资格并符合国家有关制度规定的，可聘任会计师职务。根据财政部、人事部联合印发的《会计专业技术资格考试暂行规定》及其实施办法规定，报考初级资格、中级资格的会计人员，应“坚持原则，具备良好的职业道德品质”等。会计专业技术资格考试管理机构在组织报名时，应对参加报名的会计人员职业道德情况进行检查，对有不遵循会计职业道德记录的，应取消其报名资格。

目前，我国已经开始试行高级会计师资格考试与评审相结合的方式。由于高级会计师资格是采取考试和评审相结合的方式，因此有必要在考试及评审两个方面对其会计职业道德进行检查、考核。一是在考试方面，考虑到会计职业道德对高级会计师的重要性，有必要增设会计职业道德的内容，从理论上加深其对会计职业道德的理解和认识；二是在评审方面，要对申报人的会计职业道德情况严格审查；三是规定一些关于会计职业道德规范的否决条款，比如申报人曾因违法犯罪行为而受过刑事处罚，不能参加高级会计师资格的评审。将会计职业道德奖惩与会计专业技术资格的考、评、聘联系起来，将使广大会计人员像重视自己专业技术职称一样重视自己的职业道德形象，在日常的学习工作中不断提高自身的职业道德修养。

【例 5-20】（多选题）会计职业道德建设是一项复杂的系统工程，要抓好会计职业道德建设，各级财政部门可以采取的措施有（　　）。

A. 采用多种形式开展会计职业道德宣传教育

B. 与会计人员表彰奖励制度相结合

C. 与会计专业技术资格考评、聘用相结合

D. 与会计从业资格证书注册登记管理相结合

【答案与解析】ABCD　以上各项都是财政部门可以采取的加强会计职业道德建设的措施。

二、会计行业的自律

会计职业组织起着联系会员与政府的桥梁作用，应充分发挥协会等会计职业组织的作用，改革和完善会计职业组织自律机制，有效发挥自律机制在会计职业道德建设中的促进作用。

三、企事业单位的内部监督

形成内部约束机制，防范舞弊和经营风险，支持并督促会计人员遵循会计职业道德，依法开展会计工作，需做到以下几点：

（1）加强培训，增强会计内部制约和监督意识。

（2）健全会计内部制约和监督机制，推动会计内部制约和监督工作顺利开展。

（3）加强内部监督，提升执行力。

四、社会各界的监督与配合

加强会计职业道德建设是一项复杂的社会系统工程。既要提高广大会计人员的素质，又要调动各地区、各部门、各单位参与其中，共同努力，以达到职业道德建设的目标。正如《公民道德建设实施纲要》指出："推进公民道德建设，需要社会各方面的共同努力。各级宣传、教育、文化、科技、组织人事、纪检监察等党政部门，工会、共青团、妇联等群众团体以及社会各界，都应当在党委的统一领导下，各尽其责，相互配合，把道德建设与业务工作紧密结合起来，纳入目标管理责任制，制定规划，完善措施，扎实推进。要充分发挥各民主党派和工商联在公民道德建设中的作用。"因此，加强会计职业道德建设，不仅各级党组织要管，各级机关、群众组织等也要管。只有重视和加强各级组织、广大群众和新闻媒体的监督作用，齐抓共管，形成合力，才能有效地搞好会计职业道德建设，更好地提高广大会计人员的思想道德素质。

重点提示

会计职业道德建设是一项复杂的系统工程，需要财政部门的组织推动、会计职业组织的行业自律和社会各界齐抓共管。

第五节 会计职业道德的检查与奖惩

一、会计职业道德检查与奖惩的意义

会计职业道德检查与奖惩的意义主要有：

（1）具有促使会计人员遵守职业道德规范的作用。

（2）裁决与教育作用。

（3）有利于形成抑恶扬善的社会环境。

二、会计职业道德检查与奖惩的机制

会计职业道德检查与奖惩的机制包括：

（1）财政部门的监督检查。

（2）会计行业组织的自律管理与约束。

（3）激励机制的建立。

【例 5-21】（多选题）会计职业道德检查与奖惩的机制包括（ ）。

A. 财政部门的监督检查

B. 会计行业组织的自律管理与约束

C. 激励机制的建立

D. 内部监督

【答案与解析】 ABC 会计职业道德检查与奖惩的机制包括：①财政部门的监督检查；②会计行业组织的自律管理与约束；③激励机制的建立。

同步自测

一、单项选择题

1.（　　）是会计职业道德建设的主管部门。

A. 财政部门　　B. 所在单位　　C. 上级单位　　D. 教育部门

2. 会计人员职业道德表现好与差，（　　）是最直接的受益者或受害者。

A. 国家　　B. 所在单位　　C. 上级单位　　D. 社会

3. 会计职业道德决定了（　　）的发挥和会计工作的质量。

A. 会计职能作用　　B. 会计职业行为

C. 会计职业规范　　D. 会计职业意识

4. 取得高级会计师资格实行（　　）的方式。

A. 考试通过　　B. 评荐结合　　C. 考评结合　　D. 上级任命

5. 目前会计人员表彰主要包括会计人员（　　）和先进会计工作者评选表彰制度。

A. 荣誉证书制度　　B. 奖惩制度　　C. 单位推荐制度　　D. 表彰公示制度

6. 诚实守信是做人的（　　）。

A. 基本原则　　B. 基本规范　　C. 基本要求　　D. 基本准则

7. 廉洁自律是会计职业道德的（　　）。

A. 基本要求　　B. 基本形式　　C. 普遍要求　　D. 内在要求

8. 注册会计师存在的基础是（　　）。

A. 自信　　B. 廉洁　　C. 自尊　　D. 独立

9. 强化服务是会计职业道德规范之一，其关键在于（　　）。

A. 服务态度　　B. 服务质量　　C. 服务意识　　D. 文明服务

10. 会计职业道德评价的实质是会计行为（　　）付诸实施的必要方式。

A. 道德修养　　B. 道德实践　　C. 道德规范　　D. 道德标准

11.（　　）是会计从业人员做好本职工作的基础和条件，是会计人员最基本的道德素质。

A. 廉洁自律　　B. 诚实守信　　C. 服务群众　　D. 爱岗敬业

二、多项选择题

1. 下列各项中，属于会计职业道德主要内容的有（　　）。

A. 爱岗敬业　　B. 客观公正　　C. 奉献社会　　D. 诚实守信

2. 职业道德的特点包括（　　）。

A. 专业性　　B. 实践性　　C. 继承性　　D. 多样性

3. 狭义的职业道德是指在一定职业活动中应遵循的、体现一定职业特征的、调整一定职业关系的（　　）。

A. 职业行为关系　　B. 职业行为准则
C. 职业行为活动　　D. 职业行为规范

4. 会计自律的基本形式可以分为（　　）。

A. 会计行业自律　　B. 会计单位自律
C. 会计部门自律　　D. 会计个人自律

5. 道德可分为（　　）。

A. 社会公德　　B. 家庭美德　　C. 职业道德　　D. 公共道德

6. 会计职业道德具有的基本功能包括（　　）。

A. 指导功能　　B. 规范功能　　C. 评价功能　　D. 教化功能

7. 会计职业道德与会计法律制度两者在内容上表现为（　　）。

A. 相互渗透　　B. 相互转化　　C. 相互重叠　　D. 相互吸收

8. 会计职业道德与会计法律制度的主要区别为（　　）。

A. 性质不同　　B. 作用范围不同
C. 表现方法不同　　D. 实施保障机制不同

9. 会计职业道德出自会计人员的（　　），日积月累、约定俗成。

A. 职业生活　　B. 职业实践　　C. 职业责任　　D. 职业原则

三、判断题

1. 会计职业道德的功能主要包括指导功能、评价功能和教化功能。（　　）
2. 社会主义职业道德与传统职业道德之间没有必然的关系，不具备继承性。（　　）
3. 会计人员在任何情况下都不能向外界提供或者泄露本单位的会计信息。（　　）
4. 会计职业道德应当靠广大会计人员自觉遵守，对违反会计职业道德的行为，不能进行惩罚。（　　）
5. 职业道德的意识、行为和规范是一个整体中可任意分割的部分。（　　）
6. 通过对会计人员的会计行为动机提出相应的会计职业道德要求，引导、规范、约束会计人员树立正确的职业观念，可达到规范会计行为的目的。（　　）
7. 会计职业道德规范是刚性规范，具有强制力。（　　）

答案与解析

一、单项选择题

1. A　会计职业道德建设是会计管理工作的重要组成部分，应当列入财政部门管理会计工作的重要议事日程。各级财政部门应充分认识到新形势下加强会计职业道德建设的艰巨性、长期性和紧迫性，把会计职业道德建设作为新时期会计管理工作的一项十分重要的内容，负起组织和推动本地区会计职业道德建设的责任，常抓不懈，做到有计划、有步骤、有目标地开展各阶段的工作。
2. B　单位负责人要切实抓好会计职业道德建设。会计人员职业道德表现好与差，其所在单位是最直接的受益者或受害者。《会计法》规定，单位负责人对本单位的会计工作和会计资料的真实性、完整性负责。因此，单位负责人必须重视和加强本单位会计人员的职业道德建设，在任用会计人员时，应当检查其会计从业资格证书、职业记录和诚信档案，选择业务素质高、职业道德好、无不良记录的会计人员从事会计工作；在日常工作中，应注意开展对会计人员的道德和纪律教育，并加强检查，督促会计人员诚实守信，坚持原则；在制度建设上，要重视内部控制制度建设，完善内部约束机制，有效防范舞弊和经营风险。
3. A　会计职业道德决定了会计职能作用的发挥和会计工作质量，因此，必须加强会计职业道德建设。会计职业道德的建设途径，应当实行修养与外部督促相结合，宣传教育与检查惩戒相结合，行业自律与舆论监督、政府监督相结合，以德规范会计职业与依法监管会计职业相结合。
4. C　目前，高级会计师资格采取考试和评审相结合的方式，会计职业道德不仅是考试的重要内容，也是评审标准的一个重要内容。高级会计师评审委员会在对申报人的会计职业道德进行考核时，可以采取量化评分的方式，即对申报人的职业道德进行打分，使之与其专业学识、工作成绩等的得分一样作为其评审得分的重要组成部分。同时，还可以规定一些关于职业道德规范的否决条款。
5. A　我国会计人员表彰制度早在1963年就已制度化，目前会计人员表彰主要包括会计人员荣誉证书制度和先进会计工作者评选表彰制度等。
6. D　诚实守信是做人的基本准则，也是公民道德规范的主要内容。
7. D　廉洁自律是会计职业道德的前提，这既是会计职业道德的内在要求，也是会计职业声誉的“试金石”。
8. D　保持独立性，对于注册会计师行业尤为重要。独立是客观、公正的基础，也是注册会计师行业存在和发展的基础。

9. B 强化服务是指要求会计人员具有文明的服务态度、强烈的服务意识和优良的服务质量，强化服务的关键是提高服务质量。

10. C 会计职业道德评价的实质是会计行为道德规范这种“软”约束付诸实施的必要方式，借助于道德评价，会计职业道德规范才能发挥潜在的裁判和激励效力。

11. D 爱岗敬业是会计从业人员做好本职工作的基础和条件。

二、多项选择题

1. ABD 职业道德的主要内容：①爱岗敬业；②诚实守信；③办事公道；④服务群众；⑤奉献社会。

2. ABCD 会计职业道德的特征：职业性（行业性）、实践性、继承性、多样性。

3. BD 狭义的职业道德是指在一定职业活动中应遵循的、体现一定职业特征的、调整一定职业关系的职业行为准则和规范。

4. AD 会计行业自律和会计个人自律是会计自律的基本形式。

5. ABC 道德贯穿于社会生活的各个方面，如社会公德、家庭美德、职业道德，他们既相互区别，又相互联系，成为社会主义精神文明的重要组成部分。

6. ACD 会计职业道德的功能，主要体现在以下几个方面：①指导功能；②评价功能；③教化功能。

7. AC 会计法律制度与会计职业道德之间有着共同的目标、相同的调整对象和同样的职责，两者联系密切，主要在表现以下方面：在内容上相互渗透、相互重叠；在作用上相互补充；在地位上相互转化、相互吸收；在实施过程中，相互作用。

8. ABCD 会计法律制度与会计职业道德的区别有：①性质上的不同；②作用范围上的不同；③表现方法上的不同；④实施保障机制的不同。

9. AB 会计职业道德出自会计人员的职业生活和职业实践，日积月累，约定俗成，其表现方法既有明确的成文规定，也有不成文的规范，尤其是那些较高层次的会计职业道德，存在于人们的意识和信念之中，并无具体的表现形式，它依靠社会舆论和道德教育以及传统习俗和道德评价来实现。

三、判断题

1. √ 会计职业道德的功能主要包括指导功能、评价功能和教化功能。

2. × 社会主义职业道德与传统的职业道德之间存在必然关系，具备继承性。

3. × 会计人员应当保守本单位的商业秘密，除法律规定和单位领导人同意外，不能私自向外界提供或者泄露单位的会计信息。

4. × 会计职业道德尽管应当靠广大会计人员自觉遵守，但是，它也具有一定的强制力，对违反会计职业道德的行为，应当进行一定惩罚。

5. × 职业道德的意识，行为和规范是一个整体中不可分割的部分。

6. √ 会计行为是由内心信念来支配的，信念的善与恶将导致行为的是与非。会计职业道德对会计的行为动机提出了相应的要求，如诚实守信、客观公正等，引导、规劝、约束会计人员树立正确的职业观念，遵循职业道德要求，从而达到规范会计行为的目的。

7. × 会计职业道德并不都是国家统治阶级的愿望与意志，很多来自职业习惯和约定俗成。

财经法规与会计职业道德

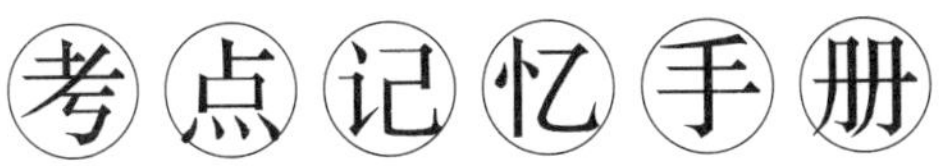

全国会计从业资格考试研究组◎编著

- 条分缕析　快速记忆
- 牢记考点　夯实基础
- 胸有成竹　一举过关

中国宇航出版社

Contents

目录

第四章 财政法律制度

第五章 会计职业道德

第一章

会计法律制度

考点1　会计法律制度的概念与构成

考点2　会计工作的行政管理与自律管理

考点3　单位内部的会计工作管理

考点4　会计核算

考点5　单位内部会计监督

考点6　会计工作的政府监督

考点7　会计工作的社会监督

考点8　会计机构的设置

考点9　会计工作岗位设置

考点10　会计工作交接

考点11　会计从业资格

考点12　会计专业技术资格与职务

考点13　法律责任概述

考点14　不依法设置会计账簿等会计违法行为的法律责任

考点15　其他会计违法行为的法律责任

考点 1 会计法律制度的概念与构成

表 1－1 会计法律制度的概念与构成

<table>
<tr><td>概念</td><td colspan="2">会计法律制度是指国家权力机关和行政机关制定的各种会计规范性文件的总称，包括会计法律、会计行政法规、会计规章等。它是调整会计关系的法律规范</td></tr>
<tr><td rowspan="3">构成</td><td>会计法律</td><td>会计法律是指由全国人民代表大会及其常务委员会经过一定立法程序制定的有关会计工作的法律</td></tr>
<tr><td>会计行政法规</td><td>会计行政法规是指由国务院制定并发布，或者由国务院有关部门拟定并经国务院批准发布，调整经济生活中某些方面会计关系的法律规范</td></tr>
<tr><td>国家统一的会计制度</td><td>国家统一的会计制度是指国务院财政部门根据《会计法》制定的关于会计核算、会计监督、会计机构和会计人员以及会计工作管理的制度，包括会计部门规章和会计规范性文件</td></tr>
</table>

考点 2 会计工作的行政管理与自律管理

表 1－2 会计工作的行政管理与自律管理

<table>
<tr><td rowspan="4">行政管理</td><td>制定国家统一的会计准则制度</td><td>《会计法》第八条规定，国家实行统一的会计制度。国家统一的会计制度由国务院财政部门根据本法制定并公布。国务院有关部门可以依照本法和国家统一的会计制度制定对会计核算和会计监督有特殊要求的行业实施国家统一的会计制度的具体办法或者补充规定，报国务院财政部门审核批准</td></tr>
<tr><td>会计市场管理</td><td>(1)会计市场准入管理。
根据《会计法》的规定，从事会计工作的人员，必须取得会计从业资格证书。
(2)会计市场运行管理。
会计市场的运行管理是会计市场管理的重要组成部分。注册会计师作为社会监督的主体，在审计过程中起到鉴证的作用。
(3)会计市场退出管理。
对于不具备设置会计机构和会计人员条件的单位应当委托代理记账机构办理会计业务。发生违反会计法、注册会计师法行为的，财政部门有权对其进行处罚，情节严重的，可吊销其执业资格，强制其退出会计市场</td></tr>
<tr><td>会计专业人才评价</td><td>会计专业人才评价曾经有不同的评价方式，如业绩评价、能力评价、态度评价等。但这些评价缺乏一个统一的、客观的、量化的、科学的标准</td></tr>
<tr><td>会计监督检查</td><td>财政部门对会计市场的监督检查主要包括对会计信息质量的检查、会计师事务所执业质量的检查以及对会计行业自律组织的监督、指导等</td></tr>
<tr><td rowspan="3">自律管理</td><td>中国注册会计师协会</td><td>中国注册会计师协会是依据《注册会计师法》和《社会团体登记管理条例》的有关规定设立的社会团体法人，是中国注册会计师的行业组织，成立于 1988 年 11 月</td></tr>
<tr><td>中国会计学会</td><td>中国会计学会创建于 1980 年，是财政部所属由全国会计领域各类专业组织以及会计理论界、实务界会计工作者自愿结成的学术性、专业性、非营利性社会组织</td></tr>
<tr><td>中国总会计师协会</td><td>中国总会计师协会是经财政部审核同意、民政部正式批准，依法注册登记成立的跨地区、跨部门、跨行业、跨所有制的非营利性国家一级社团组织，是总会计师行业的全国性自律组织</td></tr>
</table>

考点 3 单位内部的会计工作管理

表 1－3 单位内部的会计工作管理

单位负责人要组织、管理好本单位的会计工作	单位负责人是指单位法定代表人或者法律、行政法规规定代表单位行使职权的主要负责人。《会计法》规定，单位负责人对本单位的会计工作和会计资料的真实性、完整性负责；应当保证财务会计报告真实、完整；应当保证会计机构和会计人员依法履行职责，不得授意、指使、强令会计机构和会计人员违法办理会计事项。会计法赋予单位负责人在单位内部会计工作管理中的权利和责任
会计机构的设置	各单位应当根据会计业务的需要，设置会计机构，或者在有关会计机构中设置会计人员；不具备设置条件的，应当委托经批准设立从事会计代理记账业务的中介机构代理记账
会计人员的选拔任用	从事会计工作的人员应当取得会计从业资格证书；担任会计机构负责人（会计主管人员）除取得会计从业资格证书外，还应该具备会计师以上专业技术职务资格或者从事会计工作三年以上的经历；担任总会计师，应当取得会计师任职资格后，主管一个单位或者单位内一个重要方面的财务会计工作时间不少于三年。国有大、中型企业或者国有资产占主导或控股地位的大中型企业必须设置总会计师。凡设置总会计师的单位，不应再设置与总会计师职责重叠的行政副职
会计人员回避制度	国家机关、国有企业、事业单位任用会计人员应当实行回避制度。单位领导人的直系亲属不得担任本单位的会计机构负责人、会计主管人员；会计机构负责人、会计主管人员的直系亲属不得在本单位会计机构中担任出纳工作

考点 4 会计核算

(一) 总体要求

表 1－4 会计核算的总体要求

会计核算依据	《会计法》对会计核算的依据做出了明确规定，即各单位必须根据实际发生的经济业务事项进行会计核算，填制会计凭证，登记会计账簿，编制财务会计报告。任何单位不得以虚假的经济业务事项或者资料进行会计核算。实际发生的经济业务事项是指各单位在生产经营或者预算执行过程中发生的包括引起资金增减变化的经济活动
对会计资料的基本要求	会计资料是在会计核算过程中形成的、记录和反映实际发生的经济业务事项的资料，包括会计凭证、会计账簿、财务会计报告和其他会计资料。会计资料是记录会计核算过程和结果的载体，是反映单位财务状况和经营成果、评价经营业绩、进行投资决策的重要依据。会计资料同时也是一种重要的社会信息资源。会计资料的生成和提供必须符合国家统一的会计准则制度的规定，提供虚假的会计资料是违法行为

(二)会计凭证

表1－5　会计凭证

<table>
<tr><td rowspan="4">原始凭证</td><td>内容</td><td>按照《会计基础工作规范》的规定，原始凭证应包括如下内容：①原始凭证名称；②填制原始凭证的日期；③填制原始凭证的单位名称或者填制人员的姓名；④接受原始凭证的单位；⑤经济业务事项名称；⑥经济业务事项的数量、单价和金额；⑦经办经济业务事项人员的签名或盖章等</td></tr>
<tr><td>填制和取得</td><td>填制或取得原始凭证，是会计核算工作的起点。一般情况下，原始凭证都是由经济业务事项经办人员取得或填制的，涉及的人员较广，会计的专业知识也参差不齐</td></tr>
<tr><td>审核</td><td>《会计法》对审核原始凭证问题做出了具体规定：
(1)会计机构、会计人员必须依照法律规定对原始凭证进行审核。
(2)会计机构、会计人员审核原始凭证应当按照国家统一的会计制度的规定进行原始凭证审核</td></tr>
<tr><td>错误的更正</td><td>《会计法》《会计基础工作规范》对原始凭证错误的更正做出了具体规定，其内容包括：
(1)原始凭证所记载的各项内容均不得涂改。
(2)原始凭证记载的内容有错误的，应当由开具单位重开或更正，更正工作须由原始凭证出具单位进行，并在更正处加盖出具单位印章。
(3)原始凭证金额出现错误的不得更正，只能由原始凭证开具单位重新开具。
(4)原始凭证开具单位应当依法开具准确无误的原始凭证，对于填制有误的原始凭证，负有更正和重新开具的法律义务，不得拒绝</td></tr>
<tr><td rowspan="2">记账凭证</td><td>内容</td><td>根据《会计基础工作规范》的规定，记账凭证应当具备以下内容：①填制记账凭证的日期；②记账凭证的名称和编号；③经济业务事项摘要；④应记会计科目、方向和金额；⑤记账符号；⑥记账凭证所附原始凭证的张数；⑦记账凭证的填制人员、稽核人员、记账人员和会计主管人员的签名或印章等</td></tr>
<tr><td>编制</td><td>《会计法》对编制记账凭证的程序和要求做出了规定，强调两方面的要求：
(1)记账凭证编制必须以原始凭证及有关资料为依据。
(2)作为记账凭证编制依据的必须是经过审核无误的原始凭证和有关资料</td></tr>
</table>

(三)会计账簿

表1－6　会计账簿

<table>
<tr><td>会计账簿的建立</td><td>建账是会计工作中的重要一环，是如实记录和反映经济活动情况的重要前提。这里所说的依法建账的“法”，既包括《会计法》《会计基础工作规范》等，也包括其他法律、行政法规。根据这些法律的规定，各单位在建账时应遵守以下几点：
(1)国家机关、社会团体、企业、事业单位和其他经济组织，要按照要求设置会计账簿，进行会计核算。不具备建账条件的，应实行代理记账。
(2)设置会计账簿的种类和具体要求，要符合《会计法》和国家统一的会计制度的规定。
(3)各单位发生的经济业务应当统一核算，不得违反规定私设会计账簿进行登记、核算</td></tr>
<tr><td>会计账簿的登记</td><td>(1)根据经过审核无误的会计凭证登记会计账簿。
依据会计凭证登记会计账簿，是基本的会计记账规则，是保证会计账簿记录质量的重要一环。
(2)按照记账规则登记会计账簿。
《会计工作基础规范》中规定的记账规则包括：①会计账簿应当按照连续编号的页码顺序登记；②会计账簿记录发生错误或隔页、缺号、跳行的，应当按照会计制度规定的方法更正，并由会计人员和会计机构负责人(会计主管人员)在更正处盖章，以明确责任等。
(3)实行会计电算化的单位，其会计账簿的登记、更正，也应当符合国家统一的会计制度的规定。
(4)禁止账外设账。
各单位发生的各项经济业务事项应当在依法设置的会计账簿上统一登记、核算，不得私设账外账</td></tr>
</table>

（续表）

账目核对	账目核对也称对账，是保证会计账簿记录质量的重要程序。 (1)账实相符。 账实相符是会计账簿记录与实物、款项实有数核对相符的简称。 (2)账证相符。 账证相符是会计账簿记录与会计凭证有关内容核对相符的简称。 (3)账账相符。 账账相符是会计账簿之间对应记录核对相符的简称。 (4)账表相符。 账表相符是会计账簿记录与会计报表有关内容核对相符的简称

(四)财务会计报告

表1－7　财务会计报告

财务会计报告的构成	会计报表	会计报表是财务会计报告的主要组成部分。它是根据会计账簿记录和有关资料，按照规定的报表格式，总括反映一定会计期间的经济活动和财务收支情况及其结果的一种报告文件。会计报表主要包括：资产负债表、利润表、现金流量表、所有者权益变动表
	会计报表附注	会计报表附注是对会计报表的补充说明，也是财务会计报告的重要组成部分。会计报表附注主要包括两类内容：①对会计报表各要素的补充说明；②对那些会计报表中无法描述的其他财务信息的补充说明
	财务情况说明书	财务情况说明书是对单位一定会计期间内财务、成本等情况进行分析总结的书面文字报告，也是财务会计报告的重要组成部分
财务会计报告的编制	编制依据	各单位的财务会计报告必须根据经过审核的会计账簿记录和有关资料编制。依据经过审核的会计账簿记录和有关资料编制财务会计报告，是保证财务会计报告质量的重要环节。向不同的会计资料使用者提供的财务会计报告，其编制依据应当一致
	编制要求	各单位的财务会计报告应当依法编制，因为财务会计报告是一个单位经营和业务活动、财务状况的综合反映，是各财务会计报告使用者进行有关决策的重要依据，也是政府部门进行宏观经济管理的重要依据
	提供对象	各单位的财务会计报告应当按照规定的对象，向本单位、本单位的有关财务关系人(如投资者、债权人等)以及政府有关管理部门(如财政部门、税务部门)等提供，以便于有关的财务关系人及政府部门及时了解经营和业务活动情况，据此做出相关决策
	提供期限	财务会计报告分为年度、半年度、季度和月度财务会计报告，企业会计准则规定，企业至少应当按年编制财务报表。年度财务报表涵盖的期间短于一年的，应当披露年度财务报表的涵盖期间以及短于一年的原因
	财务会计报告的编制依据、编制要求、提供对象、提供期限等具体要求，由国家统一的会计制度规定	
财务会计报告的注册会计师审计		《会计法》规定，凡是法律、行政法规规定会计报表、会计报表附注和财务情况说明书应当经过注册会计师审计的单位，在提供财务会计报告时，需将注册会计师及其所在的会计师事务所出具的审计报告随同财务会计报告一并提供，以示本单位的财务会计报告已经注册会计师审计，增强财务会计报告使用者对财务会计报告的信任度
财务会计报告的签章程序和责任主体		《会计法》规定财务会计报告应当由单位负责人和主管会计工作的负责人、会计机构负责人(会计主管人员)签名并盖章；设置总会计师的单位，还须由总会计师签名并盖章。《会计法》《企业财务会计报告条例》规定，单位负责人应当保证财务会计报告真实、完整

(五)会计档案管理

表1-8 会计档案管理

概念	会计档案是指单位在进行会计核算等过程中接收或形成的，记录和反映单位经济业务事项的，具有保存价值的文字、图表等各种形式的会计资料，包括通过计算机等电子设备形成、传输和存储的会计档案
内容	(1)会计凭证类：原始凭证、记账凭证、汇总凭证，其他会计凭证。 (2)会计账簿类：总账、明细账、日记账、固定资产卡片账、辅助账簿，其他会计账簿。 (3)财务报告类：月度、季度、年度财务报告，包括会计报表、附表、附注及文字说明，其他财务报告。 (4)其他类：银行存款余额调节表、银行对账单、应当保存的会计核算专业资料、会计档案移交清册、会计档案保管清册、会计档案销毁清册
会计档案的管理部门	县级以上各级人民政府财政部门和档案行政管理部门管理本行政区域内的会计档案工作
会计档案的归档	单位的会计机构或会计人员所属机构(以下统称单位会计管理机构)，负责会计资料整理、归档、立卷，编制会计档案保管清册
会计档案的移交	(1)单位内部会计档案移交。 当年形成的会计档案，在会计年度终了后，可由单位会计管理机构临时保管一年，再移交单位档案管理机构保管。单位会计管理机构临时保管会计档案最长不超过三年。出纳人员不得监管会计档案。 (2)单位之间会计档案移交。 单位之间交接会计档案时，交接双方应当办理会计档案交接手续。交接会计档案时，交接双方应当按照会计档案移交清册所列内容逐项交接，并由交接双方的单位有关负责人负责监督。交接完毕后，交接双方经办人和监交人应当在会计档案移交清册上签名或盖章。 电子会计档案应当与其元数据一并移交，特殊格式的电子会计档案应该与其读取平台一并移交
会计档案的查阅	各单位应当建立健全会计档案查阅、复制登记制度。我国境内所有单位的会计档案不得携带出境
会计档案的保管期限	会计档案的保管期限分为永久和定期两类。会计档案的保管期限，从会计年度终了后的第一天算起
会计档案的销毁	(1)销毁程序对于保管期满可以销毁的会计档案，应当按照规定的程序销毁。 (2)不得销毁的会计档案对于保管期满但未结清的债权债务原始凭证和涉及其他未了事项的原始凭证，不得销毁，应单独抽出立卷，由档案部门保管到未了事项完结时为止。单独抽出立卷的会计档案，应当在会计档案销毁清册和会计档案保管清册中列明。正处于项目建设期间的建设单位，其保管期满的会计档案不得销毁

考点 5　单位内部会计监督

(一) 单位内部会计监督的概念与要求

表 1-9　单位内部会计监督

概念	单位内部会计监督是指一个单位为了保护其资产的安全完整，保证其经营活动符合国家法律、法规和内部规章要求，提高经营管理水平和效率，防止舞弊，控制风险等目的，而在单位内部采取的一系列相互联系、相互制约的制度和方法。这是单位内部为保证会计秩序、防止有关部门人员故意违法、预防单位内部管理失控的重要会计监督制度，其本质是一种内部控制制度
主体和对象	内部会计监督的主体是各单位的会计机构、会计人员，内部会计监督的对象是单位的经济活动
单位内部会计监督制度的基本要求	(1)记账人员与经济业务或会计事项的审批人员、经办人员、财物保管人员的职责权限应当明确，并相互分离、相互制约。 (2)重大对外投资、资产处置、资金调度和其他重要经济业务，应当明确其决策和执行程序，并体现相互监督、相互制约的要求。 (3)财产清查的范围、期限和组织程序应当明确。 (4)对会计资料定期进行内部审计的办法和程序应当明确

(二) 内部控制

表 1-10　内部控制

概念与目标	对企业而言，内部控制是指由企业董事会、监事会、经理层和全体员工实施的、旨在实现控制目标的过程。 对行政事业单位而言，内部控制是指单位为实现控制目标，通过制定制度、实施措施和执行程序，对经济活动的风险进行防范和管控。 企业内部控制的目标主要包括：合理保证企业经营管理合法合规、资产安全、财务报告及相关信息真实完整，提高经营效率和效果，促进企业实现发展战略。 行政事业单位内部控制的目标主要包括：合理保证单位经济活动合法合规、资产安全和使用有效、财务信息真实完整，有效防范舞弊和预防腐败，提高公共服务的效率和效果
原则	企业、行政事业单位建立与实施内部控制，均应遵循全面性原则、重要性原则、制衡性原则和适应性原则。此外，企业还应遵循成本效益原则
责任人	对企业而言，董事会负责内部控制的建立健全和有效实施。监事会对董事会建立与实施内部控制进行监督。经理层负责组织领导企业内部控制的日常运行。企业应当成立专门机构或者指定适当的机构具体负责组织协调内部控制的建立实施及日常工作。 对行政事业单位而言，单位负责人对本单位内部控制的建立健全和有效实施负责。单位应当建立适合本单位实际情况的内部控制体系，并组织实施
内容	企业建立与实施有效的内部控制，应当包括下列要素：①内部环境；②风险评估；③控制活动；④信息与沟通；⑤内部监督
方法	对企业而言，控制措施一般包括：不相容职务分离控制、授权审批控制、会计系统控制、财产保护控制、预算控制、运营分析控制和绩效考评控制等。 行政事业单位内部控制的控制方法一般包括：不相容岗位相互分离、内部授权审批控制、归口管理、预算控制、财产保护控制、会计控制、单据控制、信息内部公开等

(三)内部审计

表 1－11　内部审计

概念	内部审计是指单位内部的一种独立客观的监督和评价活动，它通过单位内部独立的审计机构和审计人员审查和评价本部门、本单位财务收支和其他经营活动以及内部控制的适当性、合法性和有效性来促进单位目标的实现
内容	内部审计的内容是一个不断发展变化的范畴，主要包括财务审计、经营审计、经济责任审计、管理审计和风险管理等
特点	内部审计的内容是一个不断发展变化的范畴，主要包括财务审计、经营审计、经济责任审计、管理审计和风险管理等。内部审计的内容更侧重于经营过程是否有效、各项制度是否得到遵守与执行。内部审计结果的客观性和公正性较低，并且以建议性意见为主
作用	(1)预防保护作用。 (2)服务促进作用。 (3)评价鉴证作用

考点 6　会计工作的政府监督

表 1－12　会计工作的政府监督

概念	会计工作的政府监督主要是指财政部门代表国家对单位和单位中相关人员的会计行为实施的监督检查以及对发现的违法会计行为实施的行政处罚，是一种外部监督
主体和对象	财政部门是《会计法》的执法主体，是会计工作的政府监督实施主体。除财政部门外，审计、税务、人民银行、银行监管、证券监管、保险监管等部门依照有关法律、行政法规规定的职责和权限，可以对有关单位的会计资料实施监督检查。财政部门实施会计监督检查的对象是会计行为，并对发现的有违法会计行为的单位和个人实施行政处罚
检查的主要内容	(1)对单位依法设置会计账簿的检查。 (2)对单位会计资料真实性、完整性的检查。 (3)对单位会计核算情况的检查。 (4)对单位会计人员从业资格和任职资格的检查。 (5)对会计师事务所出具的审计报告的程序和内容的检查

考点 7　会计工作的社会监督

表 1－13　会计工作的社会监督

概念	会计工作的社会监督主要是指由注册会计师及其所在的会计师事务所依法对委托单位的经济活动进行审计、鉴证的一种监督制度
注册会计师审计与内部审计的关系	注册会计师审计与内部审计之间既有联系又有区别。 其联系在于：注册会计师审计和内部审计都是我国现代审计体系的重要组成部分，都关注内部控制的健全性和有效性。 其区别在于： (1)审计独立性不同。 内部审计受本部门、本单位直接领导，只具有相对独立性；注册会计师审计则完全独立于被审计单位。

（续表）

注册会计师审计与内部审计的关系	(2)审计标准不同。 注册会计师审计的标准是国家法律法规与具有高度公众性的审计行业规范；而内部审计则是在遵守国家法律规定的情况下，以本单位经营目标、控制要求、规章制度为审计标准，对单位内各方面活动进行全面的、经常性审计或有针对性的专题审计。 (3)审计的职责和作用不同。 注册会计师需要对投资者、债权人及其他利益相关者负责，对外出具的审计报告具有鉴证作用
注册会计师的业务范围	注册会计师依法承办如下两方面的业务： (1)依据《注册会计师法》承办的审计业务。 具体包括：①审查企业财务会计报告，出具审计报告；②验证企业资本，出具验资报告；③办理企业合并、分立、清算事宜中的审计业务，出具有关报告；④法律、行政法规规定的其他审计业务。 (2)承办会计咨询、服务业务。 主要包括：①设计会计制度，担任会计顾问，提供会计、管理咨询；②代理纳税申报，提供税务咨询；③代理、申请工商登记，拟订合同、章程和其他业务文件；④办理投资评价、资产评估和项目可行性研究中的有关业务；⑤培训会计、审计和财务管理人员；⑥其他会计咨询、服务

考点 8 会计机构的设置

表 1－14 会计机构的设置

办理会计事务的组织方式	一个单位是否需要设置会计机构，一般取决于以下几个方面的因素：①单位规模的大小；②经济业务和财务收支的繁简；③经营管理的要求
代理记账	(1)代理记账机构的设立条件。 (2)代理记账机构的业务范围。 (3)委托人的义务。 (4)代理记账机构及其从业人员的义务

考点 9 会计工作岗位设置

表 1－15 会计工作岗位设置

要求	(1)按需设岗。 (2)符合内部牵制制度的要求。 (3)要建立岗位责任制。 (4)建立轮岗制度
主要会计工作岗位	会计工作岗位一般分为：①总会计师(或行使总会计师职权)岗位；②会计机构负责人(会计主管人员)岗位；③出纳岗位；④稽核岗位；⑤资本、基金核算岗位；⑥收入、支出、债权债务核算岗位；⑦工资核算、成本核算、财务成果核算岗位；⑧财产物资的收发、增减核算岗位；⑨总账岗位；⑩对外财务会计报告编制岗位；⑪会计电算化岗位；⑫会计档案管理岗位。 对于会计档案管理岗位，在会计档案正式移交之前，属于会计岗位；正式移交档案管理部门之后，不再属于会计岗位。档案管理部门的人员管理会计档案，不属于会计岗位。医院门诊收费员、住院处收费员、药房收费员、药品库房记账员、商场收款(银)员所从事的工作，均不属于会计岗位。单位内部审计、社会审计、政府审计工作也不属于会计岗位

考点 10 会计工作交接

表 1－16 会计工作交接

<table>
<tr><td>交接的范围</td><td>下列情况需要办理会计工作交接：
（1）临时离职或因病不能工作、需要接替或代理的，会计机构负责人（会计主管人员）或单位负责人必须指定专人接替或者代理，并办理会计工作交接手续。
（2）临时离职或因病不能工作的会计人员恢复工作时，应当与接替或代理人员办理交接手续。
（3）移交人员因病或其他特殊原因不能亲自办理移交手续的，经单位负责人批准，可由移交人委托他人代办交接，但委托人应当对所移交的会计凭证、会计账簿、财务会计报告和其他有关资料的真实性、完整性承担法律责任</td></tr>
<tr><td>交接的程序</td><td>（1）交接前的准备工作。
①已经受理的经济业务尚未填制会计凭证的应当填制完毕。
②尚未登记的账目应当登记完毕，结出余额，并在最后一笔余额后加盖经办人印章。
③整理好应该移交的各项资料，对未了事项和遗留问题要写出书面说明材料。
④编制移交清册，列明应该移交的会计凭证、会计账簿、财务会计报告、公章、现金、有价证券、支票簿、发票、文件、其他会计资料和物品等内容；实行会计电算化的单位，从事该项工作的移交人员应在移交清册上列明会计软件及密码、数据盘、磁带等内容。
⑤会计机构负责人（会计主管人员）移交时，应将财务会计工作、重大财务收支问题和会计人员等情况等向接替人员介绍清楚。
（2）移交点收。
①现金要根据会计账簿记录余额当面点交，不得短缺，接替人员发现不一致或“白条抵库”现象时，移交人员在规定期限内负责查清处理。
②有价证券的数量要与会计账簿记录一致，有价证券面额与发行价不一致时，按照会计账簿余额交接。
③会计凭证、会计账簿、财务会计报告和其他会计资料必须完整无缺，不得遗漏；如有短缺，必须查清原因，并在移交清册中加以说明，由移交人负责。
④银行存款账户余额要与银行对账单核对相符，如有未达账项，应编制银行存款余额调节表调节相符；各种财产物资和债权债务的明细账户余额，要与总账有关账户的余额核对相符；对重要实物要实地盘点，对余额较大的往来账户要与往来单位、个人核对。
⑤公章、收据、空白支票、发票、科目印章以及其他物品等必须交接清楚。
⑥实行会计电算化的单位，交接双方应在电子计算机上对有关数据进行实际操作，确认有关数字正确无误后，方可交接。
（3）专人负责监交。
①一般会计人员办理交接手续，由会计机构负责人（会计主管人员）监交；
② 会计机构负责人（会计主管人员）办理交接手续，由单位负责人监交，必要时主管单位可以派人会同监交。
（4）交接后的有关事宜。
①会计工作交接完毕后，交接双方和监交人在移交清册上签名或盖章，并应在移交清册上注明：单位名称，交接日期，交接双方和监交人的职务、姓名，移交清册页数以及需要说明的问题和意见等；
②接管人员应继续使用移交前的账簿，不得擅自另立账簿，以保证会计记录前后衔接，内容完整；
③移交清册一般应填制一式三份，交接双方各执一份，存档一份</td></tr>
</table>

（续表）

交接人员的责任	会计工作交接中，合理、公正地区分移交人和接替者的责任是非常必要的。交接工作完成后，移交人员所移交的会计凭证、会计账簿、财务会计报告和其他会计资料是在其经办会计工作期间内发生的，应当对这些会计资料的真实性、完整性负责，即便接替人员在交接时因疏忽没有发现所接会计资料在真实性、完整性方面的问题，如事后发现仍应由原移交人员负责，原移交人员不应以会计资料已移交而推脱责任

考点 11　会计从业资格

表 1－17　会计从业资格

概念	会计从业资格是指进入会计职业、从事会计工作的一种法定资质
适用范围	在国家机关、社会团体、企业、事业单位和其他组织中担任会计机构负责人(会计主管)的人员，以及从事下列会计工作的人员应当取得会计从业资格：①出纳；②稽核；③资本、基金核算；④收入、支出、债权债务核算；⑤职工薪酬、成本费用、财务成果核算；⑥财产物资的收发、增减核算；⑦总账；⑧财务会计报告编制；⑨会计机构内会计档案管理；⑩其他会计工作
资格的取得	会计从业资格实行无纸化考试，考试科目为：财经法规与会计职业道德、会计基础、初级会计电算化(或者珠算)。会计从业资格考试科目应当一次性全部通过
会计从业资格的管理	持证人员应当接受继续教育。持证人员参加继续教育采取学分制管理制度。 持证人员的基础信息及继续教育、表彰奖励等情况发生变化的，应到所属会计从业资格管理机构办理从业档案信息变更。 调转登记制度持证人员所属会计从业资格管理机构发生变化的，应当及时办理调转登记手续。 会计从业资格证书实行 6 年定期换证制度。持证人员应当在会计从业资格证书到期前 6 个月内，到所属会计从业资格管理机构办理换证手续

考点 12　会计专业技术资格与职务

表 1－18　会计专业技术资格与职务

会计专业技术资格	会计专业技术资格分为初级资格、中级资格和高级资格。初级、中级资格的取得实行全国统一考试制度，高级会计师资格的取得实行考试与评审相结合制度
会计专业职务	会计专业职务分为高级会计师、会计师、助理会计师、会计员。其中，高级会计师为高级职务，会计师为中级职务，助理会计师与会计员为初级职务

考点 13　法律责任概述

表 1－19　法律责任概述

<table>
<tr><td rowspan="2">行政责任</td><td>行政处罚</td><td>行政处罚是指特定的行政主体基于一般行政管理职权，对其认为其违反行政法上的强制性义务、违反行政管理程序的行政管理相对人所实施的一种行政制裁措施。《中华人民共和国行政处罚法》对行政处罚的种类和实施做出了如下规定：
(1)行政处罚主要分为六种：①警告；②罚款；③没收违法所得、没收非法财物；④责令停产停业；⑤暂扣或者吊销许可证、暂扣或者吊销执照；⑥行政拘留。此外，还有法律、行政法规规定的其他行政处罚。
(2)行政处罚由违法行为发生地县级以上地方人民政府具有行政处罚权的行政机关管辖。
(3)对当事人的同一个违法行为，不得给予两次以上罚款的行政处罚。
(4)行政机关在做处罚决定之前，应当告知当事人做出处罚决定的事实、理由、依据以及当事人依法享有的有关权利；当事人有权陈述和申辩。
(5)行政处罚决定依法做出后，当事人应当在行政处罚决定的期限内，予以履行</td></tr>
<tr><td>行政处分</td><td>行政处分是国家工作人员违反行政法律规范所应承担的一种行政法律责任，是行政机关对国家工作人员故意或者过失侵犯行政相对人的合法权益所实施的法律制裁。行政处分的形式有：①警告；②记过；③记大过；④降级；⑤撤职；⑥开除等</td></tr>
<tr><td rowspan="3">刑事责任</td><td>概念</td><td>刑事责任是指实施犯罪行为的当事人应当承担的法律责任</td></tr>
<tr><td>刑罚</td><td>(1)主刑。
主刑是对犯罪分子适用的主要刑罚方法，只能独立适用，不能附加适用，对犯罪分子只能判处一种主刑。主刑分为管制、拘役、有期徒刑、无期徒刑和死刑。
(2)附加刑。
附加刑是既可独立适用又可以附加适用的刑罚方法。附加刑分为罚金、剥夺政治权利、没收财产。对犯罪的外国人，也可以独立或附加适用驱除出境</td></tr>
<tr><td>非刑罚处理方法</td><td>根据我国《刑法》的规定，对犯罪分子还可以采用非刑罚的处理方法，即对犯罪分子判处刑罚以外的其他方法。主要包括：由于犯罪行为而使被害人遭受经济损失的，对犯罪分子除刑事处罚外，判处赔偿经济损失；对于犯罪情节轻微不需要判处刑罚的，根据情况予以训诫或者责令其悔过、赔礼道歉；赔偿损失，或者由主管部门给予行政处罚或者行政处分</td></tr>
<tr><td colspan="2">行政责任与刑事责任的区别</td><td>(1)追究的违法行为不同。
追究刑事责任的是犯罪行为，追究行政责任的是一般违法行为。
(2)追究责任的机关不同。
追究刑事责任只能由司法机关依照《刑法》的规定追究，追究行政责任由国家特定的行政机关依照有关法律的规定决定。
(3)承担法律责任的后果不同。
追究刑事责任是最严厉的制裁，可以判处死刑，比追究行政责任严厉得多</td></tr>
</table>

考点 14 不依法设置会计账簿等会计违法行为的法律责任

表 1－20 不依法设置会计账簿等会计违法行为的法律责任

违反会计制度规定应承担的法律责任的行为	(1)不依法设置会计账簿的行为。 (2)私设会计账簿的行为。 (3)未按照规定填制、取得原始凭证或者填制、取得的原始凭证不符合规定的行为。 (4)以未经审核的会计凭证为依据登记会计账簿或者登记会计账簿不符合规定的行为。 (5)随意变更会计处理方法的行为。 (6)向不同的会计资料使用者提供的财务会计报告编制依据不一致的行为。 (7)未按照规定使用会计记录文字或者记账本位币的行为。 (8)未按照规定保管会计资料，致使会计资料毁损、灭失的行为。 (9)未按照规定建立并实施单位内部会计监督制度，或者拒绝依法实施的监督，或者不如实提供有关会计资料及有关情况的行为。 (10)任用会计人员不符合本法规定的行为
违反国家统一的会计制度规定应承担的法律责任	(1)责令限期改正。 (2)罚款。 (3)给予行政处分。 (4)吊销会计从业资格证书。 (5)依法追究刑事责任

考点 15 其他会计违法行为的法律责任

表 1－21 其他会计违法行为的法律责任

伪造、变造会计凭证、会计账簿，编制虚假财务会计报告的法律责任	(1)伪造、变造会计凭证、会计账簿，编制虚假财务会计报告的行为特征。 伪造会计凭证的行为是指以虚假的经济业务或者资金往来为前提，编造虚假的会计凭证的行为；变造会计凭证的行为是指采取涂改、挖补以及其他方法改变会计凭证真实内容的行为；伪造会计账簿的行为是指违反《会计法》和国家统一会计制度的规定，根据伪造或者变造的虚假会计凭证填制会计账簿，或者不按要求登记账簿，或者对内对外采用不同的确认标准、计量方法等手段编造虚假的会计账簿的行为；变造会计账簿的行为是指采取涂改、挖补或者其他手段改变会计账簿的真实的内容的行为；编制虚假财务会计报告的行为是指违反《会计法》和国家统一会计制度的规定，根据虚假的会计账簿记录编制财务会计报告，或者凭空捏造虚假的财务会计报告以及对财务会计报告擅自进行没有依据的修改的行为。 (2)伪造、变造会计凭证、会计账簿，编制虚假财务会计报告的刑事责任。 我国《刑法》并未明确将伪造、变造会计凭证、会计账簿或者编制虚假财务会计报告的行为，作为单独犯罪加以规定，而只是在其已经造成严重后果后，按照犯罪情节、手段，分别以偷税罪、公司提供虚假会计报告罪、中介组织人员提供虚假证明文件罪及其他犯罪追究刑事责任。 (3)伪造、变造会计凭证、会计账簿或者编制虚假财务会计报告的行政责任。 伪造、变造会计凭证、会计账簿或者编制虚假财务会计报告，情节较轻，社会危害不大，根据《刑法》的有关规定，尚不构成犯罪的，应当按照《会计法》的规定予以处罚

（续表）

隐匿或故意销毁依法应当保存的会计凭证、会计账簿、财务会计报告的法律责任	隐匿是指故意转移、隐藏应当保存的会计凭证、会计账簿、财务会计报告的行为。销毁是指故意将依法应当保存的会计凭证、会计账簿、财务会计报告予以毁灭的行为。 (1)隐匿或者故意销毁依法应当保存的会计凭证、会计账簿、财务会计报告的刑事责任。 《刑法》第二百零一条规定，纳税人采取隐匿、擅自销毁账簿、记账凭证的手段，不缴或者少缴应纳税款，偷税数额占应纳税额的10%以上不满30%并且偷税数额在一万元以上不满十万元的，或者因偷税被税务机关给予两次行政处罚又偷税的，处三年以下有期徒刑或者拘役，并处偷税数额一倍以上五倍以下罚金；偷税数额占应纳税额的30%以上并且偷税数额在十万元以上的，处三年以上七年以下有期徒刑，并处偷税数额一倍以上五倍以下罚金。 (2)隐匿或者故意销毁依法应当保存的会计凭证、会计账簿、财务会计报告的行政责任。 隐匿或者故意销毁依法应当保存的会计凭证、会计账簿、财务会计报告，情节较轻，社会危害不大，根据《刑法》的有关规定，尚不构成犯罪的，应当根据《会计法》的规定追究行政责任，即通报、罚款、行政处分、吊销会计从业资格证书。追究行政责任的具体形式及标准等与前同
授意、指使、强令会计机构、会计人员及其他人员伪造、变造会计凭证、会计账簿，编制虚假财务会计报告或者隐匿、故意销毁依法应当保存的会计凭证、会计账簿、财务会计报告的法律责任	所谓授意，是指暗示他人按其意思行事。所谓指使，是指通过明示方式，指示他人按其意思行事。所谓强令，是指明知其命令是违反法律的，而强迫他人执行其命令的行为。 (1)授意、指使、强令他人伪造、变造或者隐匿、故意销毁会计资料行为应当承担的刑事责任。 根据我国《刑法》的有关规定，授意、指使、强令会计机构、会计人员及其他人员伪造、变造会计凭证、会计账簿，编制虚假财务会计报告或者隐匿、故意销毁依法应当保存的会计凭证、会计账簿、财务会计报告的，应当作为伪造、变造会计凭证、会计账簿，编制虚假财务会计报告或者隐匿、故意销毁依法应当保存的会计凭证、会计账簿、财务会计报告的共同犯罪，定罪处罚。所谓共同犯罪，是指两人以上共同故意犯罪。 (2)授意、指使、强令他人伪造、变造或者隐匿、故意销毁会计资料行为应当承担的行政责任。 对有上述违法行为，情节较轻，社会危害不大，不构成犯罪的，应当按照《会计法》的规定予以处罚：①罚款；②行政处分
单位负责人对会计人员实行打击报复的法律责任	《会计法》规定，单位负责人对依法履行职责、抵制违反本法规定行为的会计人员以降级、撤职、调离工作岗位、解聘或者开除等方式实行打击报复，构成犯罪的，依法追究刑事责任；尚不构成犯罪的，由其所在单位或者有关单位依法给予行政处分。对受打击报复的会计人员，应当恢复其名誉和原有职务、级别

第二章

结算法律制度

考点1　现金结算
考点2　支付结算的概念、特征及基本原则
考点3　办理支付结算的要求
考点4　银行结算账户的概念、分类与基本原则
考点5　银行结算账户的开立、变更与撤销
考点6　票据结算概述
考点7　支票
考点8　商业汇票
考点9　银行汇票
考点10　银行本票
考点11　银行卡的概念与分类
考点12　银行卡账户与交易
考点13　银行卡申领、注销和挂失
考点14　汇兑
考点15　委托收款
考点16　托收承付
考点17　国内信用证
考点18　网上支付

考点1　现金结算

表2－1　现金结算

概念	现金结算是指在商品交易、劳务供应等经济往来中，直接使用现金进行应收应付款结算的一种行为
特点	(1)直接便利。 (2)不安全性。 (3)不易宏观控制和管理。 (4)费用较高
渠道	(1)付款人直接将现金支付给收款人。 (2)付款人委托银行、非银行金融机构或者非金融机构将现金支付给收款人
范围	(1)职工工资、津贴。 (2)个人劳务报酬。 (3)根据国家规定颁发给个人的科学技术、文化艺术、体育等各项奖金。 (4)各种劳保、福利费用以及国家规定的对个人的其他支出。 (5)向个人收购农副产品和其他物资的价款。 (6)出差人员必须随身携带的差旅费。 (7)结算起点以下(1 000元)的零星支出。 (8)中国人民银行确定需要支付现金的其他支出。 除上述第(5)项和第(6)项外，开户单位支付给个人的款项，超过使用现金限额的部分，应当以支票或者银行本票支付；确需全额支付现金的，经开户银行审核后，予以支付现金
现金使用的限额	开户银行应当根据开户单位的实际需要，核定开户单位3至5天的日常零星开支所需的库存现金限额。边远地区和交通不便地区的开户单位，其库存现金限额可多于5天，但不得超过15天的日常零星开支。库存限额一经核定，开户单位必须严格遵守。开户单位如需增加或减少库存现金限额，应向开户银行提出申请，由开户银行核定

考点2　支付结算的概念、特征及基本原则

表2－2　支付结算的概念、特征及基本原则

概念	支付结算是指单位、个人在社会经济活动中使用现金、票据、银行卡和结算凭证进行货币给付及资金清算的行为。其主要功能是完成资金从一方当事人向另一方当事人的转移
特征	(1)支付结算必须通过中国人民银行批准的金融机构进行。 (2)支付结算是一种要式行为。 (3)支付结算的发生取决于委托人的意志。 (4)支付结算实行集中统一和分级管理相结合的管理体制。 (5)支付结算必须依法进行
基本原则	(1)恪守信用，履约付款。 (2)谁的钱进谁的账，由谁支配。 (3)银行不垫款

考点 3 办理支付结算的要求

表 2-3 办理支付结算的要求

办理支付结算的基本要求	(1)办理支付结算必须使用中国人民银行统一规定的票据和结算凭证，未使用中国人民银行统一规定的票据，票据无效；未使用中国人民银行统一规定的结算凭证，银行不予受理。 (2)办理支付结算必须按统一的规定开立和使用账户。 (3)填写票据和结算凭证应当规范，做到要素齐全、数字正确、字迹清晰、不错不漏、不潦草，防止涂改。 (4)票据和结算凭证上的签章和其他记载事项应当真实，不得伪造、变造
支付结算凭证填写的要求	(1)票据的出票日期必须使用中文大写。 月为壹、贰和壹拾的，日为壹至玖和壹拾、贰拾和叁拾的，应在其前加“零”；日为拾壹至拾玖的，应在其前加“壹”。大写日期未按要求规范填写的，银行可予受理；但由此造成损失的，由出票人自行承担。 (2)中文大写金额数字应用正楷或行书填写，不得自造简化字。 如果金额数字书写中使用繁体字，也应受理。 (3)中文大写金额数字前应标明“人民币”字样，大写金额数字应紧接“人民币”字样填写，不得留有空白。 (4)中文大写金额数字到“元”为止的，在“元”之后应写“整”(或“正”，到“角”为止的，在“角”之后可以不写“整”或“正”)字。大写金额数字有“分”的，“分”后面不写“整”或“正”字。 (5)阿拉伯小写金额数字前面，均应填写人民币符号“¥”。 (6)阿拉伯小写金额数字中有“0”的，中文大写应按照汉语语言规律、金额数字构成和防止涂改的要求进行书写

考点 4 银行结算账户的概念、分类与基本原则

表 2-4 银行结算账户的概念、分类与基本原则

概念	银行结算账户是指存款人在经办银行开立的办理资金收付结算的人民币活期存款账户
分类	(1)按开立主体分为单位银行结算账户和个人银行结算账户。其中，单位银行结算账户按用途分为基础存款账户、一般存款账户、专用存款账户和临时存款账户。 (2)按开户地分为本地银行结算账户和异地银行结算账户
原则	(1)一个基本账户原则。 (2)自主选择。 (3)守法合规原则。 (4)存款信息保密原则

考点5 银行结算账户的开立、变更与撤销

表2－5 银行结算账户的开立、变更与撤销

开立	存款人开立银行结算账户时，应填写开户申请书，并提交有关证明文件。开户申请书填写的事项齐全，符合开立基本存款账户、临时存款账户和预算单位专用存款账户条件的，银行应将存款人的开户申请书、相关的证明文件和银行审核意见等开户资料报送中国人民银行当地分支行，经其核准后办理开户手续；符合开立一般存款账户、其他专用存款账户和个人银行结算账户条件的，银行应办理开户手续，并于开户之日起5个工作日内向中国人民银行当地分支行备案
变更	存款人更改名称，但不改变开户银行及账号的，应于5个工作日内向开户银行提出银行结算账户的变更申请，并出具有关部门的证明文件。 单位的法定代表人或主要负责人、住址以及其他开户资料发生变更时，应于5个工作日内书面通知开户银行并提供有关证明文件。 银行接到存款人的变更通知后，应及时办理变更手续，并于两个工作日内向中国人民银行报告
撤销	存款人有以下情形之一的，应向开户银行提出撤销银行结算账户的申请： (1)被撤并、解散、宣告破产或关闭的。 (2)注销、被吊销营业执照的。 (3)因迁址需要变更开户银行的。 (4)其他原因需要撤销银行结算账户的。 存款人尚未清偿其开户银行债务的，不得申请撤销银行结算账户。 存款人有本条第(1)项和第(2)项情形的，应于5个工作日内向开户银行提出撤销银行结算账户的申请

考点6 票据结算概述

表2－6 票据结算概述

概念	票据是指《票据法》所规定的由出票人依法签发的、约定自己或者委托付款人在见票时或在指定的日期向收款人或持票人无条件支付一定金额并可转让的有价证券。一般来讲，票据具有信用、支付、汇兑和结算等职能。票据结算是支付结算的重要内容
种类	在我国，票据包括银行汇票、商业汇票、银行本票和支票
当事人	票据当事人是指票据法律关系中享有票据权利、承担票据义务的当事人，也称票据法律关系主体。票据当事人包括出票人、付款人和收款人。 出票人是指依法定方式签发票据并将票据交付给收款人的人；收款人是指票据到期后有权收取票据所载金额的人，又称票据权利人；付款人是指由出票人委托付款或自行承担借款责任的人
权利与责任	票据权利是指票据持票人向票据债务人请求支付票据金额的权利，包括付款请求权和追索权。付款请求权是指持票人向汇票的承兑人、本票的出票人、支票的付款人出示票据要求付款的权利；票据追索权是指票据当事人行使付款请求权遭到拒绝或其他法定原因存在时，向其前手请求偿还票据金额及其他法定费用的权利。 票据责任是指票据债务人向持票人支付票据金额的责任。它是基于债务人特定的票据行为(如出票、背书、承兑等)而应承担的义务，不具有制裁性质，主要包括付款义务和偿还义务

（续表）

票据行为	票据行为是指能够产生票据权利与义务关系的法律行为。其中，出票是指出票人签发票据并将其交付给收款人的行为；背书是指持票人为将票据权利转让给他人或者将一定的票据权利授予他人行使，而在票据背面或者粘单上记载有关事项并签章的行为；承兑是指汇票付款人承诺在汇票到期日支付汇票金额并签章的行为；保证是指票据债务人以外的人，为担保特定债务人履行票据债务而在票据上记载有关事项并签章的行为
票据签章	票据签章是指票据有关当事人在票据上签名、盖章或签名加盖章的行为。票据签章是票据行为生效的重要条件，也是票据行为表现形式中不可缺少的应载事项
票据记载事项	票据记载事项是指依法在票据上记载票据相关内容的行为。票据记载事项可分为绝对记载事项、相对记载事项和任意记载事项等
票据丧失	票据丧失是指票据因灭失、遗失、被盗等原因而使票据权利人脱离其对票据的占有。票据丧失后可以采取挂失止付、公示催告、普通诉讼三种形式进行补救。 挂失止付是指失票人将丧失票据的情况通知付款人，由接受通知的付款人审查后暂停支付的一种方式；公示催告是指在票据丧失后由失票人向人民法院提出申请，请求人民法院以公告方式通知不确定的利害关系人限期申报权利，逾期未申报者，则权利失效，而由法院通过除权判决宣告所丧失的票据无效的一种制度或程序；普通诉讼是指丧失票据的失票人直接向人民法院提起民事诉讼，要求法院判令付款人向其支付票据金额的活动

考点7 支票

表2-7 支票

概念及适用范围	支票是出票人签发的、委托办理支票存款业务的银行在见票时无条件支付确定的金额给收款人或者持票人的票据。支票可在全国范围内互通使用
种类	支票分为现金支票、转账支票和普通支票。现金支票只能用于支取现金；转账支票只能用于转账；普通支票既可以用于支取现金，也可用于转账。在普通支票左上角划两条平行线的，为划线支票，划线支票只能用于转账，不能支取现金
出票	支票的出票人是经中国人民银行当地分支行批准办理支票业务的银行机构开立可以使用支票的存款账户的单位和个人。 支票的付款人为支票上记载的出票人开户银行。支票的付款地为付款人所在地。支票在其票据交换区域内可以背书转让，但用于支取现金的支票不能背书转让。 支票的绝对记载事项有：①表明“支票”的字样；②无条件支付的委托；③确定的金额；④付款人名称；⑤出票日期；⑥出票人签章。其中支票的金额、收款人名称可以由出票人授权补记，未补记前不得背书转让和提示付款。 支票的相对记载事项有：①付款地。支票上未记载付款地的，付款人的营业场所为付款地。②出票地。支票上未记载出票地的，出票人的营业场所、住所或者经常居住地为出票地。 此外，支票上可以记载非法定记载事项，但这些事项并不发生支票上的效力
付款	持票人可以委托开户银行收款或直接向付款人提示付款。用于支取现金的支票仅限于收款人向付款人提示付款。 持票人委托开户银行收款时，应作委托收款背书，在支票背面背书人签章栏签章、记载“委托收款”字样、背书日期，在被背书人栏记载开户银行名称，并将支票和填制的进账单送交开户银行。 持票人持用于转账的支票向付款人提示付款时，应在支票背面背书人签章栏签章，并将支票和填制的进账单送交出票人开户银行。

（续表）

付款	收款人持用于支取现金的支票向付款人提示付款时，应在支票背面“收款人签章”处签章，持票人为个人的，还需交验本人身份证件，并在支票背面注明证件名称、号码及发证机关。 支票的提示付款期限自出票日起 10 日，超过提示付款期限提示付款的，持票人开户银行不予受理，付款人不予付款。 出票人在付款人处的存款足以支付支票金额时，付款人应当在见票当日足额付款
办理要求	(1)支票领购的要求。 存款人领购支票，必须填写“票据和结算凭证领用单”并签章，签章应与预留银行的签章相符。存款账户结清时，必须将全部剩余空白支票交回银行注销。 (2)支票签发的要求。 ①签发支票应使用碳素墨水或墨汁填写。 ②签发现金支票和用于支取现金的普通支票必须符合国家现金管理的规定。 ③支票的出票人签发支票的金额不得超过付款时在付款人处实有的金额。禁止签发空头支票。 ④支票的出票人在票据上的签章，应为其预留银行的签章，该签章是银行审核支票付款的依据。银行也可以与出票人约定使用支付密码，作为银行审核支付支票金额的条件。 ⑤出票人不得签发与其预留银行签章不符的支票；使用支付密码的，出票人不得签发支付密码错误的支票。 ⑥出票人签发空头支票、签章与预留银行签章不符的支票，使用支付密码地区、支付密码错误的支票，银行应予以退票，并按票面金额处以 5% 但不低于一千元的罚款；持票人有权要求出票人赔偿支票金额 2% 的赔偿金。 (3)兑付支票的要求。 ①持票人可以委托开户银行收款或直接向付款人提示付款。用于支取现金的支票仅限于收款人向付款人提示付款。 ②持票人委托开户银行收款时，应作委托收款背书，在支票背面背书人签章栏签章，记载“委托收款”字样、背书日期，在被背书人栏记载开户银行名称，并将支票和填制的进账单送交开户银行
填写要求	(1)签发日期应填写实际出票日期，支票正联出票日期必须使用中文大写，支票存根部分出票日期可用阿拉伯数字书写。 (2)收款单位名称应填写全称并与预留银行印鉴中单位名称保持一致。如是本单位自行提取现金可填为“本单位”。 (3)大写金额应紧接“人民币”字样书写，不得留有空白，以防加填；大小写金额要对应，要按规定书写。 (4)阿拉伯小写金额数字前面，均应填写人民币符号“￥”。阿拉伯小写金额数字要认真填写，不得连写分辨不清。 (5)如实写明用途，存根联与支票正联填写的用途应一致。 (6)在签发人签章处按预留银行印鉴分别签章，签章不能缺漏。 (7)现金支票签发后，将支票从存根联与正联之间骑缝线剪开，正联交给收款人办理提现或转账，存根联留下作为记账依据

考点 8 商业汇票

表 2－8 商业汇票

概念	商业汇票是出票人签发的，委托付款人在指定日期无条件支付确定的金额给收款人或者持票人的票据。它适用于在银行开立存款账户的法人以及其他组织之间具有真实的交易关系或债权债务关系的款项结算

（续表）

种类	商业汇票分为商业承兑汇票和银行承兑汇票。商业承兑汇票是指由付款人签发并承兑，或由收款人签发交由付款人承兑的票据；银行承兑汇票是指由在承兑银行开立存款账户的存款人签发，并经开户银行承兑付款的票据
出票	（1）商业汇票的出票人。 商业承兑汇票的出票人，为在银行开立存款账户的法人以及其他组织，与付款人具有真实的委托付款关系，具有支付汇票金额的可靠资金来源。 银行承兑汇票的出票人必须具备下列条件：①在承兑银行开立存款账户的法人以及其他组织；②与承兑银行具有真实的委托付款关系；③资信状况良好，具有支付汇票金额的可靠资金来源。 （2）签发商业汇票必须记载的事项。 签发商业汇票必须记载如下事项：①表明“商业承兑汇票”或“银行承兑汇票”的字样；②无条件支付的委托；③确定的金额；④付款人名称；⑤收款人名称；⑥出票日期；⑦出票人签章。欠缺记载上述事项之一的，商业汇票无效。 （3）出票人不得签发无对价的商业汇票，用以骗取银行或其他票据当事人的资金
承兑	承兑是指汇票的付款人愿意负担起票面金额的支付义务的行为，或者说是付款人承认到期将无条件地支付汇票金额的行为。商业汇票按其承兑人的不同，可以分为商业承兑汇票和银行承兑汇票两种
付款	商业汇票的付款人为承兑人，其付款地为承兑人所在地。商业汇票的付款期限，最长不得超过6个月。商业汇票的提示付款期限，自汇票到期日起10日。商业承兑汇票的付款人开户银行收到通过委托收款寄来的商业承兑汇票，将商业承兑汇票留存，并及时通知付款人。银行承兑汇票的出票人应于汇票到期前将票款足额交存其开户银行，承兑银行应在汇票到期日或到期日后的见票当日支付票款
背书	背书是指在票据背面或者粘单上记载有关事项并签章的票据行为。《票据法》规定，持票人将汇票权利转让给他人或者将一定的汇票权利授予他人行使时，应当背书并交付汇票。背书时，必须记载被背书人名称，由背书人签章并记载背书日期。背书未记载日期的，视为在汇票到期日前背书。出票人在汇票上记载“不得转让”字样的，汇票不得转让。已背书转让的汇票，后手应当对其直接前手背书的真实性负责。后手是指在票据签章人之后签章的其他票据债务人
保证	商业汇票的债务可以由保证人承担保证责任。保证人由汇票债务人以外的他人担当。保证人必须在汇票或者粘单上记载下列事项：①表明“保证”的字样；②保证人名称和住所；③被保证人的名称；④保证日期；⑤保证人签章。保证人在汇票或者粘单上未记载第③项的，已承兑的汇票，承兑人为被保证人；未承兑的汇票，出票人为被保证人。保证人在汇票或者粘单上未记载第④项的，出票日期为保证日期。保证不得附有条件；附有条件的，不影响对汇票的保证责任

考点9　银行汇票

表2-9　银行汇票

概念和适用范围	银行汇票是由出票银行签发的，在见票时按照实际结算金额无条件支付给收款人或者持票人的票据。单位和个人在异地、同城或同一票据交换区域的各种款项结算，均可使用银行汇票
记载事项	银行汇票的记载事项有：①表明“银行汇票”的字样；②无条件支付的承诺；③确定的金额；④付款人名称；⑤收款人名称；⑥出票日期；⑦出票人签章。汇票上未记载上述事项之一的，汇票无效

（续表）

基本规定	（1）银行汇票可以用于转账，标明现金字样的"银行汇票"也可以提取现金。 （2）银行汇票的付款人为银行汇票的出票银行，银行汇票的付款地为代理付款人或出票人所在地。 （3）银行汇票的出票人在票据上的签章，应为经中国人民银行批准使用的该银行汇票专用章加其法定代表人或其授权经办人的签名或者盖章。 （4）银行汇票的提示付款期限自出票日起1个月内。持票人超过付款期限提示付款的，代理付款人（银行）不予受理。 （5）银行汇票可以背书转让，但填明"现金"字样的银行汇票不得背书转让。银行汇票的背书转让以不超过出票金额的实际结算金额为准。未填写实际结算金额或实际结算金额超过出票金额的银行汇票不得背书转让。 （6）填明"现金"字样和代理付款人的银行汇票丧失，可以由失票人通知付款人或者代理付款人挂失止付。 （7）银行汇票丧失，失票人可以凭人民法院出具的其享有票据权利的证明，向出票银行请求付款或退款
申办和兑付的基本规定	收款人受理银行汇票依法审查无误后，应在出票金额以内，根据实际需要的款项办理结算，并将实际结算金额和多余金额填入银行汇票和解讫通知的有关栏内。未填明实际结算金额和多余金额或实际结算金额超过出票金额的，银行不予受理。银行汇票的实际结算金额不得更改，更改实际结算金额的银行汇票无效。 持票人向银行提示付款时，必须同时提交银行汇票和解讫通知，缺少任何一联，银行不予受理。 持票人超过提示付款期限向代理付款银行提示付款不获付款的，必须在票据权利时效内向出票银行做出说明，并提供本人身份证件或单位证明，持银行汇票和解讫通知向出票银行请求付款

考点10 银行本票

表2-10 银行本票

概念	银行本票是出票人签发的，承诺自己在见票时无条件支付确定的金额给收款人或者持票人的票据
适用范围	单位和个人在同一票据交换区域需要支付的各种款项，均可以使用银行本票。银行本票可以用于转账，注明"现金"字样的银行本票可以用于支取现金
记载事项	银行本票必须记载下列事项：①表明"银行本票"的字样；②无条件支付的承诺；③确定的金额；④收款人名称；⑤出票日期；⑥出票人签章。申请人或收款人为单位的，不得申请签发现金银行本票
提示付款期限	银行本票的提示付款期限自出票日起最长不得超过2个月。持票人超过付款期限提示付款的，代理付款人不予受理。本票的持票人未按照规定期限提示见票的，丧失对出票人以外的前手的追索权

考点 11 银行卡的概念与分类

表 2-11 银行卡的概念与分类

概念	银行卡是指经批准由商业银行(含邮政金融机构)向社会发行的具有消费信用、转账结算、存取现金等全部或部分功能的信用支付工具
分类	(1)按照发行主体是否在境内分为境内卡和境外卡。 (2)按照是否给予持卡人授信额度分为信用卡和借记卡。 (3)按照账户币种的不同分为人民币卡、外币卡和双币种卡。 (4)按信息载体不同分为磁条卡和芯片卡

考点 12 银行卡账户与交易

表 2-12 银行卡账户与交易

银行卡交易的基本规定	(1)单位人民币卡可办理商品交易和劳务供应款项的结算，但不得透支。单位卡不得支取现金。 (2)发卡银行应当依照法律规定遵守信用卡业务风险控制指标。 (3)持卡人透支消费享受免息还款期和最低还款额待遇的条件和标准等，由发卡机构自主确定。 (4)发卡银行通过下列途径追偿透支款项和诈骗款项：①扣减持卡人保证金、依法处理抵押物和质押物；②向保证人追索透支款项；③通过司法机关的诉讼程序进行追偿
资金来源	单位卡账户的资金，一律从其基本存款账户转账存入，不得交存现金，不得将销货收入的款项存入其账户。 个人卡在使用过程中，需要向其账户续存资金的，只限于其持有的现金存入和工资性款项以及属于个人的劳务报酬收入转账存入。严禁将单位的款项存入个人卡账户
计息和收费	发卡银行对准贷记卡及借记卡(不含储值卡)账户内的存款，按照中国人民银行规定的同期同档次存款利率及计息办法计付利息。发卡银行对贷记卡账户的存款、储值卡(含 IC 卡的电子钱包)内的币值不计付利息。 银行记账日至发卡行规定的到期还款日之间为免息还款期，最长为 60 天。持卡人在到期还款日前偿还所使用全部银行款项有困难的，可按发卡行规定的最低还款额还款。对信用卡透支利率实行上限和下限管理，透支利率上限为日利率万分之五，透支利率下限为日利率万分之五的 0.7 倍。 收费是指商业银行办理银行卡收单业务向商户收取结算手续费

考点 13 银行卡申领、注销和挂失

表 2-13 银行卡申领、注销和挂失

申领	凡在中国境内金融机构开立基本存款账户的单位，可凭中国人民银行核发的开户许可证申领单位卡。单位卡可申领若干张，持卡人资格由申领单位法定代表人或其委托的代理人书面指定和注销。凡具有完全民事行为能力的公民，可凭本人有效身份证件及发卡银行规定的相关证明文件申领个人卡。个人卡的主卡持卡人，可为其配偶及年满 18 周岁的亲属申领附属卡，申领的附属卡最多不得超过两张，也有权要求注销其附属卡

（续表）

注销	持卡人在还清全部交易款项、透支本息和有关费用后，有下列情形之一的，可申请办理销户：①信用卡有效期满45天后，持卡人不更换新卡的；②信用卡挂失满45天后，没有附属卡又不更换新卡的；③信用卡被列入止付名单，发卡银行已收回其信用卡45天的；④持卡人死亡，发卡银行已收回其信用卡45天的；⑤持卡人要求销户或担保人撤销担保，并已交回全部信用卡45天的；⑥信用卡账户两年(含)以上未发生交易的；⑦持卡人违反其他规定，发卡银行认为应该取消资格的。销户时，单位卡账户余额转入其基本存款账户，不得提取现金；个人卡账户可以转账结清，也可以提取现金
销户时，账户余额的处理	销户时，单位卡账户余额转入其基本存款账户，不得提取现金；个人卡账户可以转账结清，也可以提取现金
挂失	持卡人丧失银行卡，应立即持本人身份证件或其他有效证明，并按规定提供有关情况，向发卡银行或代办银行申请挂失

考点14　汇兑

表2-14　汇兑

概念	汇兑是汇款人委托银行将其款项支付给收款人的结算方式
分类	汇兑分为信汇和电汇两种方式，由汇款人选择使用。它适用于单位和个人各种款项的结算
办理汇兑的程序	(1)签发汇兑凭证。 汇兑凭证上必须记载下列事项：①表明“信汇”或“电汇”的字样；②无条件支付的委托；③确定的金额；④收款人名称；⑤汇款人名称；⑥汇入地点与汇入行名称；⑦汇出地点与汇出行名称；⑧委托日期；⑨汇款人签章。汇兑凭证上缺少上述任何一项记载，银行不予受理。汇兑凭证记载的汇款人与收款人名称，其在银行开立存款账户的，必须记载其账号，否则银行不予受理。委托日期是指汇款人向汇出银行提交汇兑凭证的当日。 (2)汇出银行受理汇款人签发的汇兑凭证。 对汇款人签发的汇兑凭证，汇出银行经审核无误后，应及时向汇入银行办理汇款，并向汇款人签发汇款回单。汇款回单只能用作汇出银行受理汇款的依据，不能作为该笔汇款已转入收款人账户的证明。 (3)汇入银行收到汇入款项。 汇入银行应将其直接转入收款人的存款账户，并向其发出收款通知。收款通知是银行将款项确已汇入收款人账户的凭据
汇兑的撤销和退汇	汇兑的撤销是指汇款人对汇出银行尚未汇出的款项向汇出银行申请撤销汇款的行为。申请撤销时，应出具正式函件或本人身份证件及原信、电汇回单。 汇兑的退汇是指汇款人对汇出银行已经汇出的款项申请退回汇款的行为。对在汇入银行开立存款账户的收款人，由汇款人与收款人自行联系退汇；对未在汇入银行开立存款账户的收款人，汇款人应出具正式函件或本人身份证件以及原信、电汇回单，由汇出银行通知汇入银行，经汇入银行核实汇款确未支付，并将款项汇回汇出银行，方可办理退汇

考点 15 委托收款

表 2－15 委托收款

<table>
<tr><td>概念</td><td colspan="2">委托收款是指收款人委托银行向付款人收取款项的结算方式</td></tr>
<tr><td>记载事项</td><td colspan="2">委托收款的记载事项包括：①表明“委托收款”的字样；②确定的金额；③付款人名称；④收款人名称；⑤委托收款凭据名称及附寄单证张数；⑥委托日期；⑦收款人签章</td></tr>
<tr><td rowspan="2">结算规定</td><td>办理办法</td><td>(1)以银行为付款人的，银行应在当日将款项主动支付给收款人。
(2)以单位为付款人的，银行通知付款人后，付款人应于接到通知当日书面通知银行付款</td></tr>
<tr><td>注意事项</td><td>(1)付款人审查有关债务证明后，对收款人委托收取的款项需要拒绝付款的，有权提出拒绝付款。
(2)收款人收取公用事业费，必须具有收付双方事先签订的经济合同，由付款人向开户银行授权，并经开户银行同意，报经中国人民银行当地分支行批准，可以使用同城特约委托收款</td></tr>
</table>

考点 16 托收承付

表 2－16 托收承付

概念	托收承付是指根据购销合同由收款人发货后委托银行向异地付款人收取款项，由付款人向银行承付的结算方式
结算规定	托收承付凭证记载事项有：①表明“托收承付”的字样；②确定的金额；③付款人的名称和账号；④收款人的名称和账号；⑤付款人的开户银行名称；⑥收款人的开户银行名称；⑦托收附寄单证张数或册数；⑧合同名称、号码；⑨委托日期；⑩收款人签章。收付双方使用托收承付结算方式必须签有符合《合同法》的购销合同，并在合同上订明使用托收承付结算款项的划回方法，分为邮寄和电报，由收款人选用
办理方法	(1)托收。 收款人按照签订的购销合同发货后，应将托收凭证并附发运凭证或其他符合托收承付结算的有关证明和交易单证送交银行。 (2)承付。 购货单位承付货款有验单承付和验货承付两种方式

考点 17 国内信用证

表 2－17 国内信用证

概念	国内信用证(简称信用证)是适用于国内贸易的一种支付结算方式，是开证银行依照申请人(购货方)的申请向受益人(销货方)开出的有一定金额、在一定期限内凭信用证规定的单据支付款项的书面承诺
结算方式	国内信用证的结算方式只适用于国内企业之间商品交易产生的货款结算，并且只能用于转账结算，不得支取现金

（续表）

基本程序	（1）开证。 开证行决定受理开证业务时，应向申请人收取不低于开证金额20%的保证金，并可根据申请人资信情况要求其提供抵押、质押或由其他金融机构出具保函。 （2）通知。 通知行收到信用证审核无误后，应填制信用证通知书，连同信用证交付受益人。 （3）议付。 议付是指信用证指定的议付行在单证相符条件下，扣除议付利息后向受益人给付对价的行为。议付行必须是开证行指定的受益人开户行。议付仅限于延期付款信用证。议付行议付后，应将单据寄开证行索偿资金。议付行议付信用证后，对受益人具有追索权。到期不获付款的，议付行可从受益人账户收取议付金额。 （4）付款。 开证行对议付行寄交的凭证、单据等审核无误后，对即期付款信用证，从申请人账户收取款项支付给受益人；对延期付款信用证，应向议付行或受益人发出到期付款确认书，并于到期日从申请人账户收取款项支付给议付行或受益人。申请人交存的保证金和其存款账户余额不足支付的，开证行仍应在规定的付款时间内进行付款；对不足支付的部分做逾期贷款处理

考点18 网上支付

（一）网上银行

表2－18 网上银行

概念	网上银行，也称网络银行，简称网银，就是银行在互联网上设立虚拟银行柜台，使传统银行服务不再通过物理的银行分支机构来实现，而是借助于网络与信息技术手段在互联网上实现
分类	（1）按经营模式分为单纯网上银行和分支行网上银行。 （2）按主要服务对象分为企业网上银行和个人网上银行
主要功能	（1）企业网上银行的功能。 ①账户信息查询； ②支付指令； ③B2B网上支付； ④批量支付。 （2）个人网上银行的功能。 ①账户信息查询； ②人民币转账业务； ③银证转账业务； ④外汇买卖业务； ⑤账户管理业务； ⑥B2C网上支付
网上银行业务流程及交易时的身份认证	（1）客户开户流程。 （2）网上交易。 （3）交易时的身份认证

(二)第三方支付

表 2－19 第三方支付

概念	第三方支付是指经过中国人民银行批准从事第三方支付业务的非银行支付机构，借助通信、计算机和信息安全技术，采用与各大银行签约的方式，在用户与银行支付结算系统间建立连接的电子支付模式(其中通过手机端进行的，称为移动支付)，本质上是一种新型的支付手段，是互联网技术与传统金融支付的有机结合
种类	(1)线上支付。 线上支付是指通过互联网实现的用户和商户之间、商户和商户之间的在线货币支付、资金清算等行为。 (2)线下支付。 线下支付是指通过非线上支付方式进行的支付行为，包括 POS 机刷卡支付、拉卡拉等自助终端支付、电话支付、手机近端支付等方式
第三方支付交易流程及其身份验证	(1)开户。 (2)账户充值。 (3)收、付款。 (4)交易时的身份认证
第三方支付机构及支付账户管理规定	(1)支付机构应根据客户身份对同一客户在本机构开立的所有支付账户进行关联管理，并按照要求对个人支付账户进行分类管理。 (2)支付机构办理银行账户与支付账户之间转账业务的，相关银行账户与支付账户应属于同一客户。 (3)因交易取消(撤销)、退货、交易不成功或者投资理财等金融类产品赎回等原因需划回资金的，相应款项应当划回原扣款账户。 (4)支付机构应根据交易验证方式的安全级别，对个人客户使用支付账户余额付款的交易进行限额管理

第三章 税收法律制度

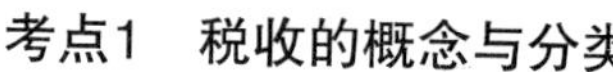

考点1　税收的概念与分类
考点2　税法及其构成要素
考点3　增值税
考点4　消费税
考点5　企业所得税
考点6　个人所得税
考点7　税务登记
考点8　发票开具与管理
考点9　纳税申报
考点10　税款征收
考点11　税务代理
考点12　税务检查、税收法律责任与税务行政复议

考点1　税收的概念与分类

(一)税收的概念、特征与作用

表3-1　税收的概念、特征与作用

概念	税收是指以国家为主体，为实现国家职能，凭借政治权力，按照法律规定的标准，无偿取得财政收入的一种特定分配方式
作用	税收具有组织国家财政收入、调控国家经济运行、维护国家政权和利益等作用
特征	(1)强制性。 强制性是指国家以社会管理者的身份，凭借政权力量，通过颁布法律或法规，按照一定的征收标准进行强制征税。 (2)无偿性。 无偿性是指国家取得税收收入既不需偿还，也不需对纳税人付出任何对价。 (3)固定性。 固定性是指国家征税以法律形式预先规定征税范围和征收比例，便于征纳双方共同遵守

(二)税收的分类

表3-2　税收的分类

按征税对象分类	(1)流转税类。 我国现行税制中属于流转税的税种主要有：增值税、消费税、关税。 (2)所得税类。 我国现行税制中属于所得税的税种有企业所得税、个人所得税。 (3)财产税类。 我国现行税制中属于财产税的税种有：房产税、契税、车船税、船舶吨税等。 (4)资源税类。 我国现行的资源税、城镇土地使用税属于这一类。 (5)行为税类。 我国现行税制中属于行为税的税种有：印花税、城市维护建设税等
按征收管理的分工体系分类	(1)工商税类。 具体包括增值税、消费税、资源税、企业所得税、个人所得税、城市维护建设税、房产税、城市房地产税、车船税、土地增值税、城镇土地使用税、印花税等税种。 (2)关税类。 主要是指进出口关税以及对入境旅客行李物品和个人邮递物品征收的进口税，不包括由海关代征的进口环节增值税、消费税和船舶吨税
按税收征收权限和收入支配权限分类	(1)中央税。 中央税是指由中央政府征收和管理使用或由地方政府征收后全部划解中央政府所有并支配使用的一类税。如我国现行的关税和消费税等。 (2)地方税。 地方税是指由地方政府征收和管理使用的一类税。如我国现行的房产税、车船税、土地增值税、城镇土地使用税等税种。 (3)中央与地方共享税。 中央与地方共享税是指税收的管理权和使用权属中央政府和地方政府共同拥有的一类税。如我国现行的增值税、印花税、资源税等

（续表）

按照计税标准分类	(1)从价税。 我国现行税制中的增值税、房产税等税种也属于从价税。 (2)从量税。 如资源税、车船使用税、土地使用税。 (3)复合税。 我国消费税中的卷烟和白酒就采用复合税

考点2 税法及其构成要素

(一)税法的概念与分类

表3-3 税法的概念与分类

概念	税法，即税收法律制度，是国家权力机关和行政机关制定的用以调整国家与纳税人之间在征纳税方面的权利与义务关系的法律规范的总称，是国家法律的重要组成部分	
分类	按照税法的功能作用分类	(1)税收实体法。 税收实体法主要是指确定税种立法，具体规定各税种的征收对象、征收范围、税目、税率、纳税地点等。 (2)税收程序法。 税收程序法是指税务管理方面的法律，主要包括税收管理法、纳税程序法、发票管理法、税务机关组织法、税务争议处理法等
	按照主权国家行使税收管辖权分类	(1)国内税法一般是按照属人或属地原则，规定一个国家的内部税收制度。 (2)国际税法是指国家间形成的税收制度，主要包括双边或多边国家间的税收协定、条约和国际惯例等。 (3)外国税法是指外国各个国家制定的税收制度
	按照税法法律级次分类	(1)税收法律。 (2)税收行政法规。 (3)税收行政规章和税收规范性文件

(二)税法的构成要素

表3-4 税法的构成要素

征税人	征税人是指法律、行政法规规定代表国家行使征税权的征税机关。包括各级税务机关、财政机关和海关
纳税义务人	纳税义务人简称纳税人，是税法中规定的直接负有纳税义务的自然人、法人或其他组织，也称“纳税主体”
征税对象	又称征税客体，它是税法规定的征税针对的目的物，即对什么征税
税目	是征税对象的具体化，税目的制定一般采用列举法、概括法两种方法
税率	税率是对征税对象的征收比例或征收额度。我国现行的税率有三种基本形式，即比例税率、累进税率和定额税率
计税依据	计税依据是计算应纳税额所依据的标准
纳税环节	纳税环节是指税法上规定的课税对象从生产到消费的流转过程中应当缴纳税款的环节

（续表）

纳税期限	纳税期限是纳税人向国家缴纳税款的法定期限。大体可分为三种情况，即按期纳税，按次纳税，按期预缴、年终汇算清缴
纳税地点	纳税地点是指法律、行政法规规定的纳税人申报缴纳税款的地点
减免税	减税免税是国家对某些纳税人和征税对象给予鼓励和照顾的一种特殊规定
法律责任	税收法律责任是指税收法律关系的主体因违反税收法律规范所应承担的法律后果

考点 3 增值税

(一)增值税的概念、分类及征税范围

表 3－5 增值税的概念、分类及征税范围

概念	增值税是以商品(含应税劳务)在流转过程中产生的增值额作为计税依据而征收的一种流转税
分类	(1)生产型增值税。 生产型增值税不允许纳税人在计算增值税时扣除外购固定资产的价值。 (2)收入型增值税。 收入型增值税指的是计算增值税时对外购固定资产价款只允许扣除当期计入产品价值的折旧费部分，作为课税基数的法定增值额相当于当期工资、利息、租金和利润等各增值项目之和。 (3)消费型增值税。 消费型增值税允许纳税人在计算增值税时，将外购固定资产的价值一次性扣除，可以彻底消除重复征税问题
征税范围	增值税征税范围包括货物的生产、批发、零售和进口四个环节，2016 年 5 月 1 日以后，伴随着营业税改征增值税试点实施办法以及相关配套政策的实施，“营改增”试点行业扩大到销售服务、无形资产或者不动产(以下称应税行为)，增值税的征税范围覆盖第一产业、第二产业和第三产业。 (1)销售货物。 (2)提供加工和修理修配劳务。 (3)销售服务是指提供交通运输服务、邮政服务、电信服务、建筑服务、金融服务、现代服务、生活服务。 (4)销售无形资产。 (5)销售不动产。 (6)进口货物

(二)增值税的纳税人

表 3－6 增值税的纳税人

增值税一般纳税人	一般纳税人是指年应征增值税销售额(以下简称年应税销售额，包括一个公历年度内的全部应税销售额)，超过《增值税暂行条例实施细则》规定的小规模纳税人标准的企业和企业性单位。 下列纳税人不属于一般纳税人： (1)应税销售额未超过小规模纳税人标准的企业。 (2)除个体经营者以外的其他个人。 (3)非企业性单位。 (4)不经常发生增值税应税行为的企业

（续表）

增值税小规模纳税人	小规模纳税人是指年销售额在规定标准以下，并且会计核算不健全，不能按规定报送有关税务资料的增值税纳税人。小规模纳税人的认定标准是： （1）从事货物生产或者提供应税劳务的纳税人，以及以从事货物生产或者提供应税劳务为主，并兼营货物批发或者零售的纳税人，年应税销售额在50万元（含本数，下同）以下的；“以从事货物生产或者提供应税劳务为主”是指纳税人的年货物生产或提供应税劳务的销售额占全年应税销售额的比重在50%以上。 （2）对上述规定以外的纳税人，年应税销售额在80万元以下的。 （3）对提供应税服务的，年应税服务销售额在500万元以下的。 （4）年应税销售额超过小规模纳税人标准的其他个人、非企业性单位、不经常发生应税行为的企业可选择按小规模纳税人纳税。小规模纳税人会计核算健全，能够提供准确税务资料的，可以向主管税务机关申请一般纳税人资格认定，成为一般纳税人。除国家税务总局另有规定外，一经认定为一般纳税人后，不得转为小规模纳税人

（三）增值税税率与应纳税额

表3－7 增值税税率与应纳税额

增值税税率	17% 基本税率	纳税人销售或者进口货物，除列举的外，税率均为17%；提供加工、修理修配劳务和应税服务，除适用低税率范围外，税率也为17%。这一税率就是通常所说的基本税率
	13%税率	下列应税货物按照13%的低税率征收增值税： （1）粮食、食用植物油。 （2）自来水、暖气、冷气、热水、煤气、石油液化气、天然气、沼气、居民用煤炭制品。 （3）图书、报纸、杂志。 （4）饲料、化肥、农药、农机（不包括农机零部件）、农膜。 （5）国务院规定的其他货物
	11%税率	提供交通运输业服务、邮政、基础电信、建筑、不动产租赁服务，销售不动产，转让土地使用权，税率为11%
	6%税率	提供现代服务业服务（不动产租赁除外）、增值电信服务、金融服务、生活服务、销售无形资产（转让土地使用权除外），税率为6%
	0税率	出口货物、劳务或者境内单位和个人发生的跨境应税行为，税率为零。具体范围由财政部和国家税务总局另行规定
	征收率	自2009年1月1日起，小规模纳税人增值税征收率调整为3%。 纳税人提供适用不同税率或者征收率的应税服务，应当分别核算适用不同税率或者征收率的销售额；未分别核算的，从高适用税率
增值税应纳税额	销项税额	销项税额是纳税人销售货物或者提供应税劳务，按照销售额和规定的税率计算并向购买方收取的增值税额。其计算公式为： 销项税额＝销售额×税率
	销售额	销售额是指纳税人销售货物，向购买方收取的全部价款和价外费用，但不包括向购买方收取的销项税额，这表明增值税是一种价外税
	进项税额	进项税额是纳税人购进货物或接受应税劳务所支付或负担的增值税额。它由销售方收取和缴纳，由购买方支付

（四）增值税的征收管理

表 3－8　增值税的征收管理

<table>
<tr><td>纳税义务发生的时间</td><td colspan="2">（1）采用直接收款方式销售货物，不论货物是否发出，均为收到销售款或者取得索取销售款凭证的当天；先开具发票的，为开具发票的当天。纳税人提供应税服务的，为收讫销售款或者取得销售款项凭据的当天；先开具发票的，为开具发票的当天。
（2）纳税人发生销售服务、无形资产或者不动产行为的，为收讫销售款或者索取销售款项凭据的当天；先开具发票的，为开具发票的当天。
（3）采取托收承付和委托银行收款方式销售货物，为发出货物并办妥托收手续的当天。
（4）采取赊销和分期收款方式销售货物，为书面合同约定的收款当天，无书面合同或者书面合同没有约定收款日期的，为货物发出的当天。
（5）采取预收货款方式销售货物，为货物发出的当天；但生产销售生产工期超过 12 个月的大型机械设备、船舶、飞机等货物，为收到预收款或者书面合同约定的收款日期的当天。
（6）委托其他纳税人代销货物，为收到代销单位的代销清单或者收到全部或者部分货款的当天。未收到代销清单及货款的，为发出代销货物满 180 天的当天。
（7）纳税人从事金融商品转让的，为金融商品所有权转移的当天。
（8）纳税人发生视同销售货物行为，为货物移送的当天。纳税人发生视同提供应税服务行为的，其纳税义务发生时间为应税服务完成的当天。
（9）纳税人进口货物，纳税义务发生时间为报关进口的当天。
（10）增值税扣缴义务发生时间为纳税人增值税纳税义务发生的当天</td></tr>
<tr><td rowspan="2">增值税征收管理</td><td>纳税期限</td><td>增值税的纳税期限分别为 1 日、3 日、5 日、10 日、15 日、1 个月或者 1 个季度。纳税人的具体纳税期限，由主管税务机关根据纳税人应纳税额的大小分别核定；不能按照固定期限纳税的，可以按次纳税</td></tr>
<tr><td>纳税地点</td><td>（1）固定业户应当向其机构所在地的主管税务机关申报纳税。
（2）固定业户到外县（市）销售货物或者应税劳务，应当向其机构所在地的主管税务机关申请开具外出经营活动税收管理证明，并向其机构所在地的主管税务机关申报纳税；未开具证明的，应当向销售地或者劳务发生地的主管税务机关申报纳税；未向销售地或者劳务发生地的主管税务机关申报纳税的，由其机构所在地的主管税务机关补征税款。
（3）非固定业户销售货物或者应税劳务，应当向销售地或者劳务发生地的主管税务机关申报纳税；未向销售地或者劳务发生地的主管税务机关申报纳税的，由其机构所在地或者居住地的主管税务机关补征税款。
（4）进口货物，应当向报关地海关申报纳税</td></tr>
</table>

考点 4　消费税

（一）消费税的概念、纳税人与计税方法

表 3－9　消费税的概念、纳税人与计税方法

概念	消费税是对在我国境内从事生产、委托加工和进口应税消费品的单位和个人，就其销售额或销售数量，在特定环节征收的一种税
纳税人	生产销售（包括自用）的应税消费品，以生产销售单位和个人为纳税人，由生产者直接缴纳。 委托加工的应税消费品，以委托的单位和个人为纳税人，由受托方代扣代缴消费税款。 进口的应税消费品，以进口的单位和个人为纳税人，由海关代为征收
计税方法	消费税采用从价定率、从量定额、复合计税三种计税方法

(二)消费税的税目与税率

表3－10　消费税的税目与税率

税目	我国消费税的税目共有十五个，分别是：①烟；②酒；③化妆品；④贵重首饰及珠宝玉石；⑤鞭炮、焰火；⑥成品油；⑦摩托车；⑧小汽车；⑨高尔夫球及球具；⑩高档手表；⑪游艇；⑫木制一次性筷子；⑬实木地板；⑭电池；⑮涂料。其中，有些还包括若干子目
税率	(1)比例税率。 对供求矛盾突出、价格差异较大、计量单位不规范的消费品，采用比例税率。 (2)定额税率。 适用于黄酒、啤酒、成品油

(三)消费税的应纳税额

表3－11　消费税的应纳税额

从价定率征收	采用从价定率方法，消费税应纳税额的计算取决于应税消费品的销售额和适用税率两个因素。其计算公式为： 应纳税额＝应税消费品的销售额×比例税率
从量定额征收	从量定额是指以应税消费品的销售数量和单位税额计算应纳消费税的一种方法。其计算公式为： 应纳税额＝应税消费品的销售数量×单位税额
从价定率和从量定额复合征收	复合计算方法是从价定率与从量定额相结合的一种计税方法。在现行消费税的征税范围中，只有卷烟、白酒采用此种方法计税。其计算公式为： 应纳税额＝销售额×比例税率＋销售数量×单位税率
应税消费品已纳税款的扣除	(1)以外购的已税消费品为原料连续生产销售的应税消费品，在计税时可按当期生产领用数量计算准予扣除的外购应税消费品已纳的消费税税款。 (2)委托加工的应税消费品收回后直接出售的，不再征收消费税

(四)消费税的征收管理

表3－12　消费税的征收管理

纳税义务的发生时间	(1)纳税人生产销售的应税消费品的纳税义务发生时间。 ①纳税人采取赊销和分期收款结算方式的，为书面合同约定的收款日期的当天；书面合同没有约定收款日期或者无书面合同的，为发出应税消费品的当天。 ②纳税人采取预收货款结算方式的，其纳税义务的发生时间，为发出应税消费品的当天。 ③纳税人采取托收承付和委托银行付款方式销售的应税消费品，其纳税义务的发生时间，为发出应税消费品并办妥手续的当天。 ④纳税人采取其他方式结算的，其纳税义务的发生时间，为收讫销售款或者取得索取销售款的凭证的当天。 (2)纳税人自产自用的应税消费品的纳税义务发生时间。纳税人自产自用的应税消费品，其纳税义务的发生时间，为移送使用的当天。 (3)纳税人委托加工的应税消费品的纳税义务的发生时间。 纳税人委托加工的应税消费品，其纳税义务的发生时间，为纳税人提货的当天。 (4)纳税人进口的应税消费品的纳税义务的发生时间。 纳税人进口的应税消费品，其纳税义务的发生时间，为消费品报关进口的当天

（续表）

纳税期限	消费税的纳税期限，由主管税务机关根据纳税人应纳税额的大小分别核定，具体纳税期限分别为1日、3日、5日、10日、15日、1个月或者1个季度
纳税地点	(1)纳税人销售的应税消费品以及自产自用的应税消费品，除国家另有规定的外，应当向纳税人核算地主管税务机关申报纳税。 (2)委托加工应税消费品的，由受托方向其机构所在地主管税务机关解缴消费税税款；纳税人委托个体经营者加工的应税消费品，由委托方收回后在委托方所在地缴纳消费税款。 (3)进口的应税消费品，由进口人或者代理人向报关地海关申报纳税。 (4)纳税人到外县(市)销售或者委托外县(市)代销自产应税消费品的，于应税消费品销售后，向机构所在地或者居住地主管税务机关申报纳税。 (5)纳税人的总机构与分支机构不在同一省(自治区、直辖市)的，应当分别向各自机构所在地的主管税务机关申报纳税

考点5 企业所得税

(一)企业所得税的概念、征税对象和税率

表3-13 企业所得税的概念、征税对象和税率

概念	企业所得税是对在我国境内的企业和其他取得收入的组织所取得的生产经营所得和其他所得所征收的一种税。 企业分为居民企业和非居民企业。居民企业是指依法在中国境内成立，或者依照外国(地区)法律成立但实际管理机构在中国境内的企业；非居民企业是指依照外国(地区)法律成立且实际管理机构不在中国境内，但在中国境内设立机构、场所的，或者在中国境内未设立机构、场所，但有来源于中国境内所得的企业
征税对象	企业所得税的征税对象是指企业的生产经营所得和其他所得。《企业所得税法》中对“所得”的解释为销售货物所得、提供劳务所得、转让财产所得、股息红利等权益性投资所得、利息所得、租金所得、特许权使用费所得、接受捐赠所得和其他所得。 居民企业应就来源于中国境内、境外的所得作为征税对象。非居民企业在中国境内设立机构、场所的，应当就其所设机构、场所取得的来源于中国境内的所得，以及发生在中国境外但与其所设机构、场所有实际联系的所得，缴纳企业所得税
税率	企业所得税税率采用比例税率。企业所得税的基本税率为25%，适用于居民企业和在中国境内设有机构、场所且所得与机构、场所有关联的非居民企业；对符合条件的小型微利企业，减按20%的税率征收企业所得税；对国家需要重点扶持的高新技术企业，减按15%的税率征收企业所得税

(二)企业所得税的应纳税所得额

表3-14 企业所得税的应纳税所得额

收入总额	(1)货币形式的收入。 企业取得收入的货币形式，包括现金、存款、应收账款、应收票据、准备持有至到期的债券投资以及债务的豁免等。 (2)非货币形式的收入。 企业取得收入的非货币形式，包括固定资产、生物资产、无形资产、股权投资、存货、不准备持有至到期的债券投资、劳务以及有关权益等

（续表）

不征税收入	(1)财政拨款。 财政拨款是指各级人民政府对纳入预算管理的事业单位、社会团体等组织拨付的财政资金，但国务院和国务院财政、税务主管部门另有规定的除外。 (2)依法收取并纳入财政管理的行政事业性收费、政府性基金是指依照法律法规等有关规定，按照国务院规定程序批准，在实施社会公共管理以及在向公民、法人或者其他组织提供特定公共服务过程中，向特定对象收取并纳入财政管理的费用。 (3)国务院规定的其他不征税收入是指企业取得的，由国务院财政、税务主管部门规定了专项用途并经国务院批准的财政性资金。 (4)根据《实施条例》第二十五条规定，企业内部处置资产，除将资产转移至境外以外，不视同销售收入，相关资产的历史成本延续计算
免税收入	(1)国债利息收入是指企业持有国务院财政部门发行的国债取得的利息收入。 (2)符合条件的居民企业之间的股息、红利等权益性投资收益是指居民企业直接投资于其他居民企业取得的投资资收益，不包括连续持有居民企业公开发行并上市流通的股票不足12个月取得的投资收益。 (3)在中国境内设立机构、场所的非居民企业从居民企业取得与该机构、场所有实际联系的股息、红利等权益性投资收益，不包括连续持有居民企业公开发行并上市流通的股票不足12个月取得的投资收益。 (4)符合条件的非营利组织的收入。 (5)企业政策性搬迁收入。 企业政策性搬迁收入是指因当地政府城市规划、基础设施建设等原因，搬迁企业按规定标准从政府取得的搬迁补偿收入以及搬迁企业通过市场取得的土地转让收入
准予扣除的项目	(1)成本。 成本是指企业在生产经营活动中发生的销售成本、销货成本、业务支出以及其他耗费。 (2)费用。 费用是指企业在生产经营活动中发生的销售费用、管理费用和财务费用，已经计入成本的有关费用扣除。 (3)税金。 税金是指企业发生的除企业所得税和允许抵扣的增值税以外的各项税金及其附加。 (4)损失。 损失是指企业在生产经营活动中发生的固定资产和存货的盘亏、毁损、报废损失，转让财产损失，呆账损失，坏账损失，自然灾害等不可抗力因素造成的损失以及其他损失
不得扣除的项目	(1)向投资者支付的股息、红利等权益性投资收益款项。 (2)企业所得税税款。 (3)税收滞纳金。 (4)罚金、罚款和被没收财物的损失。 (5)企业发生的公益性捐赠支出以外的捐赠支出。 (6)赞助支出是指企业发生的与生产经营活动无关的各项非广告性质支出。 (7)未经核定的准备金支出是指不符合国务院财政、税务主管部门规定的各项资产减值准备、风险准备等准备金支出。 (8)与取得收入无关的其他支出

(三)企业所得税的征收管理

表3－15　企业所得税的征收管理

纳税地点	企业按登记注册地缴纳企业所得税，企业登记注册地是指企业依照国家有关规定登记注册的住所地

（续表）

纳税期限	企业所得税按年计征，分月或者分季预交，年终汇算清缴，多退少补。 企业所得税按纳税年度计算，纳税年度自公历1月1日起至12月31日止
纳税申报	企业应当自月份或者季度终了之日起15日内，向税务机关报送预缴企业所得税纳税申报表，预缴税款

考点6 个人所得税

（一）个人所得税的概念、纳税义务人、应税项目和税率

表3-16 个人所得税的概念、纳税义务人、应税项目和税率

概念	个人所得税是对个人（即自然人）的劳务和非劳务所得征收的一种税	
纳税义务人	居民纳税人和非居民纳税人	居民纳税义务人是指在中国境内有住所，或者无住所而在境内居住满1年的个人；非居民纳税义务人是指在中国境内无住所又不居住，或者无住所而在境内居住不满1年的个人
	居民纳税人和非居民纳税人的纳税义务	居民纳税人承担无限纳税义务，应就其来源于中国境内和境外取得的所得，向中国政府履行全面纳税义务；非居民纳税人承担有限纳税义务，仅就其来源于中国境内取得的所得，向中国政府履行有限纳税义务
应税项目	现行个人所得税共有十一个应税项目：①工资、薪金所得；②个体工商户的生产、经营所得；③企事业单位的承包经营、承租经营所得；④劳务报酬所得；⑤稿酬所得；⑥特许权使用费所得；⑦利息、股息、红利所得；⑧财产租赁所得；⑨财产转让所得；⑩偶然所得；⑪经国务院财政部门确定征税的其他所得	
税率	（1）工资、薪金所得适用税率。 工资、薪金所得适用3%～45%的超额累进税率。 （2）个体工商户生产、经营所得和企事业单位承包经营、承租经营所得适用税率。 个体工商户的生产、经营所得和对企事业单位的承包经营、承租经营所得，适用5%～35%的超额累进税率。 （3）稿酬所得适用税率。 稿酬所得适用比例税率，税率为20%，并按应纳税额减征30%，即只征收70%的税额，其实际税率为14%	

（二）个人所得税的应纳税所得额与征收管理

表3-17 个人所得税的应纳税所得额与征收管理

应纳税所得额	（1）工资、薪金所得。 （2）个体工商户的生产经营所得。 （3）对企事业单位的承包经营、承租经营所得。 （4）劳务报酬所得。 （5）稿酬所得。 （6）财产转让所得。 （7）利息、股息、红利所得

（续表）

征收管理	自行申报	纳税义务人有下列情形之一的，应当按照规定到主管税务机关办理纳税申报： (1)年所得12万元以上的。 (2)从中国境内两处或者两处以上取得工资、薪金所得的。 (3)从中国境外取得所得的。 (4)取得应纳税所得，没有扣缴义务人的。 (5)国务院规定的其他情形
	代扣代缴	代扣代缴是指按照税法规定负有扣缴义务的单位或个人，在向个人支付应税所得时，从所得中扣除应纳税额并缴入国库，同时向税务机关报送扣缴个人所得税报告表

考点7 税务登记

表3-18 税务登记

开业登记	办理设立税务登记的地点	企业、企业在外地设立的分支机构和从事生产、经营的场所，个体工商户和从事生产、经营的事业单位（以下统称从事生产、经营的纳税人），向生产、经营所在地税务机关申报办理税务登记
	申报办理税务登记的时限要求	(1)从事生产、经营的纳税人领取工商营业执照（含临时工商营业执照）的，应当自领取工商营业执照之日起30日内申报办理税务登记，税务机关核发税务登记证及副本（纳税人领取临时工商营业执照的，税务机关核发临时税务登记证及副本）。 (2)从事生产、经营的纳税人未办理工商营业执照但经有关部门批准设立的，应当自有关部门批准设立之日起30日内申报办理税务登记，税务机关核发税务登记证及副本。 (3)从事生产、经营的纳税人未办理工商营业执照也未经有关部门批准设立的，应当自纳税义务发生之日起30日内申报办理税务登记，税务机关核发临时税务登记证及副本。 (4)有独立的生产经营权、在财务上独立核算并定期向发包人或者出租人上交承包费或租金的承包承租人，应当自承包承租合同签订之日起30日内，向其承包承租业务发生地税务机关申报办理税务登记，税务机关核发临时税务登记证及副本。 (5)从事生产、经营的纳税人外出经营，自其在同一县（市）实际经营或提供劳务之日起，在连续的12个月内累计超过180天的，应当自期满之日起30日内，向生产、经营所在地税务机关申报办理税务登记，税务机关核发临时税务登记证及副本。 (6)境外企业在中国境内承包建筑、安装、装配、勘探工程和提供劳务的，应当自项目合同或协议签订之日起30日内，向项目所在地税务机关申报办理税务登记，税务机关核发临时税务登记证及副本。 (7)非从事生产经营但依照规定负有纳税义务的单位和个人，除国家机关、个人和无固定生产、经营场所的流动性农村小商贩外，均应当自纳税义务发生之日起30日内，向纳税义务发生地税务机关申报办理税务登记，税务机关核发税务登记证及副本
	申报办理税务登记需提供的证件和资料	(1)工商营业执照或其他核准执业证件。 (2)有关合同、章程、协议书。 (3)组织机构统一代码证书。 (4)法定代表人或负责人或业主的居民身份证、护照或者其他合法证件。 其他需要提供的有关证件、资料，由省、自治区、直辖市税务机关确定
变更登记		变更税务登记是指纳税人办理设立税务登记后，因登记内容发生变化，需要对原有登记内容进行更改，而向主管税务机关申请办理的税务登记

（续表）

停业、复业登记	从事生产经营的纳税人，经确定实行定期定额征收方式的，其在营业执照核准的经营期限内需要停业的，应当在停业前向税务机关申报办理停业登记。纳税人的停业期限不得超过1年
注销登记	注销税务登记是指纳税人由于法定的原因终止纳税义务时，向原税务机关申请办理的取消税务登记的手续。办理注销税务登记后，该当事人不再接受原税务机关的管理
外出经营报验登记	从事生产、经营的纳税人到外县（市）临时从事生产、经营活动的，应当向所在地税务机关申请开具《外出经营活动税收管理证明》。《外出经营活动税收管理证明》实行一地一证原则，即纳税人每到一县（市）都要开具一份《外出经营活动税收管理证明》
纳税人税种登记	(1)税种登记的范围。 对已登记的各类企业、事业单位和建账的个体户并申报征收的纳税户。 (2)登记申报所需的资料。 纳税人申报的税种登记表和纳税户基本情况表。 (3)登记的流程。 ①根据纳税人申报的税种登记表和纳税户基本情况表的内容，按其经营范围、经营方式、房产原值、土地占用面积、车辆数量、核算形式、扣缴义务范围等，所涉及的内容在计算机中登记其应纳税种、税目、计税依据、申报纳税期限等； ②纳税人报送银行基本存款账号和其他存款账号报告，报送会计制度、会计处理办法、会计核算软件等信息，在计算机程序中录入企业的基本存款账号和其他存款账号，采用软盘或者数码相机，或者扫描导入财务会计制度、会计处理办法、会计核算软件等信息； ③纳税人税务登记或基本情况、账号、会计制度、办法、软件内容变更后，纳税人重新申报税种登记表，报送有关账号、制度、办法、软件等信息，税务机关及时在程序中修改； ④对纳税人提供的各项资料扫描或者数码相机导入计算机程序
扣缴义务人扣缴税款登记	(1)登记范围。 已办理税务登记的扣缴义务人应当在扣缴义务发生后向税务登记地税务机关申报办理扣缴税款登记。 (2)登记申报所需的资料。 纳税人应提供《扣缴义务人登记表》《税务登记证》(副本)原件(已办理税务登记的)、组织机构代码证书(未办理税务登记的)、受托加工应税消费品的相关协议、合同原件及复印件(发生本项代扣代缴义务的)。 (3)纳税人办理业务的时限要求。 已办理税务登记的扣缴义务人应当自扣缴义务发生之日起30日内，向税务登记地税务机关申报办理扣缴税款登记

考点8 发票开具与管理

表3-19 发票开具与管理

发票的种类	增值税专用发票	增值税专用发票是指专门用于结算销售货物和提供加工、修理修配劳务使用的一种发票
	普通发票	普通发票主要由营业税纳税人和增值税小规模纳税人使用，增值税一般纳税人在不能开具专用发票的情况下也可使用普通发票
	专业发票	专业发票是指国有金融、保险企业的存贷、汇兑、转账凭证、保险凭证；国有邮政、电信企业的邮票、邮单、话务、电报收据；国有铁路、国有航空企业和交通部门、国有公路、水上运输企业的客票、货票等

（续表）

发票的开具要求	(1)单位和个人在发生经营业务、确认营业收入时，才能开具发票。 (2)开具发票时应按号码顺序填开，填写项目齐全、内容真实、字迹清楚、全部联次一次性复写或打印，内容完全一致，并在发票联和抵扣联加盖单位财务印章或者发票专用章。 (3)填写发票应当使用中文。 民族自治地区可以同时使用当地通用的一种民族文字，外商投资企业和外资企业可以同时使用一种外国文字。 (4)使用电子计算机开具发票必须报主管税务机关批准，并使用税务机关统一监制的机打发票。 (5)开具发票时限、地点应符合规定。 (6)任何单位和个人不得转借、转让、代开发票

考点 9 纳税申报

表 3－20 纳税申报

自行申报	自行申报也称直接申报，是指纳税人、扣缴义务人按照规定的期限自行直接到主管税务机关（报税大厅）办理纳税申报手续。这是目前最主要的纳税申报方式
邮寄申报	邮寄申报是指经税务机关批准，纳税人、扣缴义务人使用统一规定的纳税申报特快专递专用信封，通过邮政部门办理交寄手续，并向邮政部门索取收据作为申报凭据的方式
数据电文申报	数据电文是指以税务机关确定的电话语音、电子数据交换和网络传输等电子方式进行纳税申报。这种方式运用了新的电子信息技术，代表着纳税申报方式的发展方向，适用范围逐渐扩大
简易申报	所谓简易申报，就是由实行定期定额征收方式的个体工商户（或个人独资企业）在税务机关规定的期限内按照法律、行政法规规定缴清应纳税款，当期（纳税期）可以不办理申报手续
其他方式	《税收征管法》及《实施细则》规定，实行定期定额缴纳税款的纳税人可以采用简并征期等申报纳税方式

考点 10 税款征收

表 3－21 税款征收

查账征收	查账征收是指税务机关对财务健全的纳税人，依据其报送的纳税申报表、财务会计报表和其他有关纳税资料，计算应纳税款，填写缴款书或完税证，由纳税人到银行划解税款的征收方式
查定征收	查定征收是指对账务资料不全，但能控制其材料、产量或进销货物的纳税单位或个人，由税务机关依据正常条件下的生产能力对其生产的应税产品查定产量、销售额，然后依照税法规定的税率征收的一种税款征收方式
查验征收	查验征收是指税务机关对纳税人的应税商品、产品，通过查验数量，按市场一般销售单价计算其销售收入，并据以计算应纳税款的一种征收方式
核定征收	核定征收是税务机关对不能完整、准确提供纳税资料的纳税人采用特定方式确定其应纳税收入或应纳税额，纳税人据以缴纳税款的一种方式
定期定额征收	定期定额征收是指对小型个体工商户在一定经营地点、一定经营时期、一定经营范围内的应纳税经营额（包括经营数量）或所得额（简称定额）进行核定，并以此为计税依据，确定其应纳税额的一种征收方式

（续表）

代扣代缴	代扣代缴是指按照税法规定，负有扣缴税款的单位和个人，负责对纳税人应纳的税款进行代扣代缴的一种方式
代收代缴	代收代缴是指按照税法规定，负有收缴税款的单位和个人，负责对纳税人应纳的税款进行代收代缴的一种方式
委托征收	委托征收是指受托单位按照税务机关核发的代征证书的要求，以税务机关的名义向纳税人征收一些零散税款的一种税款征收方式
其他方式	除上述之外，还有自核自缴等方式。自核自缴也称“三自纳税”，是指纳税人按照税务机关的要求，在规定的缴款期限内，根据其财务会计情况，依照税法规定，自行计算税款，自行填写纳税缴款书，自行向开户银行缴纳税款，税务机关对纳税单位进行定期或不定期检查的一种税款征收方式

考点 11 税务代理

表 3－22 税务代理

概念	税务代理是指税务代理人在规定的代理范围内，受纳税人、扣缴义务人的委托，代为办理纳税事宜的民事代理行为
特点	(1)中介性。 税务代理是一种社会中介服务，税务代理人介于纳税人、扣缴义务人和税务机关之间。 (2)法定性。 法律、法规是任何活动都要遵守的行为准则，开展税务代理首先必须维护国家税收法律、法规的尊严，在税务代理的过程中应严格按照法律、法规的有关规定全面履行职责，不能超越代理范围和代理权限。 (3)自愿性。 税务代理的选择一般有单向选择和双向选择，无论哪种选择都是建立在双方自愿的基础上的。 (4)公正性。 税法规定了征收机关与纳税人的权利与义务，而税务代理人作为税收征收机关与纳税人的中介，与征纳双方没有任何利益冲突
法定业务范围	(1)办理税务登记、变更税务登记和注销税务登记手续。 (2)办理除增值税专用发票外的发票领购手续。 (3)办理纳税申报或扣缴税款报告。 (4)办理缴纳税款和申请退税手续。 (5)制作涉税文书。 (6)审查纳税情况。 (7)建账建制，办理账务。 (8)税务咨询、受聘税务顾问。 (9)税务行政复议手续。 (10)国家税务总局规定的其他业务

考点 12　税务检查、税收法律责任与税务行政复议

表 3－23　税务检查、税收法律责任与税务行政复议

<table>
<tr><td>税务检查</td><td colspan="2">(1)税收保全措施。
①税收保全措施适用情形；
②税收保全的措施；
③税收保全的解除；
④不适用税收保全的财产。
(2)税收强制执行。
①税收强制执行的适用情形；
②税收强制执行措施的形式。
(3)税款的退还与追征</td></tr>
<tr><td rowspan="2">税收法律责任</td><td>税收违法的行政处罚</td><td>税收行政法律责任是指税收法律关系主体违反了税收行政管理法律、法规，尚不构成税收刑事法律责任。按照处罚形式，它可分为行政处罚和行政处分。其中，行政处罚有下列形式：
(1)责令限期改正。
(2)罚款。
(3)没收财产。
(4)收缴未用发票和暂停供应发票。
(5)停止出口退税权</td></tr>
<tr><td>税收违法的刑事处罚</td><td>税收违法的刑事处罚形式主要有拘役、判处徒刑、罚金和没收财产等</td></tr>
<tr><td>税务行政复议</td><td colspan="2">税务行政复议是指当事人(纳税人、扣缴义务人、纳税担保人等)不服税务机关及其工作人员做出的具体行政行为，依法向上一级税务机关(复议机关)提出申请，复议机关经审理对原税务机关具体行政行为依法做出维持、变更、撤销等决定的活动</td></tr>
</table>

第四章 财政法律制度

考点1　预算法律制度的构成
考点2　国家预算概述
考点3　预算管理的职权
考点4　预算收入与预算支出
考点5　预算组织程序
考点6　决算与预决算的监督
考点7　政府采购法律制度的构成
考点8　政府采购的概念
考点9　政府采购的原则
考点10　政府采购的功能
考点11　政府采购的执行模式
考点12　政府采购当事人
考点13　政府采购方式
考点14　政府采购的监督检查
考点15　国库集中收付制度与国库单一账户体系
考点16　财政收支的方式

考点1 预算法律制度的构成

表4-1 预算法律制度的构成

《预算法》	该法是我国第一部财政基本法律，是我国国家预算管理工作的根本性法律以及制定其他预算法规的基本依据
《预算法实施条例》	条例共计8章79条，具体包括总则、预算收支范围、预算编制、预算执行、预算调整、决算、监督和附则等内容

考点2 国家预算概述

表4-2 国家预算概述

概念	国家预算也可以称为政府预算或公共预算，是指经法定程序审核批准的具有法律效力的政府年度财政收支计划，是国家有计划地筹集、分配和管理财政资金的重要工具。国家预算是调节社会经济生活的主要财政机制，是国家财政管理的主导环节
作用	(1)财力保证作用。 国家预算既是政府实施各项社会经济政策的有效保证，又是各项社会经济政策得以运行的财力保证。 (2)调节制约作用。 国家预算是政府对财政收支计划的安排，是国家财政实行宏观调控的主要依据和主要手段，是调节社会经济生活的主要财政机制，居于国家财政管理的主导环节。 (3)反映监督作用。 国家预算反映政府活动的范围、方向和国家政策。同时，国家预算要经过国家权力机构的审批后方能生效
级次的划分	(1)中央预算。 (2)省级(包括省、自治区、直辖市)预算。 (3)地市级(设区的市、自治州)预算。 (4)县级(县、自治县、不设区的市、市辖区、旗)预算。 (5)乡(民族乡、镇)预算
构成	(1)中央预算。 (2)地方预算。 (3)总预算。 (4)部门单位预算

考点3 预算管理的职权

表4-3 预算管理的职权

各级人民代表大会及其常务委员会的职权	(1)全国人民代表大会的职权。 审查中央和地方预算草案及中央和地方预算执行情况的报告；批准中央预算和中央预算执行情况的报告；改变或者撤销全国人民代表大会常务委员会关于预算、决算的不适当的决议。

（续表）

各级人民代表大会及其常务委员会的职权	(2)全国人民代表大会常务委员会的职权。 监督中央和地方预算的执行；审查和批准中央预算的调整方案；审查和批准中央决算；撤销国务院制定的同宪法、法律相抵触的关于预算、决算的行政法规、决定和命令；撤销省、自治区、直辖市人民代表大会及其常务委员会制定的同宪法、法律和行政法规相抵触的关于预算、决算的地方性法规和决议。 (3)县级以上地方各级人民代表大会的职权。 审查本级总预算草案及本级总预算执行情况的报告；批准本级预算和本级预算执行情况的报告；改变或者撤销本级人民代表大会常务委员会关于预算、决算的不适当的决议；撤销本级政府关于预算、决算的不适当的决定和命令。 (4)乡、民族乡、镇的人民代表大会的职权。 审查和批准本级预算和本级预算执行情况的报告；监督本级预算的执行；审查和批准本级预算的调整方案；审查和批准本级决算；撤销本级政府关于预算、决算的不适当的决定和命令
各级人民政府的职权	(1)国务院的职权。 国务院编制中央预算、决算草案；向全国人民代表大会作关于中央和地方预算草案的报告；将省、自治区、直辖市政府报送备案的预算汇总后报全国人民代表大会常务委员会备案；组织中央和地方预算的执行；决定中央预算预备费的动用；编制中央预算调整方案；监督中央各部门和地方政府的预算执行；改变或者撤销中央各部门和地方政府关于预算、决算的不适当的决定、命令；向全国人民代表大会、全国人民代表大会常务委员会报告中央和地方预算的执行情况。 (2)县级以上地方各级政府的职权。 县级以上地方各级政府编制本级预算、决算草案；向本级人民代表大会作关于本级总预算草案的报告；将下一级政府报送备案的预算汇总后报本级人民代表大会常务委员会备案；组织本级总预算的执行；决定本级预算预备费的动用；编制本级预算调整方案；监督本级各部门和下级政府的预算执行；改变或者撤销本级各部门和下级政府关于预算、决算的不适当的决定、命令；向本级人民代表大会、本级人民代表大会常务委员会报告本级总预算的执行情况。 (3)乡、民族乡、镇政府的职权。 乡、民族乡、镇政府编制本级预算、决算草案；向本级人民代表大会作关于本级预算草案的报告；组织本级预算的执行；决定本级预算预备费的动用；编制本级预算调整方案；向本级人民代表大会报告本级预算的执行情况
各级财政部门的职权	(1)国务院财政部门的职权。 具体编制中央预算、决算草案；具体组织中央和地方预算的执行；提出中央预算预备费动用方案；具体编制中央预算的调整方案；定期向国务院报告中央和地方预算的执行情况。 (2)地方各级政府财政部门的职权。 具体编制本级预算、决算草案；具体组织本级总预算的执行；提出本级预算预备费动用方案；具体编制本级预算的调整方案；定期向本级政府和上一级政府财政部门报告本级总预算的执行情况
各部门、各单位的职权	(1)各部门的职权。 各部门编制本部门预算、决算草案；组织和监督本部门预算的执行；定期向本级政府财政部门报告预算的执行情况。 (2)各单位的职权。 编制本单位预算、决算草案；按照国家规定上缴预算收入，安排预算支出；接受国家有关部门的监督

考点4 预算收入与预算支出

表4-4 预算收入与预算支出

预算收入	(1)按来源可分为税收收入、行政事业性收费收入、国有资源(资产)有偿使用收入、转移性收入和其他收入。 (2)按归属可分为中央预算收入、地方预算收入、中央和地方预算共享收入
预算支出	(1)按照功能分类，包括一般公共服务支出，外交、公共安全、国防支出，农业、环境保护支出，教育、科技、文会、卫生、体育支出，社会保障及就业支出和其他支出。 (2)按照其经济性质分类，包括工资福利支出、商品和服务支出、资本性支出和其他支出

考点5 预算组织程序

表4-5 预算组织程序

预算的编制	各级预算应当根据年度经济社会发展目标、国家宏观调控总体要求和跨年度预算平衡的需要，参考上一年预算执行情况、有关支出绩效评价结果和本年度收支预测，按照规定程序征求各方面意见后，进行编制。 各级预算收入的编制，应当与经济社会发展水平相适应，与财政政策相衔接。各级政府、各部门、各单位应当依照本法规定，将所有政府收入全部列入预算，不得隐瞒、少列。 各级预算支出应当依照预算法规定，按其功能和经济性质分类编制。各级预算支出的编制，应当贯彻勤俭节约的原则，严格控制各部门、各单位的机关运行经费和楼堂管所等基本建设支出
预算的审查	全国人民代表大会和地方各级人民代表大会对预算草案及其报告、预算执行情况的报告重点审查下列内容：上一年预算执行情况是否符合本级人民代表大会预算决议的要求；预算安排是否符合本法的规定；预算安排是否贯彻国民经济和社会发展的方针政策，收支政策是否切实可行；重点支出和重大投资项目的预算安排是否适当；预算的编制是否完整，是否细化；对下级政府的转移性支出预算是否规范、适当；预算安排举借的债务是否合法、合理，是否有偿还计划和稳定的偿还资金来源；与预算有关重要事项的说明是否清晰
预算的执行	预算执行是指经法定程序批准的预算进入具体实施阶段，各级政府、各部门、各预算单位在组织实施本级权力机关批准的本级预算中筹措预算收入、拨付预算支出等的活动
预算的调整	(1)预算调整方案的审批。 (2)预算调整方案的备案。 (3)不属于预算调整的范围

考点6 决算与预决算的监督

表4-6 决算与预决算的监督

决算草案的编制	决算草案由各级政府、各部门、各单位，在每一预算年度终了后按照国务院规定的时间编制。编制决算草案的具体事项，由国务院财政部门部署。编制决算草案，必须符合法律、行政法规的规定，做到收支数额准确、内容完整、报送及时

（续表）

决算草案的审批、复批	国务院财政部门编制中央决算草案，报国务院审定后，由国务院提请全国人民代表大会常务委员会审查和批准。县级以上地方各级政府财政部门编制本级决算草案，报本级政府审定后，由本级政府提请本级人民代表大会常务委员会审查和批准。乡、民族乡、镇政府编制本级决算草案，提请本级人民代表大会审查和批准。各级政府决算经批准后，财政部门应当向本级各部门批复决算。地方各级政府应当将经批准的决算，报上一级政府备案
预决算的监督	(1)各级国家权力机关的监督。 根据《预算法》规定，全国人民代表大会及其常务委员会对中央和地方预算、决算进行监督。县级以上地方各级人民代表大会及其常务委员会对本级和下级政府预算、决算进行监督。乡、民族乡、镇人民代表大会对本级预算、决算进行监督。 (2)各级政府部门的监督。 《预算法》规定，各级政府监督下级政府的预算执行，下级政府应当定期向上一级政府报告预算执行情况。 (3)各级政府财政部门的监督。 《预算法》规定，各级政府财政部门负责监督检查本级各部门及其所属各单位预算的执行，并向本级政府和上一级政府财政部门报告预算执行情况。 (4)各级政府审计部门的监督。 《预算法》规定，各级政府审计部门对本级各部门、各单位和下级政府的预算执行、决算实行审计监督

考点7 政府采购法律制度的构成

表4-7 政府采购法律制度的构成

政府采购法	政府采购法是指调整各级国家机关、事业单位和团体组织，使用财政性资金依法采购货物、工程和服务的活动的法律规范的总称。《政府采购法》共9章88条，除总则和附则外，分别对政府采购当事人、政府采购方式、政府采购程序、政府采购合同、质疑和投诉、监督检查、法律责任等问题，做出了较为全面的规定
政府采购部门规章	政府采购部门规章主要是指国务院财政部门制定的规章，属于政府采购部门规章
政府采购地方性法规和政府规章	政府采购地方性法规是指省、自治区、直辖市的人民代表大会及其常务委员会在不与法律、行政法规相抵触的情况下制定的规范性文件

考点8 政府采购的概念

表4-8 政府采购的概念

政府采购的主体范围	政府采购的主体是指各级国家机关、事业单位和团体组织，目前不包括国有企业
政府采购的资金范围	根据《政府采购法》的规定，采购人开展采购活动的采购项目，其项目资金应当为财政性资金。根据现行财政管理制度，财政性资金包括财政预算资金和预算外资金

（续表）

政府集中采购目录和政府采购限额标准	政府集中采购目录和采购限额标准由各省级以上人民政府确定并公布。属于中央预算的政府采购项目，其集中采购目录和政府采购限额标准由国务院确定并公布；属于地方预算的政府采购项目，其集中采购目录和政府采购限额标准由省、自治区、直辖市人民政府或者其授权的机构确定并公布
政府采购的对象范围	政府采购的对象范围是以合同方式有偿取得货物、工程和服务，采购的形式包括购买、租赁、委托、雇用等

考点 9　政府采购的原则

表 4－9　政府采购的原则

公开透明原则	公开透明要求做到政府采购的法规和规章制度、招标信息及中标、成交结果、开标活动、投诉处理结果、司法裁决决定等都要公开，使政府采购活动在完全透明的状态下运作，全面、广泛地接受监督
公平竞争原则	公平竞争要求在竞争的前提下公平地开展政府采购活动。在政府采购活动中，采购人员及相关人员与供应商有利害关系的应当回避。供应商认为采购人员及相关人员与其他供应商有利害关系的，可以申请回避
公正原则	公正要求政府采购按照事先约定的条件和程序进行，对所有供应商一视同仁，任何单位和个人无权干预采购活动的正常开展
诚实信用原则	诚实信用要求政府采购当事人本着诚实信用的态度履行各自的权利和义务

考点 10　政府采购的功能

表 4－10　政府采购的功能

节约财政支出，提高采购资金的使用效益	政府采购通过公开、公平、公正、透明和科学的制度设计可以起到节约财政支出、提高采购资金使用效益的作用
强化宏观调控	政府可以通过调整采购规模、采购时间、采购项目等方式来实现特定的宏观调控目标
活跃市场经济	政府采购机制充分调动了供应商参与政府采购的积极性
推进反腐倡廉	政府采购是阳光下的采购，阳光是最好的防腐剂，使一切采购活动在公开、公平、公正的环境中进行，有力地促进了反腐倡廉工作的开展
保护民族产业	根据我国政府采购法的规定，除极少数法定情形外，政府采购应当采购本国货物、工程和服务

考点 11 政府采购的执行模式

表 4－11 政府采购的执行模式

集中采购	集中采购是指由政府设立的职能机构统一为其他政府机构提供采购服务的一种采购组织实施形式。按照政府采购法的规定，集中采购必须委托采购机构代理采购。设区的市、自治州以上的人民政府根据本级政府采购项目组织集中采购的需要设立集中采购机构。实行集中采购有利于取得规模效益，降低采购成本，保证采购质量，贯彻落实政府采购的政策导向，便于实施统一的管理和监督等优点。但是，集中采购周期长、程序复杂难以满足用户多样化的需求，特别是无法满足紧急情况的采购需要
分散采购	分散采购是指各预算单位自行开展采购活动的一种采购组织实施形式。政府采购法规定，采购未纳入集中采购目录的政府采购项目，可以自行采购，也可以委托采购代理机构在委托的范围内代理采购。相对于集中采购而言，分散采购有利于满足采购及时性和多样性的需求，手续简单。不足之处是失去了规模效益，加大了采购成本，也不便于实施统一的管理和监督

考点 12 政府采购当事人

表 4－12 政府采购当事人

采购人	采购人是指购买和使用所购买的货物、工程或服务的主体。作为政府采购的采购人，一般具有两个重要特征：一是采购人是依法进行政府采购的国家机关、事业单位和团体组织；二是采购人的政府采购行为从筹划、决策到实施，都必须在政府采购法等法律法规的规范内进行
供应商	供应商是指向采购人提供货物、工程或者服务的法人、其他组织或者自然人。供应商参加政府采购活动，应当具备法律规定的各项条件： (1)具有独立承担民事责任的能力。 (2)具有良好的商业信誉和健全的财务会计制度。 (3)具有履行合同所必需的设备和专业技术能力。 (4)有依法缴纳税收和社会保障资金的良好记录。 (5)参加政府采购活动前 3 年内，在经营活动中没有重大违法记录。 (6)法律、行政法规规定的其他条件
采购代理机构	采购代理机构是指具备一定条件，经政府有关部门批准而依法拥有政府采购代理资格的社会中介机构。《政府采购法》中所称的集中采购机构就是采购代理机构

考点 13 政府采购方式

表 4－13 政府采购方式

公开招标	公开招标是指招标采购单位(即采购人及采购代理机构)依法以招标公告的方式邀请不特定的供应商参加投标的方式。公开招标应作为政府采购的主要采购方式。采用公开招标方式采购的，招标采购单位必须在财政部门指定的政府采购信息发布媒体上发布招标公告。采用公开招标方式的，自招标文件开始发出之日起至投标人提交投标文件截止之日止，不得少于 20 日

（续表）

邀请招标	邀请招标方式是指招标采购单位依法从符合相应资格条件的供应商中随机邀请 3 家以上供应商，并以投标邀请书的方式，邀请其参加投标的方式。符合下列情形之一的货物或者服务，可以依照本法采用邀请招标方式采购： (1)具有特殊性，只能从有限范围的供应商处采购的。 (2)采用公开招标方式的费用占政府采购项目总价值的比例过大的
竞争性谈判	竞争性谈判方式是指要求采购人就有关采购事项，与不少于 3 家供应商进行谈判，最后按照预先规定的成交标准，确定成交供应商的方式。符合下列情形之一的货物或者服务，可以依照本法采用竞争性谈判方式采购： (1)招标后没有供应商投标或者没有合格标的或者重新招标未能成立的。 (2)技术复杂或者性质特殊，不能确定详细规格或者具体要求的。 (3)采用招标所需时间不能满足用户紧急需要的。 (4)不能事先计算出价格总额的
单一来源	单一来源方式，是指采购人向唯一供应商进行采购的方式。符合下列情形之一的货物或者服务，可以依照本法采用单一来源方式采购： (1)只能从唯一供应商处采购的。 (2)发生了不可预见的紧急情况不能从其他供应商处采购的。 (3)必须保证原有采购项目一致性或者服务配套的要求，需要继续从原供应商处添购，且添购资金总额不超过原合同采购金额 10% 的
询价	询价方式是指只考虑价格因素，要求采购人向 3 家以上供应商发出询价单，对一次性报出的价格进行比较，最后按照符合采购需求、质量和服务且报价最低的原则，确定成交供应商的方式。《政府采购法》第三十二条规定，采购的货物规格、标准统一、现货货源充足且价格变化幅度小的政府采购项目，可以依照本法采用询价方式采购

考点 14　政府采购的监督检查

表 4－14　政府采购的监督检查

政府采购监督管理部门的监督	政府采购监督管理部门应当加强对政府采购活动及集中采购机构的监督检查
集中采购机构的内部监督	集中采购机构应当建立健全内部监督管理制度。采购活动的决策和执行程序应当明确，并相互监督、相互制约
采购人的内部监督	采购人必须按照《政府采购法》规定的采购方式和采购程序进行采购。政府采购项目的采购标准和采购结果应当公开
政府其他有关部门的监督	依照法律、行政法规的规定对政府采购负有行政监督职责的政府部门，应当按照其职责分工，加强对政府采购活动的监督

考点 15 国库集中收付制度与国库单一账户体系

表 4－15 国库集中收付制度与国库单一账户体系

国库集中收付制度		国库是负责办理国家财政资金收纳和拨付业务的机构。国库集中收付，亦称“国库单一账户”，是指政府在国库或国库指定的代理银行开设账户，集中收纳和支付所有的财政性资金。财政收支均通过单一账户进行，从而实现对财政资金的流向、流量的全程控制。国库集中收付制度，是现代国库管理制度的基础
国库单一账户体系	概念	国库单一账户体系是指以财政国库存款账户为核心的各类财政性资金账户的集合，所有财政性资金的收入、支付、存储及资金清算活动均在该账户体系进行
	构成	(1)财政部开设的国库存款账户，即国库单一账户为国库存款账户，用于记录、核算和反映纳入预算管理的财政收入和支出活动，并用于与财政部门在商业银行开设的零余额账户进行清算，实现支付。 (2)财政部门的零余额账户，用于财政直接支付和与国库单一账户支出清算。 财政部门的零余额账户在国库会计中使用，行政单位和事业单位会计中不设置该账户。 (3)预算单位零余额账户，用于财政授权支付和清算。 该账户可以办理转账、提取现金等结算业务，可以向本单位按账户管理规定保留的相应账户划拨工会经费、住房公积金及提租补贴以及经财政部门批准的特殊款项，不得违反规定向本单位其他账户和上级主管单位、所属下级单位账户划拨资金。预算单位零余额账户在行政单位和事业单位会计中使用。 (4)预算外资金专户，用于记录、核算和反映预算外资金的收入和支出活动，并用于预算外资金日常收支清算。 预算外资金专户在财政部门设立和使用。 (5)特设专户，用于记录、核算和反映预算单位的特殊专项支出活动，并用于与国库单一账户清算。 特设专户在按规定申请设置了特设专户的预算单位使用

考点 16 财政收支的方式

表 4－16 财政收支的方式

收缴方式	(1)直接缴库。 直接缴库是由缴款单位或缴款人按有关法律法规规定，直接将应缴收入缴入国库单一账户或预算外资金财政专户。 (2)集中汇缴。 集中汇缴是指由征收机关(有关法定单位)按有关法律法规规定，将所收的应缴收入汇总缴入国库单一账户或预算外资金财政专户
支付方式	(1)财政直接支付。 财政直接支付是指由财政部门开具支付令，通过国库单一账户体系，直接将财政资金支付到收款人(即商品和劳务的供应者，下同)或用款单位账户。实行财政直接支付的支出包括工资支出、购买支出以及转移支付等。 (2)财政授权支付。 财政授权支付是指预算单位根据财政授权，自行开具支付令，通过国库单一账户体系将资金支付到收款人账户。实行财政授权支付的支出包括未实行财政直接支付的购买支出和零星支出

第五章

会计职业道德

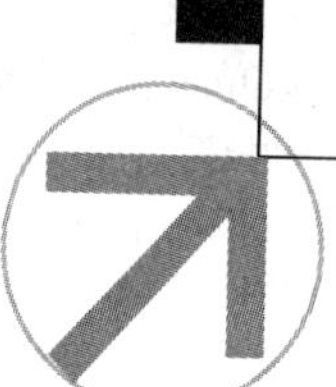

考点1　职业道德概述

考点2　会计职业道德概述

考点3　会计职业道德与会计法律制度的关系

考点4　会计职业道德规范的主要内容

考点5　会计职业道德教育

考点6　会计职业道德建设组织与实施

考点7　会计职业道德的检查与奖惩

考点 1　职业道德概述

表 5－1　职业道德概述

概念	(1)广义概念。 从业人员在职业活动中应该遵循的行为准则，涵盖了从业人员与服务对象、职业与职工、职业与职业之间的关系。 (2)狭义概念。 在一定职业活动中应遵循的、体现一定职业特征的、调整一定职业关系的职业行为准则和规范
特征	(1)职业性(行业性)。 一定的职业道德规范只适用一定的职业活动领域。 (2)实践性。 根据职业实践经验概括出来的职业道德规范，具有较强的针对性、实践性。 (3)继承性。 在不同的社会经济发展阶段，同样一种职业因服务对象、服务手段、职业利益、职业责任和义务相对稳定，职业行为的道德要求的核心内容就被继承和发扬，具有较强的相对稳定性和历史继承性的特点
作用	(1)调节职业交往中从业人员内部以及从业人员与服务对象间的关系。 (2)有助于维护和提高本行业的信誉。 (3)促进本行业的发展。 (4)有助于提高全社会的道德水平

考点 2　会计职业道德概述

表 5－2　会计职业道德概述

概念	(1)是调整会计职业活动中各种利益关系的手段。 (2)具有相对的稳定性。 (3)具有广泛的社会性
特征	(1)具有一定的强制性。 在我国，会计职业道德的许多内容都直接纳入了会计法律制度，如《会计法》《会计基础工作规范》等都规定了会计职业道德的内容和要求，是一种“思想立法”。 (2)较多关注公众利益。 在会计职业活动中，发生道德冲突时要坚持准则，把社会公众利益放在第一位
作用	(1)是规范会计行为的基础。 (2)是实现会计目标的重要保证。 (3)是对会计法律制度的重要补充。 (4)是提高会计人员职业素养的内在要求
功能	(1)指导功能。 (2)评价功能。 (3)教化功能。

考点 3　会计职业道德与会计法律制度的关系

表 5－3　会计职业道德与会计法律制度的关系

会计职业道德与会计法律制度的联系	(1)两者在作用上相互补充、协调。 (2)两者在内容上相互借鉴、相互吸收

（续表）

会计职业道德与会计法律制度的主要区别	性质不同	（1）在同一社会内，只允许存在一种会计法律制度，会计职业道德不是唯一的。 （2）会计法律制度具有很强的他律性，会计职业道德具有很强的自律性
	作用范围不同	会计法律制度侧重于调整会计人员的外在行为和结果的合法化，具有较强的客观性。 会计职业道德不仅要求调整会计人员的外在行为，还要调整会计人员内在的精神世界，其调节的范围远比法律广泛
	表现形式不同	会计法律制度是通过一定的程序由国家立法部门或行政管理部门制定和颁布的，其表现形式是具体的、正式形成文字的成文条款。 会计职业道德的表现形式既有明确成文的规定，也有不成文的只存在于会计人员内心的意识和信念
	实施保障机制不同	会计法律制度由国家强制力保障实施；会计职业道德既有国家法律的相应要求，又需要会计人员自觉地遵守
会计行为的法治与德治	法治侧重于规范会计行为，由国家强制力保证实施，执行的标准就是会计法律法规，规范明确，便于操作	在市场经济条件下，会计法治建设，必须以会计职业道德建设作为基础，既要加强会计法制建设，也要加强会计职业道德教育，要通过法律推动和影响道德的发展，通过道德推动法律的制定和完善，两者要相辅相成，协调发展
	德治侧重于规范会计人员的内心世界，以达到对行为的规范，一般体现为社会舆论的遣责，执行的标准比较空泛，不便于操作	

考点4　会计职业道德规范的主要内容

表5－4　会计职业道德规范的主要内容

爱岗敬业	爱岗敬业指的是忠于职守的事业精神，这是会计职业道德的基础。 爱岗敬业的基本要求： （1）正确认识会计职业，树立职业荣誉感。 （2）热爱会计工作，敬重会计职业。 （3）安心工作，任劳任怨。 （4）严肃认真，一丝不苟。 （5）忠于职守，尽职尽责
诚实守信	诚实守信是会计职业道德的精髓。 诚实守信的基本要求： （1）做老实人，说老实话，办老实事，不搞虚假。 （2）保守秘密，不为利益所诱惑。 （3）执业谨慎，信誉至上
廉洁自律	廉洁自律是会计职业道德的前提，也是会计职业道德的内在要求。 廉洁自律的基本要求： （1）树立正确的人生观和价值观。 （2）公私分明，不贪不占。 （3）遵纪守法，一身正气

（续表）

客观公正	客观公正是会计职业道德所追求的理想目标。 客观公正的基本要求： （1）依法办事。 （2）实事求是。 （3）如实反映
坚持准则	坚持准则是指会计人员在处理业务过程中，要严格按照会计法律制度办事，不为主观或他人意志左右。 坚持准则是会计职业道德的核心。 坚持准则的基本要求： （1）熟悉准则。 （2）遵循准则。 （3）敢于同违法行为做斗争
提高技能	提高技能就是指会计人员通过学习、培训和实践等途径，持续提高会计理论水平、会计实务操作能力、职业判断能力、自动更新知识能力、提供会计信息的能力、沟通交流能力以及职业经验等职业技能，以达到和维持足够的专业胜任能力的活动。 提高技能的基本要求： （1）要有不断提高会计专业技能的意识和愿望。 （2）要有勤学苦练的精神和科学的学习方法
参与管理	参与管理就是要求会计人员积极主动地向单位领导反映本单位的财务、经营状况及存在的问题，主动提出合理化建议，积极地参与市场调研和预测，参与决策方案的制订和选择，参与决策的执行、检查和监督，为领导的经营管理和决策活动，当好助手和参谋。 参与管理的基本要求： （1）努力钻研业务，熟悉财经法规和相关制度，提高业务技能，为参与管理打下基础。 （2）熟悉服务对象的经营活动和业务流程，使参与管理的决策更具针对性和有效性
强化服务	强化服务就是要求会计人员具有文明的服务态度、强烈的服务意识和优良的服务质量。 强化服务的基本要求： （1）强化服务意识。 （2）提高服务质量

考点 5 会计职业道德教育

表 5－5 会计职业道德教育

含义	会计职业道德教育是指根据会计工作的特点，有目的、有组织、有计划地对会计人员施加系统的会计职业道德影响，促使会计人员形成会计职业道德品质，履行会计职业道德义务的活动
内容	（1）职业道德观念教育。 就是在社会上广泛宣传会计职业道德基本常识，使广大会计人员懂得什么是会计职业道德，了解会计职业道德对社会经济秩序、会计信息质量的影响，以及违反会计职业道德将受到的惩戒和处罚。并利用广播电视、报纸杂志等媒介，表彰坚持原则、德才兼备的会计人员，鞭笞违法违纪的会计行为。形成遵守职业道德光荣，违反职业道德可耻的社会氛围，树立会计职业道德观念。 （2）职业道德规范教育。 就是指对会计人员开展以会计职业道德规范为内容的教育。 （3）职业道德警示教育。 就是指通过开展对违反会计职业道德行为和对违法会计行为典型案例的讨论和剖析，给会计人员以启发和警示，从而可以提高会计人员的法律意识和会计职业道德观念，提高会计人员辨别是非的能力

（续表）

途径	接受教育的途径	（1）岗前职业道德教育。 ①会计学历教育中的职业道德教育； ②获取会计从业资格中的职业道德教育。 （2）岗位职业道德继续教育。 ①形势教育。教育的重点是要贯彻“以德治国”重要思想和“诚信为本，操守为重，坚持准则，不做假账”的指示精神，进一步全面、系统地加强会计职业道德培训，提高广大会计人员的政治水平和思想道德意识。 ②品德教育。教育的重点是引导会计人员自觉地用会计职业道德规范指导和约束自身的行为，提高职业道德自律能力，最终形成良好的、稳定的道德品行。 ③法制教育。教育的重点是引导会计人员熟悉并了解不同历史时期的会计法律法规政策，学会运用法律的手段处理会计事务
	自我修养的途径	自我修养是指会计人员在会计职业活动中，按照会计职业道德的基本要求，在自身道德品质方面进行的自我教育、自我改造、自我锻炼、自我提高，从而达到一定的职业道德境界。 （1）慎独慎欲。 （2）慎省慎微。 （3）自警自励

考点6 会计职业道德建设组织与实施

表5-6 会计职业道德建设组织与实施

财政部门的组织推动	（1）采用多种形式开展会计职业道德宣传教育。 （2）会计职业道德建设与会计从业资格证书注册登记管理相结合。 （3）会计职业道德建设与会计专业技术资格考评、聘用相结合
会计行业的自律	会计行业自律是一个群体概念，是会计职业组织对整个会计职业的会计行为进行自我约束、自我控制的过程
企事业单位的内部监督	形成内部约束机制，防范舞弊和经营风险，支持并督促会计人员遵循会计职业道德，依法开展会计工作
社会各界的监督与配合	加强会计职业道德建设，既是提高广大会计人员素质的一项基础性工作，又是一项复杂的社会系统工程；不仅是某一个单位、某一个部门的任务，也是各地区、各部门、各单位的共同责任。 广泛开展会计职业道德的宣传教育，加强舆论监督，在全社会会计人员中倡导诚信为荣、失信为耻的职业道德意识，引导会计人员加强职业修养

考点7 会计职业道德的检查与奖惩

表5-7 会计职业道德的检查与奖惩

会计职业道德检查与奖惩的意义	（1）具有促使会计人员遵守职业道德规范的作用。 （2）裁决与教育作用。 （3）有利于形成抑恶扬善的社会环境
会计职业道德检查与奖惩机制	（1）财政部门的监督检查。 （2）会计行业组织的自律管理与约束。 （3）激励机制的建立